河北省肉羊产业经济研究

（2019—2020年）

HEBEI SHENG ROUYANG CHANYE JINGJI YANJIU

（2019—2020 NIAN）

赵慧峰 董 谦 李 珍 薛凤蕊 等 著

中国农业出版社

北 京

前　言

　　羊产业是畜牧业的重要组成部分，对促进国民经济发展、资源有效利用以及居民膳食结构改善发挥着重要作用。河北省是养羊大省，有着悠久的养羊历史和丰富的养殖经验，也是我国羊肉主产区之一。2019 年底，全国山羊存栏量 1.37 亿只、绵羊存栏量 1.63 亿只。河北省羊存栏数为 1 194.9 万只，在全国排名第九位。2019 年河北省羊肉产量为 31 万吨，在全国排名第四位。2020 年，河北省肉羊存栏量、出栏量分别为 1 270.30 万只、2 265.84 万只，在全国排名分别为第九位和第四位，占全国肉羊存栏、出栏的比重分别为 4.14%、7.1%。肉羊规模化生产比重不断提高，形成了保定市唐县羊产业集聚区，产业发展势头良好。近两年新冠疫情给羊产业发展带来了更大挑战和更多不确定性，但在全省共同努力下，河北省羊产业迅速恢复生产。尽管如此，疫情过后的河北羊产业发展依然面临环境规制、成本提高、母羊繁殖等诸多挑战和新的形势，加强对羊产业的经济发展研究和监测预警尤为必要。

　　本书是河北省现代农业产业技术体系羊产业创新团队产业经济岗的研究成果。在河北省农业农村厅的领导下，在畜牧产业处的指导下，产业经济岗在对 2019 年和 2020 年河北省羊产业全面调研的基础上，紧紧围绕河北省羊产业高质量发展重大问题和制约瓶颈进行研究，在产业分析预测预警方面，每周监测活羊和羊肉价格变化，每季度开展一次产业形势分析，建立起常态化市场分析预警机制，提高了产业分析决策水平，增强了产业抗风险能力。产业经济岗还针对羊产业发展模式、养殖成本分析、产业扶贫、产业竞争力、生产技术效率分析、品牌建设、新冠疫情的影响等多方面热点问题进行了深入研究，形成了系列专题研究报告。本书的部分内容也包含了以下科研课题的部分研究成果：河北省社科基金课题——河北省肉羊产业专业化、市场化、规模化发展路径研究（HB19YJ019）、河北省教育厅青年拔尖人才项目——河北省肉羊产业高质量发展的路径与对策研究（BJ2019069）、河北省科技厅软科学课题——科技创新推动畜牧业高质量发展机理及优化路径研究（20557401D）、河北省社会科学基金项目——河北省畜牧产业精准扶贫实现路径及效果评价（HB19GL032）和河北农业大学精准畜牧学科群建设项目（项目编号：1090064）。在研究过程中，由河北农业大学河北新型智库、河北省"三农"问题研究中心、河北省"三农"问题研究基地、现代农业发展研究中心和河北省农业经济发展战略研究基地组织专家对各章内容进行了论证，并给予了项目资助，在此表示感谢。

　　本书由赵慧峰负责全书的内容设计和组织工作，赵慧峰、董谦对全书进行了统稿和审定，全书共包括十个专题，各专题具体分工如下：专题一：薛凤蕊、董晨、周志敏，其中第四部分薛凤蕊、李珍，第五、六部分李珍；专题二：董谦、宋树人；专题三：第一部分李珍、赵慧峰，第二部分董谦、赵慧峰、薛凤蕊；专题四：秦少华，董谦；专题五：刘佳慧、李珍；专题六：李娜、李珍；专题七：第一部分薛凤蕊、吴丽卿（河北省畜牧总站）、崔姹，第二、三部分薛凤蕊、闫振富（河北省畜牧总站）、董谦、李珍；专题八：刘娜，董谦；专题九：付艳芳（河北省畜牧总站）、窦炳军（河北省畜牧总站）；专题十：薛凤蕊案例一，董谦案例二、三，李珍案例四、五，隋占林案例六，赵晶晶案例七、八。作者单位除了注明外皆为河北农业大学。

　　由于作者学术水平所限，很多地方的研究浅尝辄止，不足之处有待今后完善，欢迎同行专家学者不吝赐教。

著　者

2021年夏于保定

目　　录

专题一 河北省肉羊产业发展报告
（2019—2020 年）

一、我国羊产业发展总体概况及河北省在全国的地位

（一）我国羊产业发展情况

我国的肉羊年底存栏数在 2014 年、2015 年和 2017 年均超过了 3 亿只，其中 2015 年达到 3.12 亿只的高峰后，2016 年降到 2.99 亿只，2017 年上升为 3.02 亿只，2018 年下降为 2.97 亿只，2019 年又回升到 3.01 亿只（图 1-1）。

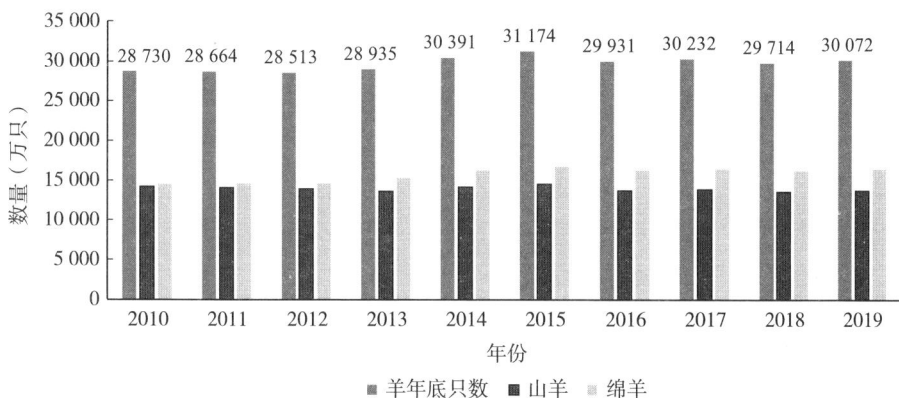

图 1-1　2010—2019 年中国羊饲养情况

数据来源：《中国统计年鉴 2010—2019》。

受生态环境保护的影响，山羊的年底存栏数呈逐步下降趋势，2009 年最多，为 1.47 亿只，2010 年下降到 1.42 亿只，2011 年继续下降到 1.41 亿只，后跌破 1.4 亿只，到 2013 年直线下降到 1.37 亿只；2014 年、2015 年上升到 1.45 亿只后，2016 年又下降到 1.37 亿只，到 2018 年下降到 1.36 亿只，达到近十年的最低点，2019 年山羊存栏量有所上涨，达到 1.37 亿只。

绵羊的年底存栏数呈现逐步增长趋势。2009 年我国的绵羊年底存栏数为 1.43 亿只，后直线上升，到 2013 年上涨 1.53 亿只，2014 年上涨到 1.62 亿只；2015 年绵羊年底存栏数达到最高，为 1.67 亿只，后开始下降，到 2016

年下降到1.62亿只；2017年上涨到1.64亿只后又呈现下降趋势，2018年降到1.61亿只，降幅不大，仍然保持在1.6亿只以上的存栏水平，2019年继续呈上涨趋势，为1.63亿只。

（二）河北省羊年底存栏数在全国排名及变化情况

2019年年底河北省羊存栏数为1 194.9万只，比2018年上涨1.30％，在全国排名第九位。中国统计年鉴显示，2019年年底羊存栏数排名前十的省份中，河北省、四川省、甘肃省、山东省、河南省和云南省均实现正增长，河南省增长幅度最大，比2018年增长9.50％；甘肃省涨幅次之，比2018年增长5.37％。其余省份增长均在1％～3％，河北省涨幅处于第六位，增长仅1.30％。与2018年相比，除西藏、内蒙古降幅分别为2.87％和2.23％外，新疆和青海省降幅不大，均在1％以下，如表1-1所示。

表1-1 河北省羊年底只数排名及变化

单位：万只，％

年份	内蒙古	新疆	甘肃	山东	河南	四川	青海	云南	河北	西藏
2018	6 111.9	4 159.7	1 885.9	1 801.4	1 734.1	1 462.9	1 336.1	1 268.9	1 179.6	1 047.1
2019	5 975.9	4 153.8	1 987.1	1 837.4	1 898.8	1 504.1	1 326.9	1 307.0	1 194.9	1 017.0
增长	−2.23	−0.14	5.37	2.00	9.50	2.82	−0.69	3.00	1.30	−2.87

数据来源：《中国统计年鉴2019—2020》。

1. 河北省山羊下降幅度较小

2019年年底，河北省山羊存栏数变化不大。2018年年底，山羊存栏数为365.2万只，在全国排名为第十六名，2019年降到364.3万只，在全国排名第十三名，下降幅度为0.25％。虽然河北省山羊存栏数下降幅度较小，但是排名却前进了三名，主要原因是江苏、贵州和西藏的山羊存栏量出现大幅下降（表1-2）。

表1-2 河北省山羊年底存栏数排名及变化

单位：万只，％

地区	2018年	排名	2019年	排名	增长
内蒙古	1 632	1	1 623.2	1	−0.54
河南	1 474	2	1 620.2	2	9.92
四川	1 304	3	1 339.5	3	2.72
云南	1 175	4	1 211.6	4	3.11

（续）

地区	2018 年	排名	2019 年	排名	增长
山东	875.2	5	875.0	5	−0.02
陕西	715.7	6	676.5	7	−5.48
湖南	668.3	7	712.2	6	6.57
新疆	558	8	526.6	10	−5.63
湖北	546.8	9	553.4	8	1.21
安徽	499.8	10	547.3	9	9.50
辽宁	407.9	11	398.7	12	−2.26
甘肃	407.3	12	429.2	11	5.38
江苏	380.7	13	338.3	16	−11.14
贵州	379.1	14	359.3	14	−5.22
西藏	366.8	15	331.9	17	−9.51
河北	365.2	16	364.3	13	−0.25
山西	344.1	17	343.0	15	−0.32

数据来源：《中国统计年鉴 2019—2020》。

　　河北省山羊主要集中在承德地区、保定阜平县、涞源县等山区，受京津生态环境政策的影响，山区实施禁止放牧政策，养殖户不善于舍饲圈养山羊，导致山羊养殖数量大幅下滑。如保定市阜平县 2014 年建设规模化养殖场 141 个，实施禁牧政策后，养殖场逐步缩小到 24 个，存栏量也同步下降到 4.9 万只。

2. 河北省绵羊年底存栏数小幅上涨

　　河北省绵羊年底只数有小幅上涨，2018 年为 814.3 万只，2019 年上涨到 830.6 万只，上涨幅度为 2%，在全国排名始终居于第六位。在全国绵羊养殖量排名在前十位的省份中，内蒙古、新疆、甘肃、青海、山东始终居于全国的前五位，各省份的变化情况见表 1-3。

表 1-3　河北省绵羊年底存栏数在全国排名及变化

单位：万只，%

地区	内蒙古	新疆	甘肃	青海	山东	河北	西藏	黑龙江	山西	宁夏
2018	4 369.9	3 601.7	1 478.5	1 156.1	926.2	814.3	680.3	606.7	531.5	427.1
2019	4 352.7	3 627.2	1 557.9	1 164.2	962.9	830.6	685.1	613.1	525.9	459.7
增长	−0.39	0.71	5.37	0.70	3.96	2.00	0.71	1.05	−1.05	7.63

数据来源：《中国统计年鉴 2019—2020》。

（三）河北省羊产品在全国排名及变化情况

1. 河北省羊肉产量在全国排名第四位

2018 年我国羊肉产量为 475.1 万吨，2019 年增长到 487.5 万吨，增长 2.61%，增长幅度较小。羊肉产量排在第一位的是内蒙古，2018 年羊肉产量 为 106.3 万吨，占全国羊肉产量的 22.37%；2019 年羊肉产量增长到 109.8 万 吨，占全国羊肉产量的 22.52%。排在第二位的新疆 2018 年羊肉产量为 59.4 万吨，占全国羊肉产量的 12.5%；2019 年羊肉产量增长到 60.3 万吨，占全国 羊肉产量的 12.37%。排在第三位的是山东省。从表 1-4 可以看出，内蒙古、 新疆、山东、河北四个省份在 2018 年的羊肉总量占全国总量的 49.04%， 2019 年四个省份的羊肉总量占全国总量的 48.82%。

从 2019 年的数据来看，河北省羊年底存栏数以及羊肉产量从 2018 年到 2019 年均呈上涨状态，虽然涨幅不大，但呈现出向好的态势，尤其是羊肉产量，在全 国始终居于第四位，说明河北省羊养殖量在全国同样处于举足轻重的地位。

表 1-4 我国羊肉产量排名前七名的省份

单位：万吨

年份	全国	内蒙古	新疆	山东	河北	四川	河南	甘肃
2018	475.1	106.3	59.4	36.8	30.5	26.3	26.9	23.6
2019	487.5	109.8	60.3	36.9	31.0	27.1	28.1	25.0
增长	2.61	3.29	1.52	0.27	1.64	3.04	4.46	5.93

数据来源：《中国统计年鉴 2019—2020》。

2. 河北省绵羊毛产量排在第五位，山羊粗毛跃居全国第四

中国羊毛和羊绒在 2015—2019 年经历了一个缓慢上涨又快速下降的过程。 2015 年、2016 年都在稳步增长，2017 年开始下降，2018 年下降速度更快，绵 羊毛产量在 2018 年下降为 35.66 万吨，比 2017 年减少 5.39 万吨，降幅为 13.13%；2019 年下降幅度放缓，为 34.11 万吨，降幅为 4.35%。降幅最多的 是山羊粗毛，2018 年的产量为 2.7 万吨，2019 年降到 2.49 万吨，降低 7.78%；山羊绒 2019 年比 2018 年降低 2.60%（图 1-2）。

2017 年，河北省绵羊毛产量为 2.31 万吨，在全国排名第五位，排在前面 的依次是内蒙古、新疆、黑龙江、甘肃四个省（自治区），绵羊毛产量分别为 12.67 万吨、10.59 万吨、29.74 万吨、27.53 万吨。2018 年河北省绵羊毛产 量降低到 2.08 万吨，在全国排名稳居第五，排在前四位的省份（自治区）是 内蒙古、新疆、甘肃、黑龙江，绵羊毛产量分别为 11.82 万吨、7.66 万吨、 2.93 万吨、2.58 万吨，降幅依次为 6.71%、27.67%、1.51%、6.26%，其

图 1-2 近 5 年中国羊毛和羊绒产量

数据来源：《中国统计年鉴 2019—2020》。

中新疆下降幅度最大。河北省 2018 年绵羊毛产量比 2017 年下降 9.96%。

在河北省绵羊毛产量中，贡献较大的是半细羊毛，始终排名第四位。河北省细羊毛在 2017 年是 3 783.9 吨，在全国排名第七；2018 年达到 4 784.8 吨，比 2017 年增长 26.45%，在全国排名第四。2017 年河北省以 14 184.6 吨的半细羊毛产量位居第四位，2018 年产量虽然下降到 12 788.3 吨，但仍然排在第四位。排在前三位的是内蒙古、黑龙江和新疆（表 1-5）。

表 1-5 河北省细羊毛和半细羊毛在全国排名

单位：吨

2017		2018		2017		2018	
地区	细羊毛	地区	细羊毛	地区	半细羊毛	地区	半细羊毛
内蒙古	70 658.2	内蒙古	62 086.2	内蒙古	24 955.7	内蒙古	23 365.7
新疆	15 627.2	新疆	16 119.1	黑龙江	24 294.0	黑龙江	20 879.0
吉林	8 434.4	甘肃	9 140.3	新疆	17 282.4	新疆	15 524.9
甘肃	8 095.1	河北	4 784.8	河北	14 184.6	河北	12 788.3
黑龙江	3 803.0	吉林	4 728.5	吉林	7 887.2	青海	6 873.0
宁夏	3 801.0	宁夏	4 380.0	辽宁	6 616.2	吉林	6 669.1
河北	3 783.9	黑龙江	3 924.0	青海	6 146.0	辽宁	6 095.3
山西	2 562.6	山西	2 317.2	甘肃	5 667.7	甘肃	5 180.9
青海	2 070.0	青海	2 279.0	山东	4 486.1	山西	4 171.9
四川	1 841.2	四川	1 719.0	山西	3 954.3	山东	3 686.7

数据来源：《中国统计年鉴 2018—2019》。

河北省 2017 年山羊粗毛产量为 2 629 吨，在全国排名第五位，2018 年产量下降到 2 360.3 吨，排名却为第四位。主要原因是，除陕西、辽宁两省的山羊粗毛产量在 2018 年稍微增长外，其余在 2017 年排名前十的省份，2018 年的山羊粗毛产量都出现大幅度下降。新疆下降幅度最大，2017 年山羊粗毛产量为 3 070.8 吨，2018 年下降到 1 881.7 吨，下降幅度为 38.72%，由 2017 年的全国第二直接下降到 2018 年的全国第五名；其次是内蒙古，2017 年山羊粗毛产量为 8 775 吨，2018 年下降到 6 053.8 吨，下降幅度为 31.01%，但由于内蒙古养羊基数比较大，虽然下降幅度很大，却仍然排在第一位。河北省在 2018 年的山羊粗毛产量超过了新疆，跃居到第四位。

河北省 2017 年山羊绒产量为 830.6 吨，实行禁牧政策后，山羊养殖量大大减少，2018 年山羊绒产量降低到 704.6 吨，降幅为 15.17%，稳定位居全国第七名。河北省由于气候原因，绒山羊养殖大部分分布在承德、秦皇岛、张家口地区，羊绒品质可以和辽宁山羊绒媲美。河北省偏南部地区由于气候温暖，以生产山羊粗毛为主。辽宁山羊绒由于品质好，导致其出售价格较高，加上养殖气候适宜，养殖绒山羊数量不断增加，山羊绒产量略有增长，但增长幅度不大，约为 0.59%（表 1-6）。

表 1-6　河北省山羊粗毛和山羊绒在全国排名

单位：吨

2017		2018		2017		2018	
地区	山羊粗毛	地区	山羊粗毛	地区	山羊绒	地区	山羊绒
内蒙古	8 775.0	内蒙古	6 053.8	内蒙古	8 026.4	内蒙古	6 606.8
新疆	3 070.8	山东	2 696.7	陕西	1 492.5	陕西	1 478.3
河南	2 869.0	河南	2 406.1	山西	1 226.7	山西	1 215.1
山东	2 740.3	河北	2 360.3	新疆	1 125.5	辽宁	1 055.6
河北	2 629.0	新疆	1 881.7	辽宁	1 049.4	新疆	883.5
甘肃	1 898.3	陕西	1 747.3	西藏	834.2	西藏	853.4
陕西	1 744.0	甘肃	1 620.5	河北	830.6	河北	704.6
山西	1 537.1	山西	1 428.6	山东	617.6	宁夏	663.0
黑龙江	1 534.0	辽宁	1 335.5	宁夏	609.0	山东	551.1
辽宁	1 325.3	黑龙江	1 202.0	河南	580.5	青海	355.0

数据来源：《中国统计年鉴 2018—2019》。

尽管河北省在 2018 年羊毛和羊绒产量均出现下降，但仍然是全国最大的羊毛绒加工省份。据河北省畜牧业协会羊业分会数据显示，河北省不仅有良好的养羊基础，有悠久的养羊历史，在羊绒产品加工方面，河北省有全国最大的羊绒产业集聚地——清河县，加工的山羊绒占全国总产量的60%，世界总产量的48%，被誉为"世界羊绒之都"。

二、河北省羊产业发展现状及变化情况

据河北省农村统计年鉴显示，河北省羊存栏量自2014年达到1 502.99万只的高峰后，一直呈下降趋势。2017年河北省羊存栏量1 228.09万只，2018年下降到1 179.56万只，下降3.95%；2019年由于养羊价格上涨，羊羔短缺，一些大中型养殖公司通过产业扶贫或"龙头企业＋养殖户"模式，开展"投母收羔"活动，羊存栏量有所恢复，2019年增长到1 194.9万只。

河北省羊出栏量在2016年达到2 259.7万只的高点后，2017年羊出栏量为2 168.91万只，2018年上涨到2 201.44万只，增长幅度为1.5%，2019年增长到2 234.47万只，比2018年增长1.5%。主要原因是2014年小反刍兽疫导致2015年、2016年羊价大跌，2016年虽然出栏量较大，但是养殖户赚钱效应不明显，甚至很多养殖户养羊处于严重亏损状态，出栏后不再养羊，导致2017年养羊户减少。2018年、2019年养羊价格上涨，很多养殖户增加养殖育肥羊数量，快进快出，获得养殖收益。

河北省羊肉产量在2016年达到31.75万吨的峰值后，2017年下降到30.09万吨，2018年恢复性增长到30.54万吨，2019年增长到31万吨。羊肉产量上升的原因是，2018年非洲猪瘟导致大量消费者由消费猪肉转向牛羊肉，而羊肉数量较少，出现供需不平衡状态，推高羊肉价格，养羊户为获得短期高额收益，直接进行育肥养羊。

（一）河北省羊产业生产布局情况

1. 保定市养羊以唐县为主向外县区辐射

2019年，保定市养羊主要集中在唐县（出栏量为219.27万只，羊肉产量是3.28万吨）、曲阳县（出栏量为57.72万只，羊肉产量是0.83万吨）、易县（出栏量25.07万只，羊肉产量0.3万吨）等地，以育肥为主。唐县有振宏、瑞丽、唐发3个较大的屠宰企业，年屠宰量占河北省屠宰量的60%，带动周边如曲阳县、易县等地养羊业的发展。

2. 邯郸市各县区分布比较均匀

2019年，邯郸市存栏量较多的县（或区）主要集中在魏县（25.45万只）、成安县（19.87万只）、邱县（16.91万只）；出栏量较多的县（区）集中在永年区（44.7万只）、成安县（37.57万只）、大名县（29.76万只）、肥乡区（29.01万只）、邱县（28.02万只）、曲周县（25.82万只）；羊肉产量较多的

县（区）集中在临漳县（0.56 万吨）、成安县（0.46 万吨）、大名县（0.41 万吨）、肥乡区（0.4 万吨）等。

3. 张家口市康保县出栏量比较突出

2019 年，张家口市存栏量较多的县是张北县（24.53 万只）、康保县（21.45 万只）、阳原县（21.16 万只）；出栏量较多的县是康保县（57.72 万只）、阳原县（25.62 万只）、蔚县（23.78 万只）、张北县（22.73 万只）、宣化区（19.76 万只）、尚义县（19.57 万只）；羊肉产量较多的县（区）是康保县（0.79 万吨）、阳原县（0.36 万吨）、蔚县（0.34 万吨）、张北县（0.29 万吨）、宣化区（0.28 万吨）。

（二）河北省各市羊存栏量、出栏量和羊肉生产排名情况

1. 邯郸、保定、张家口、沧州市羊存栏量排在前四位

从图 1-3 可以看出，2018 年河北省羊存栏量最多的市依次是邯郸市、保定市、张家口市和沧州市。2019 年，河北省羊存栏量最多的市变为保定市、邯郸市、张家口市和沧州市，羊存栏量均在百万只以上。2018—2019 年，除保定市、唐山市和承德市、张家口市、沧州市存栏量是正增长外，河北省其他市或省直辖县均出现不同程度的下降。

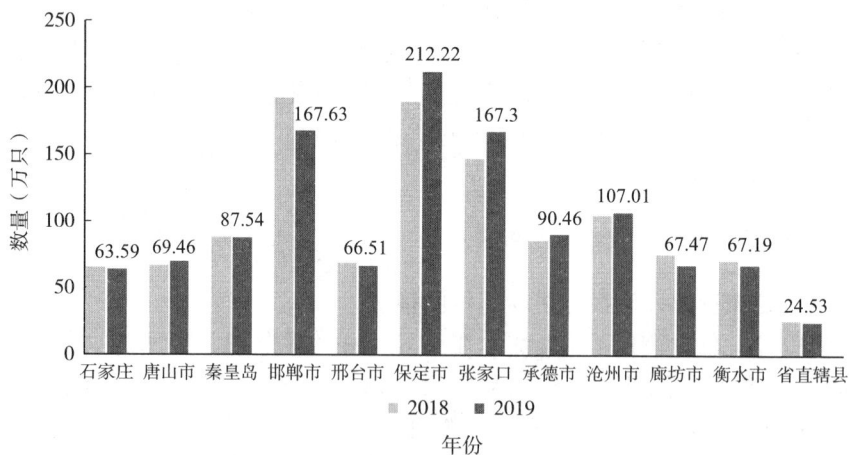

图 1-3 河北省各地区羊存栏量

数据来源：河北省畜牧局调查数据。

张家口市 2018 年羊存栏量为 146.73 万只，2019 年上涨到 167.30 万只，增长 14.02%，增长率处于全省第一位。保定市 2018 年羊存栏量为 189.47 万只，2019 年上涨到 212.22 万只，增长 12.01%，在全省增长仅次于张家口市，处于第二位；其次是承德市，2018 年羊存栏量为 85.53 万只，2019 年增长到

90.46 万只，增长 5.76％；唐山市 2018 年羊存栏量为 66.63 万只，2019 年增长到 69.46 万只，增长幅度为 4.25％。

下降幅度最大的是邯郸市，由 2018 年的 192.27 万只下降到 2019 年的 167.63 万只，下降了 12.82％；其次是廊坊市，2018 年羊存栏量为 75.65 万只，2019 年下降到 67.47 万只，下降 10.81％；衡水市由 2018 年的 70.74 万只下降到 2019 年的 67.19 万只，下降 5.02％；邢台市 2018 年羊存栏量 68.52 万只，2019 年下降到 66.51 万只，下降 2.93％（表 1-7）。

表 1-7 河北省近两年羊存栏量、出栏量和羊肉产量

单位：万只，万吨，％

地区	羊存栏			羊出栏			羊肉		
	2018 年	2019 年	增减	2018 年	2019 年	增减	2018 年	2019 年	增减
河北省	1 179.56	1 194.90	1.3	2 201.44	2 234.47	1.50	30.54	31.00	1.51
石家庄	65.31	63.59	-2.63	118.05	112.21	-4.95	1.57	1.48	-5.73
唐山市	66.63	69.46	4.25	114.10	116.60	2.19	1.60	1.66	3.75
秦皇岛	88.01	87.54	-0.53	178.48	192.29	7.74	2.53	2.73	7.91
邯郸市	192.27	167.63	-12.82	339.61	319.58	-5.90	4.50	4.25	-5.56
邢台市	68.52	66.51	-2.93	123.02	132.09	7.37	1.64	1.76	7.32
保定市	189.47	212.22	12.01	404.91	414.77	2.44	6.02	5.97	-0.83
张家口	146.73	167.30	14.02	243.63	259.93	6.69	3.35	3.57	6.57
承德市	85.53	90.46	5.76	151.59	156.18	3.03	2.08	2.18	4.81
沧州市	104.50	107.01	2.40	182.13	187.66	3.04	2.53	2.67	5.53
廊坊市	75.65	67.47	-10.81	154.02	131.22	-14.80	2.12	1.81	-14.62
衡水市	70.74	67.19	-5.02	145.74	144.24	-1.03	1.90	1.92	1.05
省直辖县	26.21	24.53	-6.41	46.16	55.53	20.30	0.69	0.8	15.94

数据来源：根据调查数据整理得出。

2. 保定、邯郸、张家口、秦皇岛、沧州市羊出栏量分列前五位

2018 年保定、邯郸、张家口、沧州、秦皇岛市羊出栏量分列前五位，依次是 404.91 万只、339.61 万只、243.63 万只、182.13 万只、178.48 万只；2019 年保定、邯郸、张家口、秦皇岛、沧州市羊出栏量分列前五位，依次是 414.77 万只、319.58 万只、259.93 万只、192.29 万只、187.66 万只。秦皇岛市羊出栏量超过沧州市，居第四位（图 1-4）。

近两年，石家庄、邯郸、衡水、廊坊市羊出栏量呈现负增长态势，其余的市羊出栏量均为正增长。增长较大的是邢台市和秦皇岛市，其中，秦皇岛市羊出栏量增长幅度最大，由 2018 年的 178.48 万只增长到 2019 年的 192.29 万

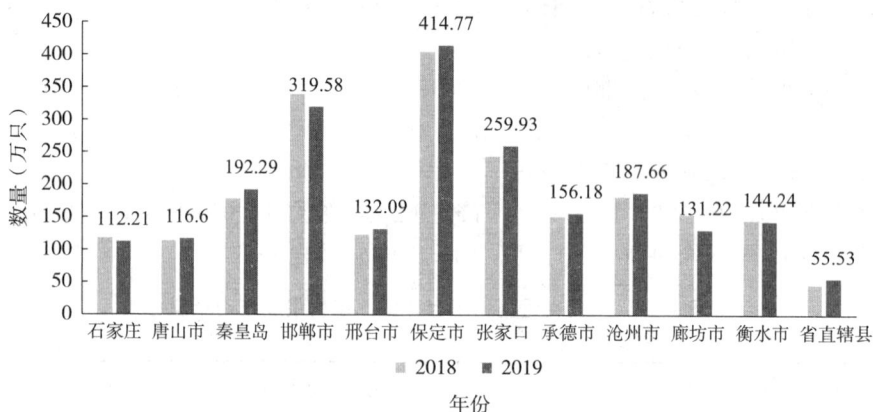

图 1-4 河北省各地区羊出栏量
数据来源：河北省畜牧局调查数据。

只，增长幅度为7.74%；承德市2018年羊出栏量151.59万只，2019年增长到156.18万只，增长3.03%；沧州市羊出栏量由2018年的182.13万只增长到2019年的187.66万只，增长3.04%（表1-7）。

在羊出栏量下降的城市中，廊坊市出栏量下降幅度最大，由2018年的154.02万只下降到2019年的131.22万只，下降幅度为14.8%；其次是邯郸市，2018年羊出栏量为339.61万只，2019年下降到319.58万只，下降5.9%；石家庄羊出栏量下降幅度排在第三位，由2018年的118.05万只下降到2019年的112.21万只，下降幅度为4.95%；衡水市2018年羊出栏量为145.74万只，2019年下降到144.24万只，下降1.03%，下降幅度最小。

3. 保定、邯郸、张家口羊肉产量分别位居前三名

河北省羊肉产量总体呈上涨趋势。2018年河北省羊肉产量为30.54万吨，2019年达到31万吨，增长幅度为1.51%。增长幅度最大的是邢台市和秦皇岛市。2018年羊肉产量排在前三名的城市是保定、邯郸、张家口市，羊肉产量依次为6.02、4.50、3.35万吨；沧州和秦皇岛市以2.53万吨的羊肉产量并列第四名；2019年羊肉产量排在前三名的城市是保定、邯郸、张家口市，羊肉产量依次为5.97、4.25、3.57万吨；秦皇岛市和沧州市分别以2.73万吨、2.67万吨的羊肉产量位于第四、第五名。

保定市2018年羊肉产量为6.02万吨，2019年下降到5.97万吨，下降幅度为0.83%，但羊肉总量仍处于第一位。秦皇岛市2018年羊肉产量为2.53万吨，2019年增长到2.73万吨，上涨幅度达到7.91%，羊肉生产量与沧州市相差无几。承德市2018年羊肉产量为2.08万吨，2019年增长到2.18万吨，增长 4.81%。

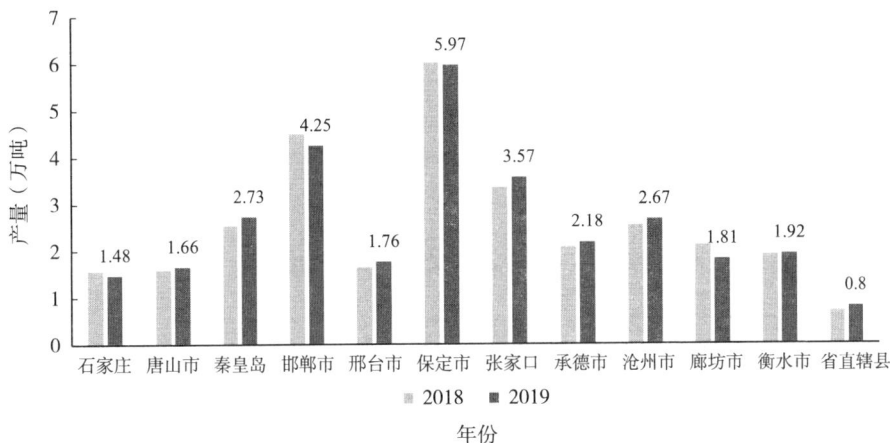

图 1-5　河北省各地区羊肉产量

数据来源：河北省畜牧局调查数据。

在羊肉产量下降的城市中，廊坊市 2018 年羊肉产量为 2.12 万吨，2019
年下降到 1.81 万吨，下降幅度最大，达到 14.62%；石家庄市 2018 年羊肉产
量为 1.57 万吨，2019 年下降到 1.48 万吨，下降幅度较廊坊市次之，达到
5.73%；邯郸市 2018 年羊肉产量 4.5 万吨，2019 年下降到 4.25 万吨，下降
幅度达到 5.56%；保定市由 2018 年羊肉产量的 6.02 万吨下降到 2019 年的
5.97 万吨，下降幅度为 0.83%。具体情况参照图 1-5 和表 1-7。

三、河北省羊主产区存栏、出栏和羊肉产量情况

（一）河北省羊主产区羊存栏量情况

如表 1-8 所示，在河北省羊主产区存栏量中，保定市有两个县排在前十
名，其中唐县始终位于第一位。2013 年 35.6 万只，2014 年、2015 年缓慢上
升，2016 年急速上升到 119.23 万只后，2017 年又下降到 61.19 万只，2018
年上升到 66.66 万只，2019 年大幅上升到 93.02 万只。曲阳县近几年羊存栏
量逐步增加，由 2013 年的 9.98 万只上涨到 2015 年的 10.66 万只，2016 年迅
速攀升到 21.79 万只后，2017 年下降到 11.06 万只，2018 年增长到 24.71 万
只，2019 年为 24.32 万只，在河北省羊主产区存栏量排名第六。

邯郸市魏县排在前十名。魏县在河北省羊主产区存栏量中排名第二，羊存
栏量比较平稳，从 2013 年的 24.1 万只，上升到 2016 年的 29.27 万只，2017
年上升到 30.16 万只后，2018 年下降到 27.06 万只，2019 年继续下降到

25.45 万只，呈倒 U 形分布。

秦皇岛市有两个县排在前十名，其中昌黎县存栏排名第三，呈现先上升后急剧下降又逐步上升趋势。2013 年 26.39 万只，2014 年上升到 29.53 万只，2016 年下降到 16.78 万只，2018 年上涨到 25.43 万只，2019 年为 25.29 万只。卢龙县存栏排名第七位，2016 年卢龙县的羊存栏量为 29.28 万只，2017 年下降到 20.45 万只，2018 年、2019 年均呈现上涨趋势，分别为 21.84 万只和 23.9 万只。

表 1-8　河北省羊主产区存栏量

单位：万只

县名	2013 年	2014 年	2015 年	2016 年	2017 年	2018 年	2019 年
唐县	35.60	42.04	41.30	119.23	61.19	66.66	93.02
魏县	24.10	23.30	21.14	29.27	30.16	27.06	25.45
昌黎县	26.39	29.53	28.48	16.78	20.35	25.43	25.29
张北县	13.97	25.04	23.07	14.31	21.96	21.79	24.53
献县	17.16	16.47	15.13	15.50	18.24	20.01	24.33
曲阳县	9.98	10.59	10.66	21.79	11.06	24.71	24.32
卢龙县	26.50	27.31	26.52	29.28	20.45	21.84	23.90
永清县	35.54	35.91	36.36	24.92	26.88	23.83	22.84
康保县	25.96	25.61	20.93	17.13	19.89	18.03	21.45
阳原县	16.53	17.65	14.47	26.55	17.85	17.05	21.16

数据来源：河北省畜牧局调查数据。

廊坊市永清县 2013—2015 年始终处于上涨态势，但是受环京津生态涵养区政策的影响，羊存栏量在 2016 年急剧下降到 24.92 万只，2017 年上涨到 26.88 万只后，2018 年又下降到 23.83 万只，2019 年下降到 22.84 万只。

张家口市张北县的羊存栏量位于河北省的第四位，2013—2019 年羊存栏量一直处于波动状态，尤其在 2015—2017 这几年波动程度非常大，2016 年相较于 2015 年减少了 8.76 万只，2017 年相较于 2016 年又增加了 7.65 万只，2017 年、2018 年在 21 万只左右徘徊，2019 年上涨到 24.53 万只，整体呈 U 形分布。康保县和阳原县近几年波动较大，康保县由 2013 年的 25.96 万只下降到 2016 年的 17.13 万只后，2019 年上升到 21.45 万只，在全省位居第九名；阳原县则由 2013 年的 16.53 万只增长到 2016 年的 26.55 万只后，又下降到 2018 年的 17.05 万只，2019 年增长到 21.16 万只，进入全省第十名。

沧州市献县是沧州唯一一个羊存栏量进入全省前十的县域，位于第五位。

献县的羊存栏量相对来说比较稳定，从 2015 年开始呈稳定增长状态，2018 年羊存栏量迅速上升到 20 万只以上，2019 年上涨到 24.33 万只。

（二）河北省羊主产区羊出栏量情况

保定市在河北省主产区羊出栏量中排在前十位的县依旧是唐县和曲阳县，并且唐县在 2013—2019 年出栏量一直位列全省第一，在 2013—2016 年呈直线式迅速增长，2017 年波动较剧烈，下降了 21.44%，减少到 155.66 万只。2018 年又超越 200 万只，达到 205.63 万只，增长幅度为 32.1%，2019 年继续上涨，达到 219.27 万只，上涨幅度为 6.63%。曲阳县出栏量也一直呈现增长趋势，由 2013 年的 21.24 万只上升到 2016 年的 36.23 万只，2017 年下降到 19.62 万只。近两年由于羊价上涨，出栏量回升较快，曲阳县 2018 年羊出栏量上升到 50.81 万只，是 2017 年的 2.59 倍，2019 年上涨到 57.72 万只，位于河北省第三位（表 1-9）。

表 1-9　河北省主产区羊出栏量

单位：万只

县名	2013 年	2014 年	2015 年	2016 年	2017 年	2018 年	2019 年
唐县	55.57	62.03	66.12	198.14	155.66	205.63	219.27
卢龙县	49.86	51.47	57.17	48.65	41.38	51.65	60.35
曲阳县	21.24	23.92	25.50	36.23	19.62	50.81	57.72
康保县	34.75	40.64	41.66	28.48	48.00	54.31	57.72
昌黎县	34.87	37.67	38.61	27.89	33.47	43.56	48.49
永清县	50.67	49.81	51.82	41.41	44.59	43.91	44.76
临漳县	42.52	40.96	36.59	15.12	38.47	48.42	44.70
青龙满族自治县	44.57	45.92	46.59	31.54	42.21	41.60	42.98
成安县	21.73	21.97	21.75	10.10	38.51	37.66	37.57
隆化县	35.09	42.98	45.23	32.04	31.07	33.20	35.63

数据来源：河北省畜牧局调查数据。

张家口市康保县羊出栏量在 2013—2015 年一直处于增长趋势，但是在 2016 年羊的价格低迷时，下降到 28.48 万只，波动较大。近两年由于羊价的关系，出栏量开始回升，并在 2018 年羊出栏量达到了 54.31 万只，成为河北省第二大羊出栏量县域，2019 年继续上涨，达到 57.72 万只，与曲阳市并列第三位。

秦皇岛市有三个县的羊出栏量位居河北省前十，分别为卢龙县第二、昌黎县第五和青龙满族自治县第八。其中卢龙县出栏量最高，2013—2015 年一直处于增长状态，之后连续两年出现下降趋势，2017 年下降到 41.38 万只，2018 年出栏量有所回升，为 51.65 万只，2019 年继续上涨，达到 60.35 万只，同比增长 16.84%。昌黎县在 2016 年羊出栏量出现剧烈下降，降到 27.89 万只，近两年又增长到 43.56 万只，2019 年再次上涨到 48.49 万只。青龙满族自治县在 2013—2015 年一直在缓慢上升，由 44.57 万只上升到 46.59 万只，从 2016 年开始波动较为频繁，出现先下降又上升继而又下降的态势，2019 年的羊出栏量为 42.98 万只。

邯郸市羊出栏量居河北省前十位的县是第七的临漳县和第九的成安县。临漳县 2013—2016 年一直处于下降趋势，尤其在 2016 年下降最为严重，到达了 15.12 万只，之后在 2017 年又迅速上升，并在 2018 年上升到了 48.42 万只，2019 年又有所下降，到 44.7 万只，总体趋势呈 U 形分布。成安县在前几年波动较为平缓，羊出栏量维持在 21 万只左右，2016 年出现急剧的下降，同比减少了 10 多万只，2017 年又急剧增长到 38.51 万只，2018 年又有所下降，2019 年与 2018 年相比变动不大，为 37.57 万只。总体来说，羊出栏量波动比较频繁。

永清县作为廊坊市唯一一个羊出栏量进入河北省前十的县，位于第六位，一直都在频繁波动之中，没有连续增长或者连续下降几年的情况，但是出栏量一直维持在 40 万～50 万只，没有出现剧烈的涨幅或下降。其中 2015 年达到出栏量最高点 51.82 万只。

承德市隆化县位于河北省羊出栏量第十名，也是承德唯一一个进入河北省前十的县域。受禁牧政策影响，隆化县羊出栏量也呈现了先增长后下降的趋势，2013 年羊出栏量为 35.09 万只，2015 年达到最高点 45.23 万只后，2016 年迅速下降为 32.04 万只，2017 年继续下降到 31.07 万只，2018 年上升到 33.20 万只，比 2017 年上升了 2.13 万只，成功进入了前十名，2019 年继续保持上涨态势，达到 35.63 万只，仍处于第十位。

（三）河北省羊肉产量前十位的地区

根据河北省畜牧局调查数据显示，保定市唐县羊肉产量依旧位于河北省首位，并且在 2013—2016 年产量一直在增加，2016 年达到 2.78 万吨的高点后，2017 年下降到 2.23 万吨，在 2018 年由于生产规模的扩张，羊肉产量增加到了 3.29 万吨，2019 年变动不大，为 3.28 万吨。位于河北省第三位的曲阳县紧邻唐县，受唐县大型屠宰场的影响，产量也一直在稳定增加，在 2017 年产量有所下降后，2018 年经过调整羊肉产量又增加到 0.73 万吨，2019 年继续上涨到 0.83 万吨。

秦皇岛市有四个县的羊肉产量冲进了河北省前十位，分别是位于河北省第二的卢龙县、第五的昌黎县、并列第八位的青龙满族自治县和抚宁区。其中卢龙县羊肉产量在 2015 年达到 0.85 万吨的高点。2016 年、2017 年呈现下降趋势，2018 年呈恢复性增长，达到 0.74 万吨，2019 年再次上涨到 0.84 万吨。昌黎县从 2013 年的 0.57 万吨上升到了 2015 年 0.61 万吨；2016 年出现急剧下降，产量仅为 0.39 万吨；近两年，昌黎县的羊肉产量有所回升，2018 年产量高达 0.68 万吨，2019 年为 0.76 万吨。青龙满族自治县的羊肉产量在 2014 年和 2015 年都为 0.55 万吨，2016 年降到 0.44 万吨，降幅不大；2017 年和 2018 年羊肉产量都为 0.49 万吨，2019 年为 0.52 万吨，可见青龙满族自治县的羊肉产量处于较平稳的状态。抚宁区 2013—2015 年产量都较低，2016 年迅速增长到 0.58 万吨，之后又有所下降，在 2018 年羊肉产量达到了 0.48 万吨，2019 年又有所上涨，达到 0.52 万吨。

张家口市康保县羊肉产量位于河北省第四位，从 2013 年开始产量一直在增加，从 0.48 万吨涨到 0.61 万吨。2016 年由于存出栏量下降的影响，羊肉产量下降明显，降到 0.40 万吨。之后两年市场情况有所好转，羊肉产量开始回升，到 2018 年产量达到 0.74 万吨，2019 年继续上涨到 0.79 万吨。

廊坊市永清县 2013 年羊肉产量为 0.70 万吨，在全省排名第三，2015 年上涨到 0.72 万吨；2016 年受羊肉价格下跌和环京津地区生态环境的双重影响，羊肉产量下降到 0.58 万吨。2017 上涨到 0.59 万吨，2018 年羊肉产量变动不大，波动范围不超过 0.01 万吨，保持在 0.58 万吨左右，2019 年稍有上涨，到 0.6 万吨，位于河北省第六位。

邯郸市临漳县的羊肉产量进入了河北省前十位，位于第七位。临漳县羊肉产量在 2016 年出现急剧下降，仅有 0.21 万吨，2017 年迅速上涨到 0.61 万吨，2018 年下降到 0.59 万吨，降幅不大，2019 年继续下降到 0.56 万吨。

承德隆化县的羊肉产量位于河北省第十名。2013 年为 0.30 万吨，2014 年、2015 年分别增加到 0.62 万吨、0.65 万吨，2016 年后由于存出栏量下降的影响，羊肉产量下降明显，降到 0.45 万吨左右，之后两年市场情况有所好转，羊肉产量开始回升，2019 年小幅上涨到 0.51 万吨。

表 1-10　河北省羊主产区羊肉产量

单位：万吨

县名	2013 年	2014 年	2015 年	2016 年	2017 年	2018 年	2019 年
唐县	0.82	0.92	0.98	2.78	2.23	3.29	3.28
卢龙县	0.75	0.75	0.85	0.68	0.61	0.74	0.84
曲阳县	0.28	0.31	0.33	0.51	0.27	0.73	0.83
康保县	0.48	0.57	0.61	0.40	0.66	0.74	0.79

（续）

县名	2013 年	2014 年	2015 年	2016 年	2017 年	2018 年	2019 年
昌黎县	0.57	0.58	0.61	0.39	0.51	0.68	0.76
永清县	0.70	0.69	0.72	0.58	0.59	0.58	0.60
临漳县	0.56	0.56	0.50	0.21	0.61	0.59	0.56
青龙满族自治县	0.48	0.55	0.55	0.44	0.49	0.49	0.52
抚宁区	0.20	0.21	0.16	0.58	0.38	0.48	0.52
隆化县	0.30	0.62	0.65	0.45	0.43	0.45	0.51

数据来源：河北省畜牧局调查数据。

四、羊产业发展形势分析

（一）疫情影响流通，羊肉价格和活羊价格高位运行

受猪肉价格、产量和疫情的多重影响，2020 年河北省羊肉价格总体处于高位运行。2020 年 1 月羊肉价格为 75.89 元/千克，环比增长 0.3%；2 月因节日效应，羊肉价格涨到 76.41 元/千克。出现疫情后，因活羊运输困难、屠宰场停工，羊肉和活羊价格均出现下降趋势，3 月份活羊价格下降到 30.21 元/千克，羊肉价格下降到 76.03 元/千克；价格下降趋势一直到 6 月，羊肉价格跌到 74.25 元/千克，环比下降 0.01%；活羊价格也跌到 29.62 元/千克。2020 年 7 月，疫情影响降低，羊肉消费增加，养殖户竞相购买羊羔育肥，羊肉和活羊价格均出现上涨趋势，羊肉上涨到 75.47 元/千克，环比上涨 1.64%；活羊上涨到 30.02 元/千克，环比上涨 1.35%。后持续上涨，到 12 月，羊肉价格涨到 77.8 元/千克的高价，环比增长 2.22%；活羊价格增长到 31.92 元/千克，环比增长 2.97%，如图 1-6 所示。

（二）饲料价格稳步上升

从图 1-7 可以看出，2020 年初，农民出售玉米较多，河北省 1 月玉米价格为 1.95 元/千克，环比下降 0.39%；2 月和 3 月均为 1.94 元/千克，下降幅度不大。4 月库存饲料减少，养殖户刚性需求增加，饲料价格上涨到 1.97 元/千克，环比上涨 1.55%。5 月疫情有所缓解，养殖户购买羊羔育肥，加大了养殖力度，对饲料需求增大，玉米供应出现紧张状态，价格上升到 2.03 元/千克，环比增长 3.05%；后玉米价格持续上涨，8 月份涨幅达到 7.41%，每千克玉米价格涨到 2.32 元；9 月、10 月、11 月玉米价格出现由慢增长向快速增长转变，11 月玉米价格达到 2.47 元/千克，涨幅为 3.78%；

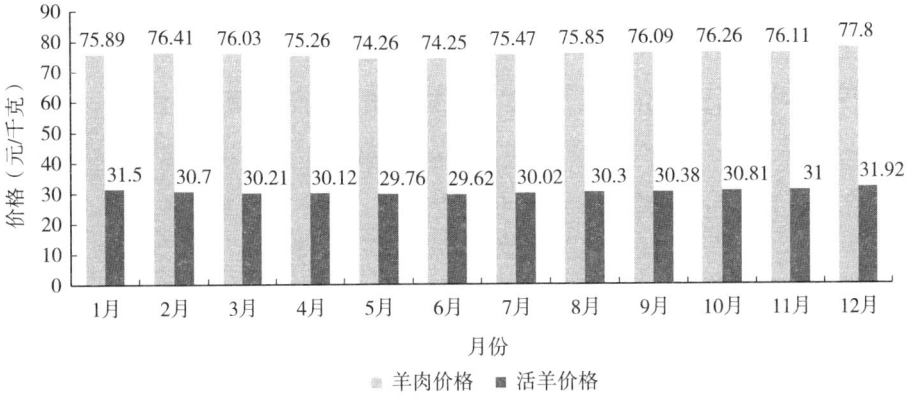

图 1-6　2020 年河北省羊肉和活羊价格波动情况
数据来源：河北省农业厅监测数据。

主要原因是玉米期货价格走高，推动玉米市场价格上升。12 月上升幅度不大，仅上涨 0.81%。

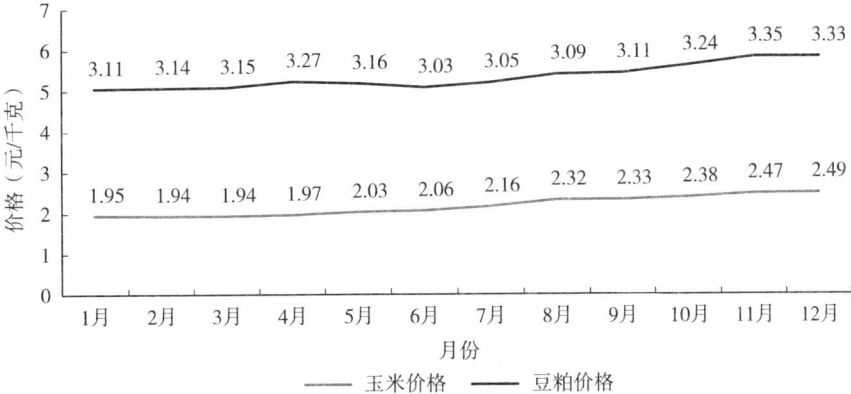

图 1-7　2020 年河北省玉米和豆粕价格波动情况
数据来源：河北省农业厅监测数据。

豆粕价格在 2020 年经历了先上升、后下降、又上升的变化状态。1 月份河北省豆粕进入传统消费性淡季，豆粕价格环比下跌 0.48%，2 月、3 月受疫情影响，豆粕运输受阻，价格上涨，但涨幅不大，2 月份涨 0.96%，3 月份涨 0.32%。4 月养殖户对豆粕需求迅速增加，豆粕价格上涨 3.81%，达到 3.27 元/千克；5 月油厂的大豆库存迅速增加，豆粕价格下降到 3.16 元/千克，降幅 3.36%；6 月持续下滑到 3.03 元/千克，下滑 4.11%。第三季度豆粕市场比较平稳，价格略有回升。10 月豆粕价格大幅上涨到 3.24 元/千克，涨幅

4.18%；11 月豆粕价格持续上涨到 3.35 元/千克，涨幅 3.4%；12 月份略有下降，环比下降仅为 0.6%。

（三）河北省玉米价格呈上升趋势，豆粕价格在全国有比较优势

与全国玉米价格相比，河北省玉米价格总体呈上升趋势，增长幅度较为稳定，全国玉米价格最低的省份主要集中在东北地区，以黑龙江省为主，均价每吨低 100～200 元，而四川和湖南地区玉米价格相对较高。在实地调研中发现，河北省很多肉羊养殖户会从东北地区购入玉米。

对河北省 2020 年豆粕价格水平与全国价格最低和最高省份的比较可知，河北省豆粕价格具有一定的比较优势，豆粕价格最低的省份集中于广东地区，每吨均价在 3 200 元左右，主要原因是豆粕的需求量较少。新疆地区豆粕价格最高，均价超过了 3 600 元/吨，主要原因是新疆地区是畜牧业养殖大省，其中肉羊养殖量和出栏量在全国一直处于前列，豆粕需求量大而供给量小。河北省豆粕价格与全国水平相比处于较低水平，主要原因是河北省大豆种植面积近几年快速增加，大豆供应比较充足。

五、羊产业成本收益分析及预测

（一）肉羊养殖场成本收益水平变化分析

1. 养殖成本随玉米、豆粕等饲料成本的上升而持续增长

随着疫情的逐渐缓解，肉羊养殖的相关企业逐渐恢复生产，肉羊的存栏量迅速增加，饲料需求量随之大幅增加。玉米、豆粕等大宗饲料价格均出现不同程度的上涨，玉米价格受疫情、资本炒作以及贸易商非理性的囤粮共同影响，出现较大幅度的上涨；豆粕价格的上涨主要由于我国对美国大豆购买量的增加。二者共同导致养殖成本的持续增长。

2. 肉羊市场需求源源不断，肉羊价格小幅提升

随着疫情的好转及季节性因素影响，市场消费能力得到释放，消费需求也愈加旺盛。餐饮店、屠宰场等正常经营生产，养殖（场）户逐渐能够正常地销售、购买肉羊，消费者对肉羊的需求只增不减，肉羊市场的形势稳步向好。截至 2020 年第四季度末，全国肉羊的价格逐步出现好转，肉羊价格开始有所上升，一定程度上提高了养殖收益。

（二）未来河北省肉羊养殖成本收益分析及预测

1. 市场消费量将持续增加，羊肉价格上涨，增加养殖收益

根据在承德市围场县产业扶贫调研数据显示，如果一个贫困户养 20 只母

羊，按照每斤*15 元的市场价格销售，贫困户养殖 2 年可获得纯收入 8.8 万元，平均 1 年纯收入 4.4 万元。根据保定市阜平县调研数据，不计算人工成本，2020 年养羊户养一只育肥羊可获得约 300 元纯利润，自繁自养的基础母羊可获得约 1 700 元的纯利润。

2020 年第四季度，随着国内疫情逐渐缓解，羊肉消费也逐渐升温。生猪产能的逐渐恢复，猪肉的价格将小幅回落，猪肉的市场需求量将增加，对羊肉的市场消费量有一定影响，但受年底元旦和春节的季节性因素的影响，羊肉消费量仍将增加，市场价格还有一定上涨空间，羊价将持续上涨，肉羊养殖收益将持续增加。

2. 生猪及肉羊存栏量增加，拉动主要饲料需求量和市场价格

2020 年第四季度随着生猪产能的逐渐恢复，对饲料的需求量也随之增加。据全国畜牧总站行业统计分析处 12 月监测数据显示，全国羊肉平均价格 79.92 元/千克，同比上涨 12.3%，环比上涨 1.3%，环比连续 2 个月上涨。河北、内蒙古、山东、河南和新疆等主产省区羊肉平均价格 76.02 元/千克，同比上涨 10.3%，环比上涨 1.5%。上海、浙江、福建、江西和广东等非主产省市羊肉平均价格为 85.43 元/千克，同比上涨 15.1%，环比上涨 0.5%。从各省（区、市）情况看，除天津、江西、广东下跌外，其余省份均出现上涨。

肉羊存栏量受生猪产能增加及自身需求量增加的影响，对饲料的需求也同步上涨，预计 2021 年，玉米、豆粕等主要饲料的价格不会大幅度下降，但另一方面，受到国内大豆种植量的增加，进口多元化发展，玉米充足的库存量，主要饲料的价格也不会发生大幅度上涨，对肉羊养殖收益的影响不会太大。

六、河北省羊产业竞争力分析

（一）河北省羊产业比较优势分析

1. 省内外羊存栏量和出栏量比较

2019 年最新统计分析表明，河北省存栏量较上一年度有所下降，但下降幅度不大；2019 年河北省山羊存栏量为 364.3 万只，较上期的 365.2 万只下降了 0.3%；绵羊存栏量为 830.6 万只，较上期 814.3 万只上升了 2%。从活羊出栏量来看，本期山羊出栏量为 682.5 万只，较上期 676.9 万只上升了 0.8%，绵羊出栏量为 1 552 万只，较上期 1 524.6 万只上升了 1.8%。通过羊

---

*　斤为非法定计量单位，1 斤＝0.5 千克。——编者注

存栏量比较分析可以看出，羊存栏量较高的省份主要包括内蒙古、新疆、甘肃、宁夏等草原牧区省份，地处农区的舍饲养羊大省主要是山东、河北、河南、四川。其中，存栏量最大的牧区前三位分别是内蒙古、新疆和甘肃。存栏量最大的农区前三位分别是山东、河南和四川。河北省是农区舍饲养羊大省，目前存栏量相对稳定，随着疫情的缓解，肉羊的市场需求量恢复式增长。

2. 需求条件分析

随着羊肉的营养价值逐渐被认可及居民收入水平增加、膳食结构升级，近年来，国内肉羊及其制品的消费量持续增长。截止到2020年第三季度末，全国羊肉平均价格达到80.66元/千克，其中河北、内蒙古、山东、河南和新疆等主产省份羊肉平均价格较低，为76.52元/千克；上海、浙江、福建、江西和广东等省份平均价格达到86.01元/千克的高价。河北省肉羊价格低于全国平均水平，这也侧面证实河北省是中原地区重要的舍饲养羊大省，羊存栏量、出栏量、羊肉产量均在不断增加。近年来随着收入水平的提高，河北省羊肉消费需求日益增加。河北省毗邻京津地区，担负着向其输送优质农牧产品的重要任务，未来对羊肉的需求量还将增加。

3. 羊制品知名品牌加工业比较

受肉羊养殖区域化和饮食习惯的影响，我国羊肉加工企业分布具有一定的地域性，多分布在内蒙古、河北、甘肃、新疆等地。羊制品加工业包括羊肉、羊绒、羊毛加工企业。目前羊制品加工行业以小微企业为主。图1-8为河北省近十二年肉羊产品及其副产品产值变动趋势，从二者所占比重上分析，河北省肉羊多年来呈现"肉为主、毛为辅"的产值比重结构。关于主产品产值占总产值的比重分析，虽有波动，但在2008—2018年间都维持在97%以上，最高达到了98.86%水平，十二年占比平均值为98.32%。关于副产品产值占比分析，十二年内最高占比为2009年2.39%，最高占比不足2.5%，平均水平为1.68%。可以看出，主产品产值占比较大，显示出河北省肉羊产值占比是以"肉为主、毛为辅"的结构。尤其到2018年，主产品产值比重占到99.14%。依据全国企业名录数据库，2017年，内蒙古、甘肃和新疆的羊制品加工企业都在50家以上，但河北省目前对于羊绒和羊毛制品的加工业还相对薄弱，存在一定差距。

河北省唐县羊肉加工量占全国的60%，但没有诸如锡盟的"苏尼特羊肉、乌珠穆沁羊肉、察哈尔羊肉"，呼伦贝尔的"西旗羊肉"等具有地理标志的羊肉产品品牌；河北省虽然有全国最大的清河羊绒产业集聚地和辛集市羊皮革产销基地，但是仅限于低端加工，没有诸如内蒙古"鄂尔多斯"羊绒衫等高端羊绒产品和品牌。因此，河北省羊制品知名品牌加工业比较薄弱。

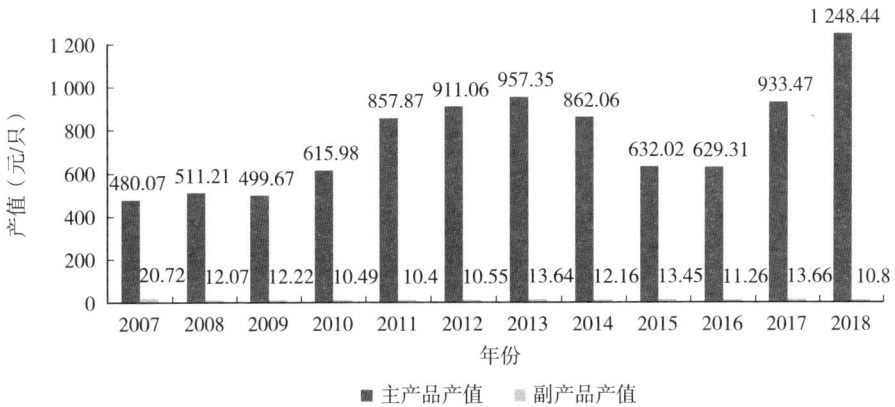

图 1-8　2008—2018 年河北省肉羊产品产值和副产品产值

数据来源：《全国农产品成本收益资料汇编 2009—2019》。

（二）河北省羊产业竞争优势分析

1. 肉羊单产竞争力分析

表 1-11 为近 11 年河北省肉羊养殖单产水平与全国比较的结果，通过比较可知，最低水平的省份主要集中在河北省与山东省，河北省自从 2013 年开始已经连续五年单产产值为全国最低水平。图 1-9 雷达图一共四条折线，但是由于河北省总产值水平有 7 年是全国最低水平，剩余三年高出全国最低水平很少，所以全国最低水平与河北省的总产值的两条折线在图上所显示的效果是基本重合的，因此，从产值分析，河北省与全国相比比较优势较差。

我国肉羊养殖总产值占优势省为中西部地区，主要以新疆、宁夏、陕西三省（区）为代表。十一年期间，河北省较全国最高水平差距较大，平均差距达到 443.09 元/只。尤其是 2016 年差距非常显著，比全国最高水平低 594.1 元/只，在 2011 年差距最小为 286.98 元/只。因此，河北省肉羊总产值与全国最高水平相比不具有显著优势。与新疆、宁夏、陕西等优势省份相比，在单产产值方面处于相对劣势地位。

表 1-11　2008—2018 年河北省肉羊养殖单产产值与全国比较

单位：元/只

年份	河北	全国最低	全国平均	全国最高
2008	523.28	515.94（山东）	660.17	974.45（陕西）
2009	511.89	511.89（河北）	632.68	832.32（新疆）
2010	626.47	626.47（河北）	775.41	937.91（新疆）

（续）

年份	河北	全国最低	全国平均	全国最高
2011	868.27	866.57（山东）	994.7	1 155.25（新疆）
2012	921.61	915.18（山东）	1 178.3	1 464.36（宁夏）
2013	970.99	970.99（河北）	1 245.57	1 466.34（陕西）
2014	874.22	874.22（河北）	1 123.72	1 414.33（陕西）
2015	645.47	645.47（河北）	936.08	1 215.36（新疆）
2016	640.57	640.57（河北）	949.07	1 234.67（陕西）
2017	947.13	947.13（河北）	1 102.2	1 265.81（新疆）
2018	1 259.24	1 162.00（黑龙江）	1 246.43	1 408.97（新疆）

数据来源：《全国农产品成本收益资料汇编 2009—2019》。

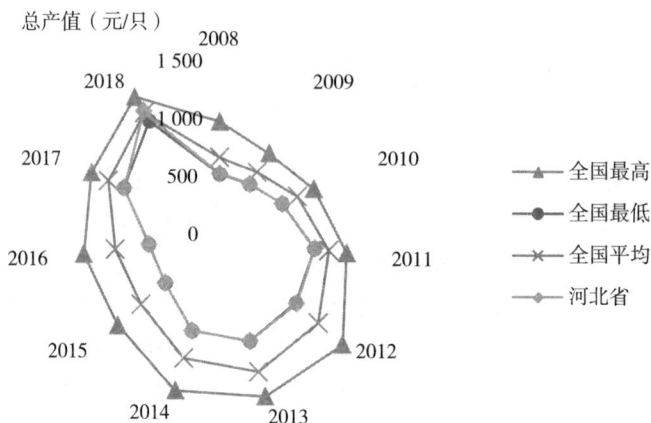

图 1-9　2008—2018 年河北省散养肉羊总产值与全国比较

数据来源：《全国农产品成本收益资料汇编 2009—2019 年》。

2. 羊毛、羊绒产量分析

由于河北省羊产业以"肉为主、毛为辅"，其羊毛和羊绒产量较低，与位居第一、第二的内蒙古、新疆等地相比，不具有比较优势，但也远超甘肃、山东、河南等省份，位列全国第三。

（三）河北省羊产业显示性比较优势分析

美国经济学家巴拉萨的显示性比较优势指数（RCA）方法通过该产业在该国出口中所占的份额与世界贸易中该产业占世界贸易总额的份额之比来表示，剔除了国家总量波动和世界总量波动的影响，可以较好地反映一个国家某一产业的出口在世界出口水平上的相对优势。

经测算 8 个肉羊主产省份的 RCA 值，高于全国平均比较优势指数的省份依次为：内蒙古、新疆、甘肃、宁夏、河北。河北省肉羊显示性比较优势指数为 1.386，虽然高于全国平均水平，与其他省份相比具有明显的比较优势，但仅相当于内蒙古的 30.1%（内蒙古比较优势指数为 4.603），新疆的 35.8%（新疆比较优势指数为 3.87），也明显低于甘肃（甘肃省比较优势指数为 3.424）、宁夏（宁夏比较优势指数为 3.252）等省份。说明河北省发展肉羊养殖产业的比较优势与内蒙古、新疆、甘肃、宁夏等省份还存在较大差距。河北省今后在养殖方面的潜力不在于存栏头数的增加，而应注重单产的提高，应加强羊制品加工和销售。

七、河北省羊产业发展存在的问题及对策建议

（一）河北省羊产业发展存在的问题

1. 羔羊对外依存度较高，制约河北省羊产业发展

2014 年之前，河北省很多地区自繁自育养羊，发生小反刍兽疫后，很多养羊户亏损严重，还有些养羊户养羊致贫，退出养羊行业。因为育肥羊不需要太高的养殖技术，养殖速度快，一年周转三次，赚钱效应明显。2018 年，羊价上升后，很多新进入的养殖户养殖育肥羊，导致羔羊需求量偏大。育肥规模最大的唐县，自产羔羊不足 100 万只，只能依靠全国各地调运。面对 2020 年全国疫情运输不畅的情况下，调运的羔羊年龄小、成活率低，严重制约了河北省羊产业发展。

2. 河北省高繁母羊规模化程度低，政策支持力度小

高繁母羊饲养具有扩繁速度慢、资金周转慢、饲养技术难度高的特点，同时，规模化高繁母羊基础设施要求高，需要建设怀孕母羊舍、母羊哺乳舍、母羊产房、种公羊舍、育成羊舍、育肥羊舍等场地；还需要有人工授精室，排水、粪便处理设施、药浴设备、实验检验室、员工培训室、路面硬化等一系列配套设施。远比育肥养殖场复杂得多，而河北省规模养殖场大多数在 200～1 000 只，为降低养殖风险，规模养殖场大多会选择 3～4 个月出栏、养殖技术简单且技术含量低的育肥养殖。只有一些小型家庭养殖户进行自繁自育养羊。

据调查，在良种补贴中，存栏能繁母羊 30 只以上时，给予山羊种公羊 800 元补贴，没有针对能繁母羊的专项补贴，也导致养殖户缺乏繁育养羊的动力；全国有 7 个省对肉羊标准化规模养殖小区（场）建设项目给予补贴，河北省没有相应补贴。

3. 缺乏专业的营销策划，河北省知名品牌产品较少

据调查，河北省大部分养殖户出售活羊依靠羊经纪人到本地收购，讨价还

价能力不足。还有些羊品质较好的地区，由羊经纪人低价购入后作为内蒙古的锡盟羊高价出售，攫取知名品牌产品的高额利润。而河北省虽然有唐县三个大型屠宰企业，但销售渠道仅限于批发市场、小型超市、餐馆等地区。衡水志豪、张家口津垦奥以及乐拓、爱尚羊等大型牧业公司虽然有自己的食品加工公司，但知名度不高，销售范围较窄，专业的营销策划能力较弱。因此，加大营销策划力度，打造知名品牌刻不容缓。

4. 小养殖户不懂科学养殖技术，养羊单产水平低

河北省 100 只以下的小养殖户占比最多，但很少接受养殖技术培训，也不重视养殖技术。调查显示，大多数小养殖户年龄在 45～70 岁，在自家院内搭棚围圈养羊，问及是否参与养羊技术培训时，很多养殖户表示不知道有技术培训，也有的养殖户认为自己养殖技术不错，不需要参加培训；很多养殖户感觉自己学不会。养殖户养殖靠经验或靠感觉，不注重养殖标准、饲料品质和营养配方，既影响了羊只的健康状况，也影响了羊的单产水平，养殖效率偏低，更重要的是造成羊肉品质参差不齐，难以形成地理标志品牌。

5. 河北省饲草料虽然丰富，但与养殖区的匹配度较低

河北省 2018 年玉米播种面积为 343.8 万公顷，玉米总产量为 1 941.2 万吨，主要集中在保定、邯郸、石家庄、沧州、邢台和衡水等市。花生播种面积为 25.8 万公顷，主要集中在唐山、保定、邯郸、石家庄、邢台、衡水等市。2018 年大豆播种面积约 8.8 万公顷，比 2017 年增长 24.9％，产量为 21.2 万吨，主要集中在石家庄、廊坊、沧州、保定、邢台、衡水等地区。而羊养殖区主要集中在邯郸、张家口、保定、秦皇岛等市。河北省饲草资源与羊养殖区匹配度较低，很多养羊户外购饲料较多，推高了养殖成本。

（二）河北省提高肉羊养殖效率的对策建议

1. 推广高繁母羊的标准化养殖技术，加大规模化程度

河北省家庭养羊历史悠久，散户自繁育养羊较多，但是缺乏科学的饲养技术，繁殖率低。通过建设繁育园区，借助龙头企业或合作社，将自繁育养羊家庭组织到一起，推广高繁母羊养殖技术，逐步扩大养殖规模，增强羊产业竞争力。建立高标准繁育场，引进优良品种，培育自有品种，通过新型经营主体推行放母收羔模式，形成"公司（合作社）＋农户"的运作模式，突破河北省羔羊供给能力的瓶颈。

2. 加大能繁母羊的政策支持力度，加强繁育场的金融保险支持

养殖能繁母羊投资大、周期长、技术含量高、投资回收慢，制约了养殖户的养殖热情，因此，河北省肉羊产业振兴应从源头抓起。第一，整合财政支农资金用于支持羊品种改良。第二，安排专项财政资金对繁殖母羊的养殖场

（户）给予能繁母羊补贴、各种栏舍基础设施建设补助等。第三，设立能繁母羊保险，保费由农户和财政按一定比例共同负担。第四，给予能繁母羊养殖场（户）金融贷款支持，按照养殖周期，延长贷款期限，激励规模养殖户加大繁育养羊。

3. 做好区域市场布局与营销，打造国家知名品牌

以唐县唐发、瑞丽、振宏食品公司为龙头，推进优质品种、良种繁育、绿色饲草、现代加工、示范推广建设，实现由战略规划到战略布局再到加速崛起的重大跨越，聚力打造全省肉羊产业集群龙头县。重视申请羊肉地方性标志产品工作。建立以志豪、兰海、津肯奥、乐拓、爱尚羊等牧业公司为中心的"龙头企业＋农户"养殖模式，构建以产销企业为龙头、专业养殖户为支撑、合作组织为纽带、饲草饲料为基础的现代肉羊全产业链。坚持龙头带动，品牌经营，组建销售团队，打造国家知名品牌。

4. 强化科技支撑，加大技术推广力度

加大中小型养羊（场）户技术培训，强化科技支撑；组织中小养羊户外出考察学习，培育其懂技术、善经营的理念，加大对饲草料配方、羊圈设计及饲养管理、高效繁殖及改良技术、常见羊病预防和控制等技术的推广力度。有条件的地方，引导中小型养羊（场）户向高标准养殖场或养殖小区发展，在厂址布局、栏舍建设、生产设施配备、良种选择、卫生防疫、粪污处理等方面给予指导。推广和普及人工授精、早期断奶、同期发情、配合饲料、免疫程序、全混合日粮（TMR）等技术，提升单产养殖水平。加强饲料、饲草本地化技术开发和饲料研发，挖掘本地饲草种植资源，降低成本，发展循环经济。

5. 调整种养结构，大力发展草食畜牧业

根据统计资料，邯郸市年出栏量在 100 只以下的小规模养殖户较多，外购饲草料较少。张家口市年出栏量在 100～499 只的养殖场较多，饲草资源丰富。秦皇岛市年出栏量 500 只以上的养殖场较多，饲草料对外依赖严重；保定市年出栏量在 1 000 只以上的养殖场最多，基本依靠外购饲草料。疫情常态化状态下，河北省亟须调整种养结构，走"大农业"之路，宜农则农、宜牧则牧，因地制宜，减少外省饲草料调运带来的损失及危害。

专题二　2020 年度河北省羊肉价格发展报告

近年来河北省羊肉价格波动频繁，不仅增加了肉羊养殖户、屠宰加工企业的生产经营风险，也影响到羊肉市场的稳定。本研究分析河北省羊肉市场价格变化趋势，探究河北省羊肉市场价格变化的影响因素，找出促进河北省羊肉市场价格长期稳定的政策建议。

一、河北省羊肉市场价格变化趋势

(一) 河北省活羊与羊肉价格走势

1. 活羊价格走势分析

河北省活羊价格虽然有波动，但总体呈上升趋势。2014 年小反刍兽疫后，2015 年至 2016 年，河北省活羊价格经历了低谷，2016 年 10 月第 4 周活羊价格跌到 14.83 元/千克。到 2016 年秋季后活羊价格开始呈现上升趋势，从 2017 年秋季开始活羊价格上行态势明显。活羊价格从 2016 年 6 月第二周的 16.80 元/千克上涨到 2017 年 12 月第四周的 23.43 元/千克，2020 年 11 月活羊集市价格上涨至 31 元/千克（图 2-1）。

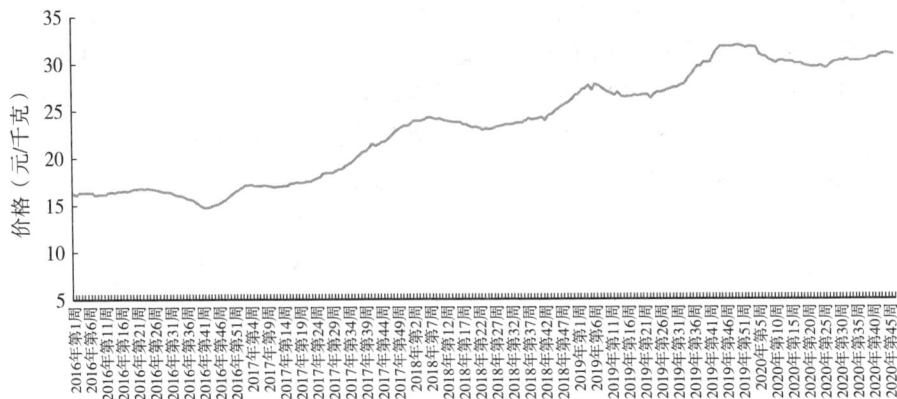

图 2-1　2016 年第 1 周至 2020 年第 46 周河北省活羊周度价格走势

数据来源：河北牧业微信公众平台数据。

2. 羊肉价格走势分析

如图2-2所示,2000年以来,河北省羊肉价格总体呈上升趋势,与全国羊肉价格走势趋于一致,且低于全国均价。2000年至2006年羊肉价格平稳上升,2007年至2014年羊肉价格上升趋势明显。2014年小反刍兽疫爆发后,羊肉价格受到影响,开始呈下降趋势。2017年秋冬季全国肉羊生产开始恢复,但是恢复速度较慢。随着消费量逐年上升,河北省羊肉供需也出现偏紧的情况,价格上行态势较明显。2017年下半年羊肉价格回升速度加快(图2-3)。2020年河北省羊肉价格高于2018年同期价格,2020年第45周(11月1—7日)羊肉价格76.17元/千克,同比增长0.22%,达历史新高。

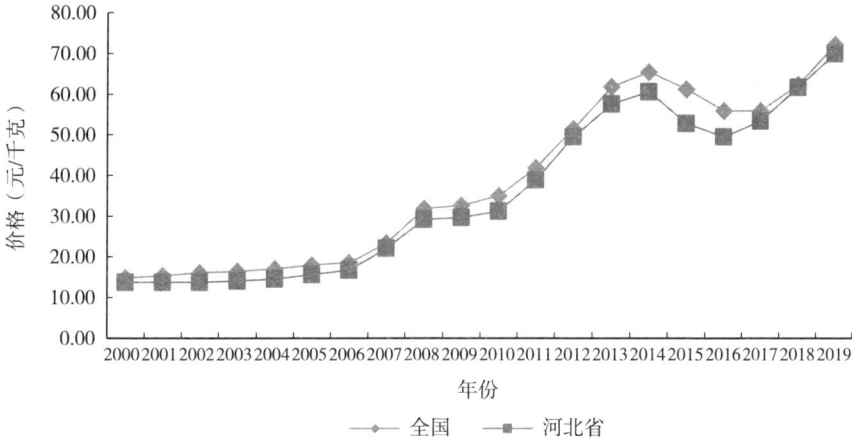

图2-2 2000—2019年河北省与全国年均带骨羊肉价格对比

数据来源:中国畜牧业信息网。

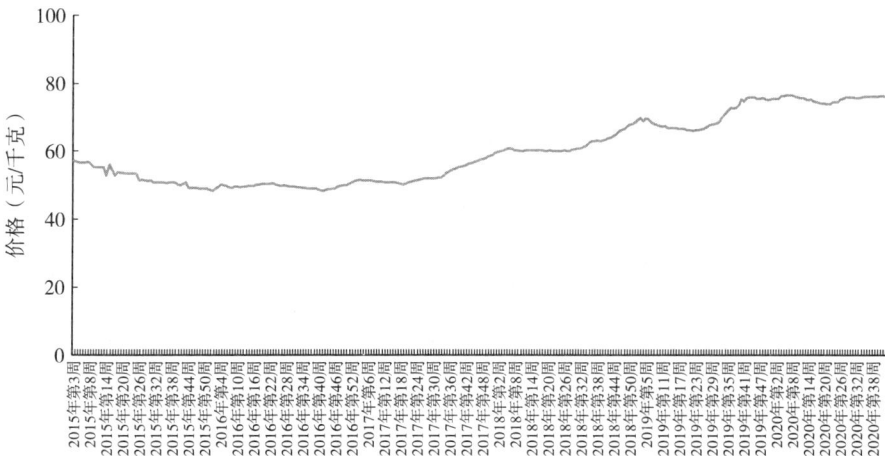

图2-3 2015年第1周至2020年第46周河北省羊肉周度价格走势

数据来源:河北牧业微信公众平台数据。

3. 羊肉与活羊价格走势比较分析

总体上看，2015 年以来，河北省活羊价格和羊肉价格走势基本一致，虽然有轻微波动，但变化不大，总体相差较小。特别是 2017 年以来，肉羊市场行情开始好转，价格呈上升趋势，截止到 2020 年 9 月 1 日河北省羊肉和活羊价格分别为 76.09 元/千克、31 元/千克。

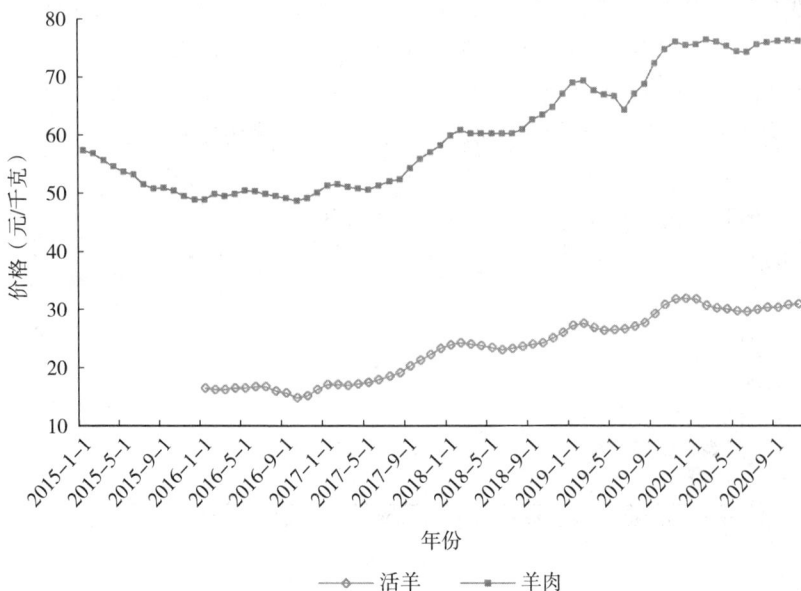

图 2-4   2015—2020 年河北省活羊和羊肉月度价格走势

数据来源：河北牧业微信公众平台数据。

（二）河北省羊肉价格波动周期

采用 X-12 季节分解模型，基于 2000 年 1 月至 2020 年 6 月的河北省羊肉价格增长率数据，分析河北省羊肉价格变动的季节与长期变动趋势。

1. 季节波动

在季节变动趋势方面，河北省羊肉价格增长率的变动具有显著的季节性，体现为羊肉价格在春夏两季较低而秋冬季节较高。羊肉价格增长率在一年内完成完整的周期变动，每年的 1—2 月份达到最大值之后下降；每年的 3—4 月份出现最低值，而后逐月上涨至次年 2 月达到下一个高峰。从长期来看，季节因子的变动情况有逐渐增强的趋势，表明河北省羊肉价格的季节性变动正在逐年变小（图 2-5）。

2. 不规则变动

在不规则成分波动情况方面，河北省羊肉价格增长率的不规则成分波动具

RESID_SF

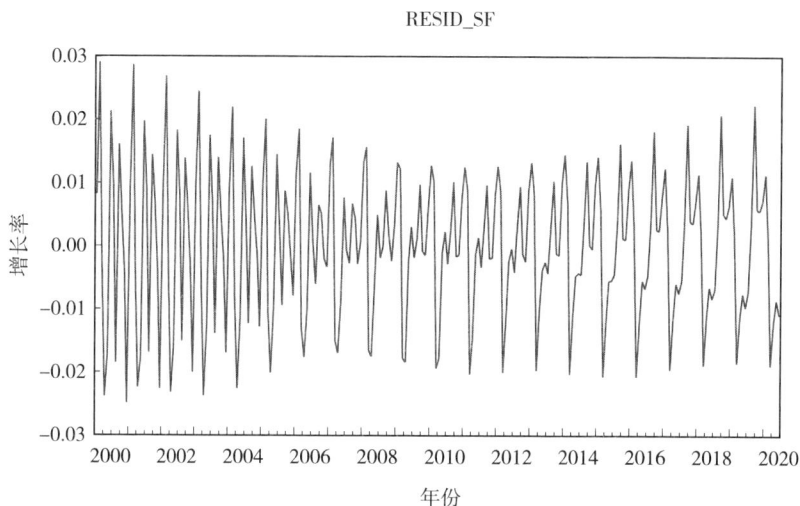

图 2-5 河北省羊肉价格增长率季节波动情况

有一定的阶段性特征。从整体波动情况来看，2000—2005 年，河北省羊肉价格随机趋势波动平稳，受外部环境影响较小；2005 年之后，羊肉价格随机变动趋势显著。从 2010—2011 年羊肉价格波动幅度较大。原因是受到自然灾害的冲击，羊肉价格出现了一个短暂的上升，属于正常现象。自 2019 年来受中美贸易摩擦的影响，羊肉市场价格不断上涨，造成羊肉市场波动剧烈。这些突然出现的随机性因素对羊肉市场造成了一定的冲击，导致市场价格自我调控短暂失灵，引致羊肉价格在短期内呈现出异常波动，稳定性变差（图 2-6）。

RESID_IR

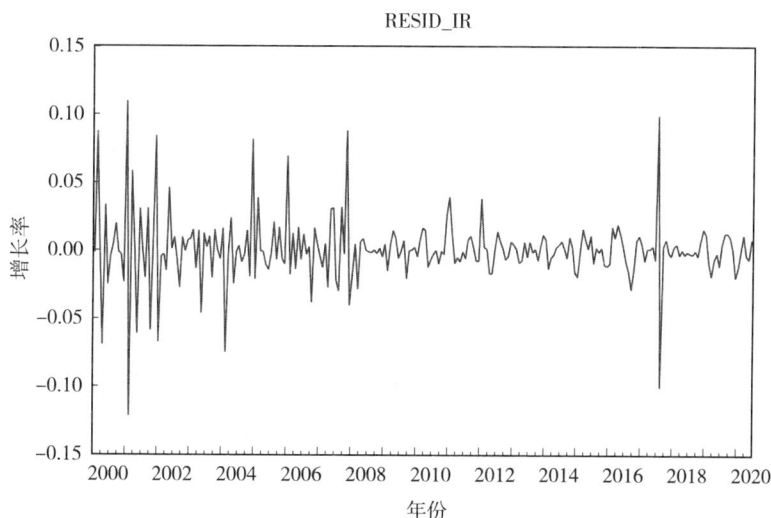

图 2-6 河北省羊肉价格增长率不规则变动情况

3. 长期趋势分解

通过 H-P 滤波法对 2000 年 1 月至 2020 年 6 月的河北省羊肉月度价格增长率进行趋势分解后，反映了剔除季节因子和不规则因子后羊肉价格变动的真实经济规律。图 2-7 中 PRICER_TC 是原有的消除季节因素后的趋势循环序列，Trend 为长期趋势序列，Cycle 表示循环要素序列。河北省羊肉总体趋势呈上升态势。在 2014 年后出现短暂的价格下降，但近年来又在持续增高。从周期波动来看，河北省羊肉价格周期波动越来越大，周期性越来越明显（图 2-7）。

Hodrick–Prescott Filter（lambda=14 400）

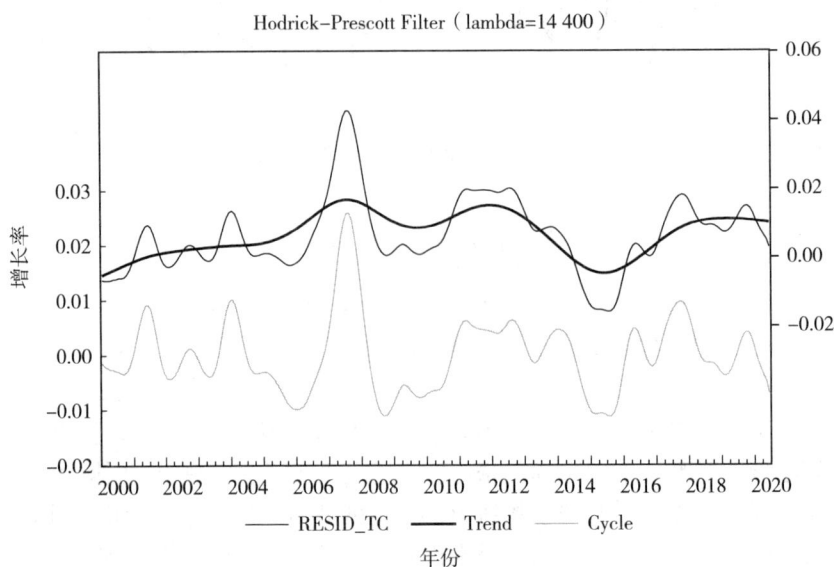

图 2-7　河北省羊肉价格月度增长率时间序列 H-P 滤波分解

4. 波动周期划分

河北省羊肉价格增长率划分为九个波动周期。其中第 5 个周期时间最长，为期 39 个月；周期时间最短的为第 2、第 6 周期，时间长度为 15 个月，平均周期为 26.1 个月。横向观察得出，河北省羊肉价格增长率波动属于长期波动，波动持续时间较长。根据整理得出的波动振幅数据来看，河北省羊肉价格增长率循环波动的振幅在 0.35%～1.85%，其中第 4 周期的振幅最大，达到 1.85%，波峰值为 0.026%，波谷值为 -0.011%；第 2 周期的波动幅度最小，最小为 0.35%。五个周期的平均振幅为 0.94%。从纵向角度来看，在一个完整周期内，河北省羊肉价格增长率的波动属于较强的波动，稳定性较差，容易受到其他因素影响。从整体上看，河北省羊肉价格波动趋于稳定，同时有轻微上升趋势，时间跨度不均，短期波动普遍较大。目前羊肉价格正处于好的行情周期内，因此，羊肉价格上涨符合羊肉价格波动规律。

表 2－1　河北省羊肉环比价格指数波动周期

周期序号	起止时间	月距	波峰值（％）	波谷值（％）	波动幅度（％）
1	2000 年 9 月至 2002 年 2 月	18	0.008	−0.005	0.65
2	2002 年 3 月至 2003 年 5 月	15	0.002	−0.005	0.35
3	2003 年 6 月至 2006 年 2 月	32	0.010	−0.010	1.00
4	2006 年 3 月至 2008 年 9 月	31	0.026	−0.011	1.85
5	2008 年 10 月至 2012 年 1 月	39	0.006	−0.011	0.85
6	2012 年 2 月至 2013 年 4 月	15	0.007	−0.003	0.50
7	2013 年 5 月至 2015 年 3 月	23	0.007	−0.013	1.00
8	2015 年 4 月至 2017 年 8 月	29	0.004	−0.012	0.80
9	2017 年 9 月至 2020 年 6 月	33	0.010	−0.004	0.70

注：波动幅度＝（波峰−波谷）/2。

（三）河北省与全国及肉羊产业主产区羊肉价格走势比较

1. 河北省与中原优势肉羊产区羊肉价格走势比较分析

中原优势肉羊产区包括河北省、山东省、河南省、安徽省和江苏省。该区域肉羊养殖基础较好，秸秆资源丰富，肉羊加工企业较多，但规模较小且分散，肉羊的饲养、屠宰、加工与销售基本采用传统方式，标准化生产和产业化经营体系尚未建立，舍饲圈养的养殖成本较高。对比该区域带骨羊肉价格，河北省羊肉价格与其他四省相比，具有价格优势（图 2－8）。

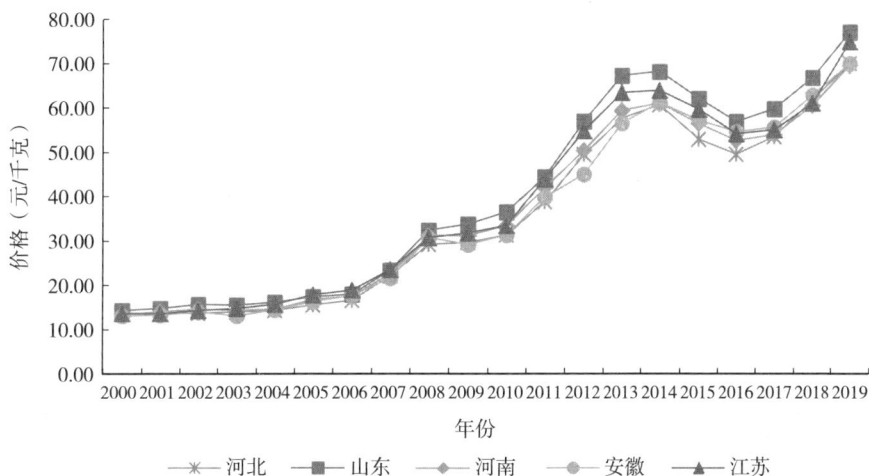

图 2－8　2000—2019 年河北省与中原优势区各省带骨羊肉年平均价格走势比较
数据来源：中国畜牧业信息网。

2. 河北省与中东部农牧交错带肉羊优势产区价格走势比较分析

中东部农牧交错带肉羊优势产区包括内蒙古、辽宁省、吉林省、黑龙江省、山西省。该区域粮食生产条件较好，精饲料和秸秆资源丰富，羊肉加工能力较强，所产优质绵羊肉具有广阔的市场发展前景，适合发展农牧结合型养羊业，是我国主要的肉羊产区，但气候寒冷，羊羔越冬困难，对养殖技术和设施建设要求较高。该区域与中原优势肉羊产区平均羊肉价格基本一致，河北省羊肉价格相比东北三省具有价格优势，与山西省羊肉价格走势基本一致，但与内蒙古相比不具有价格优势（图 2 - 9）。

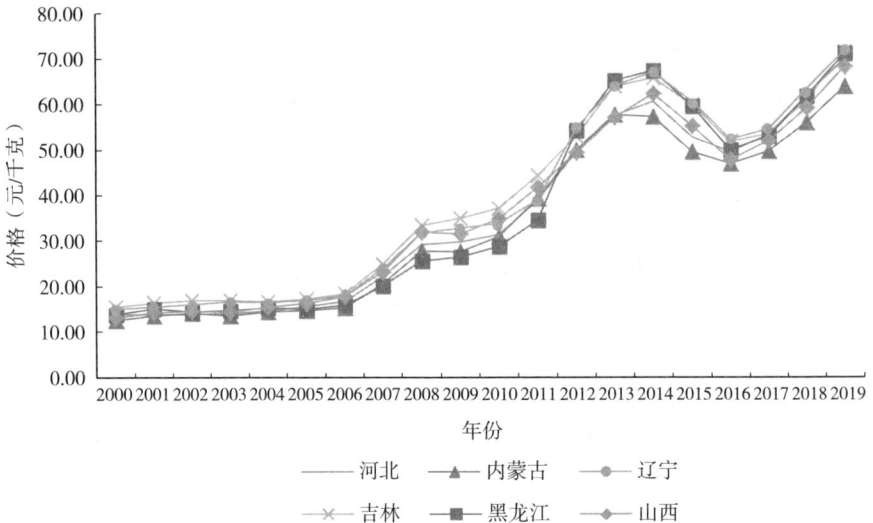

图 2 - 9　2000—2019 年河北省与中东部农牧交错带优势区各省
带骨羊肉年平均价格走势比较
数据来源：中国畜牧业信息网。

3. 河北省与西北肉羊优势产区羊肉价格走势比较分析

西北肉羊优势产区包括新疆、甘肃、宁夏、陕西。该区域是我国传统的肉羊产区，羊肉品质好，清真民族品牌享誉国内外市场。但气候寒冷，超载过牧，生态与资源负荷较大，养羊设施落后，出栏率低，不宜扩大养殖规模。该区域在四大肉羊优势产区中平均羊肉价格最低，对比该区域带骨羊肉价格，近五年，河北省羊肉价格相比陕西省具有价格优势，但与新疆、甘肃、宁夏三省相比不具有价格优势（图 2 - 10）。

4. 河北省与西南肉羊优势产区羊肉价格走势比较分析

西南肉羊优势产区包括四川省、云南省、贵州省、湖南省、重庆市。该区域是我国新兴肉羊产区，以山羊养殖为主，肉羊生产潜力大。但肉羊养殖技术

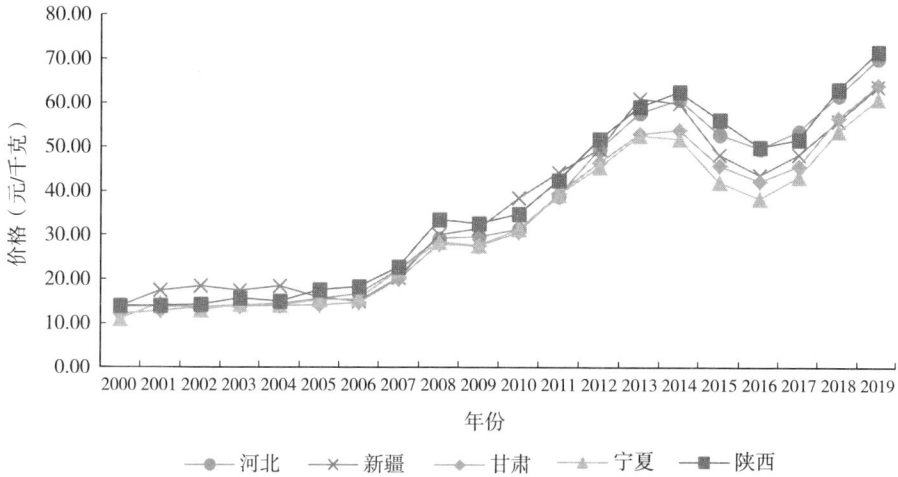

图 2-10　2000—2019 年河北省与西北优势区各省带骨羊肉年平均价格走势比较

数据来源：中国畜牧业信息网。

较薄弱，草原草山草坡和农作物秸秆资源开发利用程度较低，饲养分散，气候湿热，防疫难度大，基础设施差。该区域在四大肉羊优势产区中平均羊肉价格最高，对比该区域带骨羊肉价格，河北省羊肉价格相比这五省具有价格优势（图 2-11）。

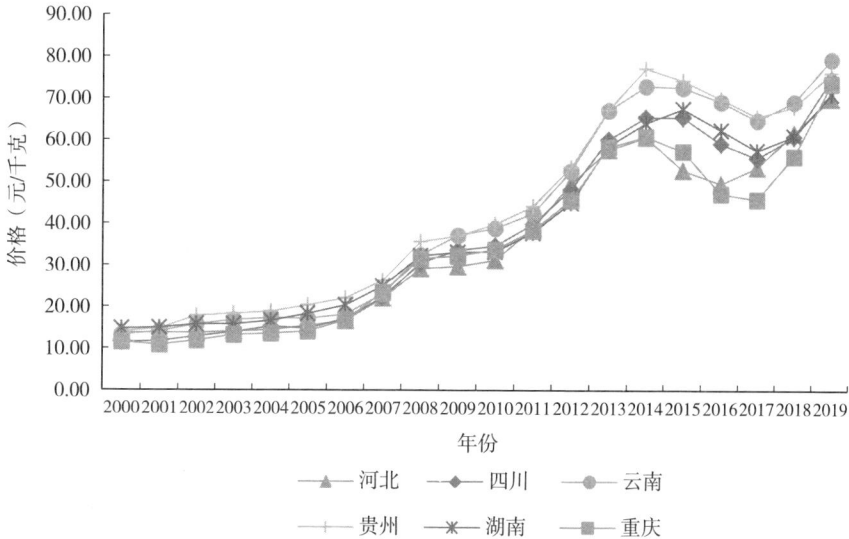

图 2-11　2000—2019 年河北省与西南优势区各省带骨羊肉年平均价格走势比较

数据来源：中国畜牧业信息网。

5. 河北省与京津羊肉价格走势比较分析

河北省具有紧邻京津的优势，具有较好的对接京津市场的区位优势。对比三地带骨羊肉价格，与北京和天津羊肉市场价格相比具有价格优势（图 2 - 12）。

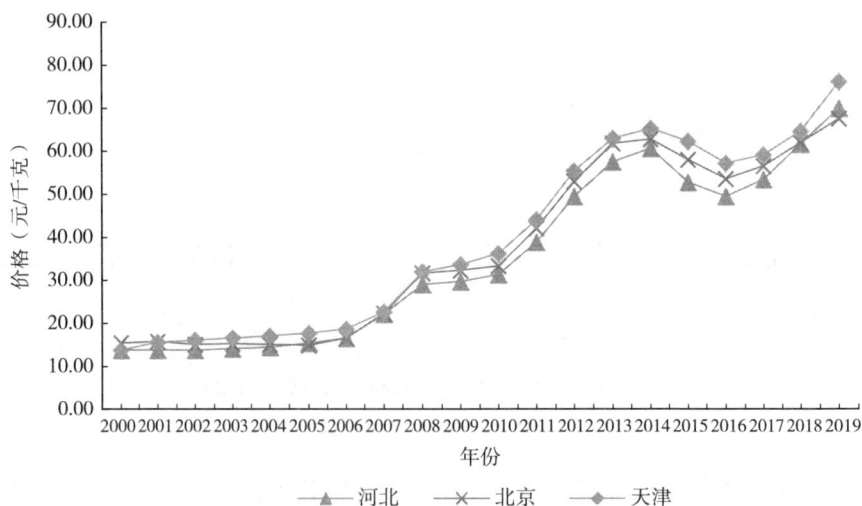

图 2 - 12　2000—2019 年河北省与北京市和天津市带骨羊肉年平均价格走势比较
数据来源：中国畜牧业信息网。

（四）进口羊肉对羊肉价格的影响

国内羊肉供给增长无法满足消费者需求的上涨，再加上肉羊生产周期长，繁殖率低，无法快速供应市场，需要依靠进口填补羊肉供需缺口。我国羊肉进口远大于出口，进口量呈增长趋势。但与产量相比，我国羊肉贸易仅占产量的很小一部分，2019 年我国羊肉进口量占羊肉产量的 8.04%（图 2 - 13）。

二、河北省羊肉市场价格变化的影响因素分析

（一）供求不平衡

1. 供给阶段性偏紧

自 2000—2018 年，河北省羊存栏量从 1 676.6 万头下降到 1 179.6 万头（表 2 - 2）。河北省羊存栏量呈下降趋势，有 10 年出现了负增长，一定程度说明羊养殖效益低，养殖规模小。自 2014 年小反刍兽疫后，长达 30 多个月的市场低迷，从业者持续亏损，或退出行业或压缩养殖规模，羊的养殖量呈逐年下降趋势，2017 年羊出栏量出现负增长。2018 年羊的存栏、出栏分别为 1 179.6 万头、2 201.4 万头，存栏同比下降 3.95%，出栏同比上涨 1.5%。羊出栏量

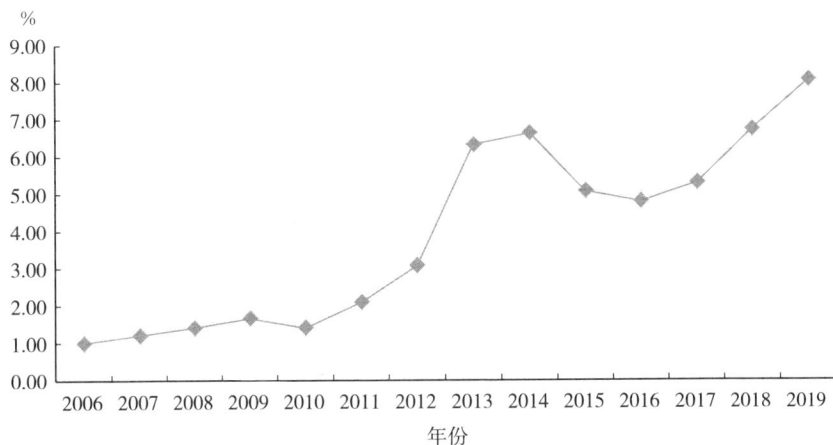

图 2 - 13　2006—2019 年羊肉进口量占我国羊肉产量的比重

数据来源:《中国统计年鉴 2007—2019》,农业农村部数据。

和羊肉产量总体呈增长趋势,但增速缓慢。而且,由于近几年养羊业不景气,从业者的积极性严重受挫,使得企业扩群积极性不高,导致养殖量不能提高,供应不足,羊价提升。生产规模增速缓慢和生产能力相对较低导致市场上羊肉的供给量偏紧,伴随羊肉消费量的日益增长,进而引致羊肉价格上涨。

表 2 - 2　河北省 2000—2018 年羊存栏量、出栏量和羊肉产量

年份	羊存栏量		羊出栏量		羊肉产量	
	数量（万头）	增速（%）	数量（万头）	增速（%）	数量（万吨）	增速（%）
2000	1 676.6	—	1 511.5	—	24.6	—
2001	1 639.5	−2.21	1 502.7	−0.58	25.4	3.25
2002	1 572.5	−4.09	1 609.6	7.11	28.1	10.63
2003	1 594.3	1.39	1 591.6	−1.12	29.3	4.27
2004	1 664.5	4.40	1 615.8	1.52	31.5	7.51
2005	1 679.1	0.88	1 695.5	4.93	33.7	6.98
2006	1 552.6	−7.53	1 726.4	1.82	35.37	4.96
2007	1 580.6	2.00	1 785.6	3.63	24.3	−31.30
2008	1 610.8	2.10	1 938.7	8.78	26.5	9.05
2009	1 556.1	−3.21	2 047.2	5.80	28.02	5.74
2010	1 397.8	−10.00	2 127.0	4.10	29.31	4.60
2011	1 443.2	3.45	2 031.0	−4.33	28.41	−3.07

（续）

年份	羊存栏量		羊出栏量		羊肉产量	
	数量（万头）	增速（%）	数量（万头）	增速（%）	数量（万吨）	增速（%）
2012	1 397.2	−3.00	2 047.6	1.01	28.7	1.02
2013	1 435.6	2.94	2 076.9	1.62	29.1	1.39
2014	1 503.0	4.90	2 155.7	4.00	30.4	4.47
2015	1 425.1	−5.00	2 216.1	3.00	31.7	4.28
2016	1 359.8	−4.40	2 259.7	2.16	32.37	2.11
2017	1 228.1	−9.69	2 168.9	−4.02	30.1	−7.54
2018	1 179.6	−3.95	2 201.4	1.50	30.5	1.5

数据来源：《河北省农村统计年鉴 2001—2019》。

2. 需求量显著提升

2000—2018 年，河北省农村居民的羊肉消费量上涨趋势明显，其人均羊肉消费量由 2000 年的 0.19 千克增至 2017 年的 0.9 千克，年均增长 11.49%（表 2-3）。尤其是 2008 年以来，农村居民人均羊肉消费量一直高于牛肉的消费量。城镇居民的户内羊肉购买量呈下降趋势，但户外消费量不断提升且以火锅和烧烤两种模式为主。河北省 2005—2018 年城镇居民与农村居民人均羊肉消费量变化趋势见图 2-14。

表 2-3　河北省 2000—2019 年农村、城镇居民人均牛羊肉消费量

单位：千克

年份	农村居民人均羊肉消费量	农村居民人均牛肉消费量	城镇居民人均羊肉消费量	城镇居民人均牛肉消费量
2000	0.19	0.35		4.13
2001	0.18	0.38		3.78
2002	0.21	0.34		4.32
2003	0.23	0.29		4.32
2004	0.31	0.43		5.08
2005	0.37	0.47	2.34	2.67
2006	0.42	0.4	2.2	2.73
2007	0.43	0.44	1.94	2.47
2008	0.32	0.31	1.76	2.45
2009	0.38	0.31	2.05	2.63
2010	0.38	0.34	1.94	2.63

（续）

年份	农村居民人均羊肉消费量	农村居民人均牛肉消费量	城镇居民人均羊肉消费量	城镇居民人均牛肉消费量
2011	0.48	0.46	1.74	2.11
2012	0.51	0.4	1.69	2.19
2013	0.51	0.29	1.16	1.79
2014	0.55	0.32	1.3	1.91
2015	0.83	0.44	1.9	2.15
2016	0.9	0.44	2.14	2.36
2017	0.9	0.5	1.9	2.4
2018	0.7	0.5	2.2	2.4

数据来源：《河北省农村统计年鉴 2001—2019》，《河北经济年鉴 2019》。

注：2000 年到 2004 年河北省城镇居民人均牛羊肉消费量统计年鉴数据为合计。

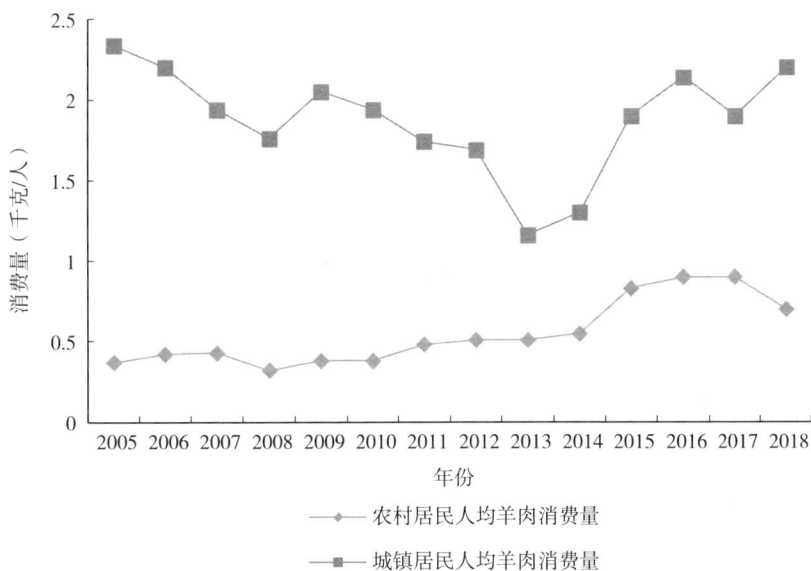

图 2-14　河北省 2005—2018 年城镇居民与农村居民人均羊肉消费量

数据来源：《中国统计年鉴 2001—2019》。

（二）成本刚性上升

1. 环保政策的影响

受禁牧环保政策的影响，羊的养殖方式由过去分散饲养、放牧为主向标准化、规模化、现代化舍饲养殖转变，养殖成本变高。尽管草地植被得到了一定的恢复，但羊的饲料成本明显上升，草地的利用率下降，还增加了草地防火的压力。粪污资源化利用也增加了设施（备）成本。

2. 生产资料价格涨幅过快

根据《全国农产品生产成本收益资料汇编 2011—2019》的相关数据，河北省散养肉羊总成本一直维持着全国最低水平，其中差距最大的年份为 2012 年，河北省散养肉羊总成本比全国最高水平低了 596.66 元/只。但是近年来，差距逐渐缩小（表 2-4）。

表 2-4 2010—2018 年河北省散养肉羊总成本与全国的比较

单位：元/只

年份	全国最高	全国最低	全国平均	河北
2010	825.98（新疆）	477.49（河北）	639.67	477.49
2011	1 065.90（新疆）	648.86（河北）	814.52	648.86
2012	1 383.94（新疆）	787.28（河北）	980.46	787.28
2013	1 420.68（新疆）	884.11（河北）	1 078.06	884.11
2014	1 259.74（新疆）	883.48（河北）	1 084.81	883.48
2015	1 109.33（山东）	803.64（河北）	1 002.11	803.64
2016	1 154.78（新疆）	810.92（河北）	1 017.03	810.92
2017	1 211.98（山东）	873.8（河北）	1 067.85	873.8
2018	1 298.05（山东）	1 066.62（河北）	1 156.93	1 066.62

数据来源：《全国农产品成本收益资料汇编 2011—2019》。

虽然河北省散养肉羊与全国其他肉羊主产省份相比具有成本优势，但是近年来由于仔畜费用、饲料费用以及人工成本的持续上涨推动了羊产业生产成本的上升，导致羊价上涨，收益降低。河北省散养肉羊单位成本收益情况见表 2-5。

表 2-5 河北省散养肉羊单位成本收益情况

年份	2010	2011	2012	2013	2014	2015	2016	2017	2018
主产品产量（千克）	37.23	38.62	39.24	40.72	41.36	42.84	42.64	42.47	44.78
产值合计（元）	626.47	868.27	921.61	970.99	874.22	645.47	640.57	947.13	1 259.24
主产品产值（元）	615.98	857.87	911.06	957.36	862.06	632.02	629.31	933.47	1 248.44
副产品产值（元）	10.49	10.4	10.55	13.64	12.16	13.45	11.26	44.2	10.8
总成本（元）	477.49	648.86	787.28	884.11	883.48	803.64	810.92	873.8	1 066.62
生产成本（元）	477.49	648.86	787.28	884.11	883.48	803.64	810.92	873.8	1 066.62

（续）

年份	2010	2011	2012	2013	2014	2015	2016	2017	2018
物质与服务费用（元）	304.96	429.86	481.8	505.21	464.01	391.02	388.62	442.1	647.35
人工成本（元）	172.53	219	305.48	378.9	419.97	412.62	422.3	431.7	419.27
家庭用工折价（元）	172.53	219	305.48	378.9	419.97	412.62	422.3	431.7	419.27
雇工费用（元）	—	—	—	—	—	—	—	—	—
土地成本（元）	—	—	—	—	—	—	—	—	—
净利润（元）	148.98	219.41	134.33	86.88	−9.26	−158.17	−170.35	72.33	192.62
成本利润率（%）	31.2	33.81	17.06	9.83	−1.05	−19.68	−21.01	8.39	18.06
每 50 千克主产品									
平均出售价格（元）	827.26	1 110.66	1 160.88	1 175.53	1 042.14	737.65	737.93	1 098.98	1 393.97
总成本（元）	630.53	830	991.68	1 070.36	1 053.18	918.41	934.18	1 013.9	1 180.74
生产成本（元）	630.53	830	991.68	1 070.36	1 053.18	918.41	934.18	1 013.9	1 180.74
净利润（元）	196.73	280.66	169.2	105.18	−11.04	−180.76	−196.25	85.08	213.23
每头用工数量（日）	5.51	5.48	5.46	5.57	5.64	5.29	5.19	5.2	4.94
平均饲养天数（日）	164.02	177.39	176.22	181.71	190.37	194.71	195.09	196.37	195.78

数据来源：《全国农产品成本收益资料汇编 2011—2019》。

3. 技术水平低引致成本增加

一方面由于养殖户饲养管理问题导致羊疫病防治费用增加；另一方面由于疾病防治、营养调配、秸秆综合利用及智能化、设施化养殖水平较低，技术集成应用普及率低，导致饲养成本加大，出栏时间延长，降低了养殖效益。

（三）替代畜产品的影响

受到非洲猪瘟和新冠肺炎疫情的影响，猪肉市场供应出现短缺，2020 年猪肉价格比较高，再加上鸡蛋的价格波动比较频繁，羊肉作为替代品需求提升，助推了羊肉价格的上涨，2020 年羊肉上市价格同比 2019 年明显提升。

三、促进河北省羊肉市场价格长期稳定的政策建议

（一）建设疫病防控与应急储备体系

虽然疫情有所好转，但还是要警惕疫情反弹。应提高养殖场（户）饲草料储备库等设施化装备水平；实施布病、小反刍兽疫等重大肉羊疫病防治计划，开展种羊场疫病监测和净化工作，对区域肉羊养殖场（户）、交易市场、屠宰场进行排查监测，完善区域疫情联防联控体系，构建疫病防控培训体系；引导

规模养殖场（户）做好饲料、疫苗、药物等物品储备，合理安排出栏、补栏等生产活动，引导屠宰加工企业加强冷库建设，做好冻货储备，保障在特殊时期市场供应稳定。加强肉羊防疫计划，确保有效防范疫病。稳步推进肉羊防疫计划，及时应对养殖发生的疾病和疫情风险，避免养殖传染病的大规模爆发。

（二）制定合理的养殖补贴政策

面对高昂的活羊及羊肉市场价格，为保障羊肉市场有效供给，平抑羊价，政府应适时出台有关羊的良种、设备、饲料生产和圈舍建设等补贴政策。要加大对能繁母羊和良种羊的补贴力度，以提高羊群的繁殖力，不仅能够弥补因饲料成本上涨带来的亏损，更重要的是保证了羊的后备产能和品质。但补贴范围不要只集中于大型养殖场，因为我省羊养殖以小规模散户为主，大型养殖场以育肥为主，而且大型养殖企业离开了补贴，其竞争力未必强过中小养殖户。部分地区可以实施"稳羊增牛""小畜换大畜"等措施，提升出栏率。同时政府可以对某些羊的疫苗给予一定的补贴，以调节动物生物制品企业生产羊用疫苗的积极性，满足市场对于羊用疫苗的需求。

（三）推进适度规模化养殖

稳步提升我省羊产业规模化养殖水平，实现羊产业的高产、优质和高效。但养殖规模要结合自然资源禀赋，充分分析市场和自身发展条件等因素，实现适度规模化养殖。母羊和幼畜以农户散养为主，规模化养殖场以育肥为主。形成中小养殖户和规模化养殖场并存的养殖结构。

（四）提高饲养管理的技术水平

建议在科学定位、模式确定、品种选择、高效繁殖、饲料开发、营养调控、疫病防控、产品营销和粪污资源化利用等方面有针对性引进新技术、新方法、新措施，提升羊饲养管理水平，提高羊的生产能力，促进产业发展。提高机械化水平，增加羊场机械清粪、饲喂和羊肉屠宰加工厂机械分割、包装等设施设备，降低雇工依赖和成本，降低发生突发情况出现"用工荒"的风险和生产成本。提升素质水平，加大对中小羊场（养殖户）基层技术人员的培训力度，全面提高其在养殖生产中发现问题和解决问题的能力，增强羊产业生产技术效率和风险抵御能力。

（五）充分开发和合理利用饲料资源

落实"粮改饲"政策，进一步提高资源利用效率，加快饲料本地化步伐。大力发展青贮玉米、燕麦等优质饲草料的种植面积，依托河北省丰富的农业资源实现农副产品饲料化利用，如麦秸、稻秧、土豆秧、红薯叶等粗饲料，既能降低饲料成本，又能降低对进口饲料的依赖度。针对不同地域、不同气候及不同品种肉羊的养殖特点，合理开发优质粗饲料资源。

（六）充分利用金融工具的支持作用

引导各类金融机构增加对养殖场户的贷款规模和授信额度，创新金融担保机制，采取联户担保、专业合作社担保等方式，为养殖场户提供信用担保服务，支持养殖场的规模化生产。建议成立养殖发展基金，在产业处于低谷期时，通过发展基金对产业进行调控，推动产业健康发展。同时强化金融保险的政策支持，从根本上保证羊产品的生产和供给，保持羊肉价格的稳定。积极推进互联网与养羊产业融合。肉羊产业互联网平台，把整个产业链融进平台建设。大力推进电商与实体结合，多元化建设多渠道推广和宣传羊产业品牌，促进养羊产业向集约型和信息型转型升级。

专题三 新型冠状病毒疫情对河北省羊产业的影响调查

一、新型冠状病毒疫情对河北省羊产业影响的调查报告

为了了解新型冠状病毒疫情对河北省羊产业发展的影响，河北省肉羊产业创新体系产业经济岗设计了调查问卷，在各位专家站长的支持下于 2 月 6 日至 8 日对河北省内 47 个养殖场和相关加工企业进行了电话调研。此次调查涉及 19 个养殖场和 28 个屠宰加工企业，调查对象主要涉及河北省羊产业技术体系的综合试验站，各试验站的定点监测养殖场和企业，调查内容主要包括养殖场饲料供应、饲养管理、养殖生产、屠宰加工企业在屠宰加工、物流运输、市场销售等几个方面，主要了解调研对象目前所面临的主要问题、疫情对羊产业的影响以及解决方案等。

（一）疫情对河北省肉羊产业影响的调查分析

1. 疫情造成了饲料和饲草的供应短缺

（1）肉羊养殖场面临不同程度的饲料和饲草短缺问题。所调查的养殖场均面临一定的饲料或饲草供应不足问题，其中，6.38% 的养殖场目前就存在供应困难，44.68% 养殖场能坚持到正月十五以后，8.51% 的养殖场能坚持到正月底，31.91% 的养殖场未来两个月会发生饲料供应困难。目前短缺最为严重的是豆粕和饲草，豆粕的价格每吨在 3 000 元左右，但市场上供应量很少。调查对象中，规模化养殖场往往有一定饲草和豆粕的储备，短期内能够维持，但规模较小的养殖场储备不足。羊场短缺的饲料主要是母羊浓饲料、粗饲料（花生秧、黄豆荚、玉米秸秆）、精饲料（玉米、豆粕、羔羊料、母羊料、育肥羊料）、预混料、繁殖母羊精料补充料等。造成饲料和饲草短缺问题的主要原因中，有 25.53% 的养殖场认为是企业停工造成了饲料供应不畅，51.06% 的养殖场认为是物资的异地调运存在问题。

（2）养殖场解决饲料饲草不足的对策。养殖场面临的饲料和饲草短缺问题将随着疫病防控时间的延长而加大，被调查对象中，有 14.89% 的养殖场准备主动淘汰一些弱羊，61.7% 的养殖场探索调整饲料配方，14.89% 的养殖场选择减少饲料饲喂量以降低饲料和饲草的需求，6.38%的养殖场选择大规模卖羊。

2. 羊的调运受疫情防控影响，限制了养殖场规模化发展

（1）大部分养殖场存在不同程度的空栏现象。调查发现，大部分规模化养殖场存在一定的空置羊圈，主要有两个原因，一是疫情防控下活羊的异地调运受阻，有17.02%的养殖场没有地方能够买到羊羔，51.06%的养殖场认为道路封锁无法购买羔羊，48.94%的养殖场找不到物流车辆无法进行调运。虽然农业农村部等三部门联合发布通知保障农产品生产物资流通秩序，但物流车辆不敢上路，或上路后到达各地无法顺利进入羊场。二是专业育肥养殖场年前大部分羊出栏了，过年前后需要购入羊苗，2019年底每头羔羊价格上涨至800元，高成本下很多养殖场不再补栏。

（2）大部分养殖场存在活羊无法出栏问题。调查结果显示，46.81%的养殖场面临无法出栏问题，31.91%的养殖场由于屠宰企业停工造成无法出栏，只有17.02%的养殖场没有面临活羊出栏问题。如果疫情持续超过两个月，100%的养殖场面临活羊无法出栏问题，14.89%的羊场表示如果出不了栏又买不到饲料会将羊赶出去放牧。

3. 屠宰加工处于停滞状态，市场销售量下降

（1）肉羊屠宰加工企业大多停工停产。有84.21%的屠宰企业处于停工状态，10.53%正常运营。有21.05%的企业希望疫情解除后马上开工，15.79%的企业预计过了正月开工，78.95%的企业表示听从上级指示。

（2）市场消费需求减少，羊肉销售量下降。由于餐饮行业大面积停业，造成羊肉的户外消费量减少。居民家庭因年前购买充足现在对羊肉的需求量不大。调查对象中，近50%的企业存在一定量的库存，且销售困难。大部分企业的羊肉销售量与去年同期相比均存在大幅度下降。目前省内大部分羊肉专营店处于关闭状态。

4. 近一半养殖场和屠宰加工企业存在用工短缺

调查发现，因疫情防控需要，部分员工暂时不能上班，影响到养殖生产和开工的屠宰加工厂。46.81%的养殖场存在人员招聘困难，有12.77%的养殖场面临人工工资上涨，其他34.04%的养殖场认为由于疫情防控影响造成人员流动困难，以本地人雇工为主的养殖场受影响不大。

5. 疫情对羊产业的整体影响判断

调查结果显示，2.13%的养殖场影响严重，导致经营面临严重困难，可能面临倒闭的危险；4.26%的养殖场影响很大，导致经营暂时停顿；40.43%的养殖场影响较大，导致出现部分困难，经营勉强维持；34.04%的养殖场影响较小，出现一些短期困难，但总体保持稳定；19.14%的养殖场没有明显影响。

综上所述，目前 46.82％的养殖场受疫情影响较大，53.18％的养殖场受疫情影响不大。

如果疫情超过 2 个月，养殖场将面临经营困难，67.86％的养殖场将面临流动资金短缺问题，85.71％的养殖场饲料短缺，64.29％的养殖场扩大养殖规模会受阻进而影响其经济效益，35.71％的养殖场认为春季到来疫病防控存在一定风险，57.14％的养殖场认为，饲料价格将大幅上涨。100％的羊场不能清粪，会造成羊的腐蹄病和环境污染。总之，如果疫情持续时间太长，羊场会面临大羊不能出栏、小羊进不来、羊饲料缺乏的三重压力，羊场的流动资金就会发生短缺，进而陷入难以维持经营的恶性循环。

（二）河北省羊产业应对疫情的政策建议

1. 肉羊养殖场应理性分析市场，谨慎补栏

此次疫情虽然不会改变河北省羊产业的长期发展趋势，但建议养殖户谨慎补栏，一是尽管各地采取了严格的疫病防控措施，但此次疫情的持续时间还不能完全确定，养殖和屠宰加工等各环节的恢复性生产均需要一定时间；二是随着 2019 年全国养殖行情发展向好，提振了养殖户的信心，养殖户大量补栏，预计到 2020 年三、四季度，羊肉的市场供应会增加，但羔羊补栏高成本会抵消养殖收益。

2. 饲料加工和屠宰加工企业应逐渐复工复产，解决饲料供应和活羊出栏问题

针对 2 个月后 100％养殖场面临的活羊无法出栏问题，在加强疫病防控的前提下，定点羊屠宰加工企业应尽快开工，防止屠宰羊积压过多，鼓励建立"点对点"式调运制度，订单式生产，强化产销对接。饲料加工企业、兽药厂等逐渐进行恢复性生产，以保障饲料和饲草的正常供应。同时保障疫苗、兽药、消毒剂的供给。

3. 严格落实相关政策，保障流通畅通

为确保农产品市场供应和农牧业生产的稳定发展，2020 年 1 月 31 号，河北省农业农村厅、交通运输厅和公安厅联合下发了《关于确保"菜篮子"产品和农业生产资料正常流通秩序的紧急通知》。目前，我省已经采取了相关措施保障供应、保障物流。2 月 3 日，农业农村部办公厅印发紧急通知，不得以疫情防控为由拦截仔畜雏禽及种畜禽运输车辆，不得拦截饲草饲料运输车辆，不得拦截畜产品运输车辆。各地严格执行国家和省的文件精神，保障羊产业恢复性生产和经营。建议饲草饲料运输可以通过物流配货，由于大车高速费用高，大车普遍习惯走下道，但下道测温路段较多，造成运输时长过长，可以通过对高速费部分减免方式鼓励运输饲草饲料的车辆走高速，减少运输时长，切实保障养殖场饲料供应。

4.继续加强疫情防控，增加专业知识的培训和普及工作

恢复我省羊产业正常良性发展最根本的措施是尽快控制疫情，一方面应继续加强对新冠病毒疫情的防控，争取尽快控制疫情的蔓延；另一方面，开展各种形式（例如电话会议、在线直播平台）的疫情应对知识的普及工作，增加专业的知识培训，降低养殖场（户）的恐慌情绪，指导其理性防控疫病，积极指导和实施科学养殖技术，寻找豆粕等短缺饲料的替代配方。

5.抓住机遇，发展肉羊产业线上电商平台的发展

在此次疫情防控过程中，居民的消费习惯发生了一定变化，从实体店购买羊肉，转变为线上购买，我省应抓住这一契机，建立"电商交易＋大数据运用＋供应链金融服务"相结合的肉羊产业互联网平台，饲料加工企业、养殖场、屠宰加工企业等经营主体通过认证，在该平台进行网络营销，实现信息的实时共享，打造我省具有地域特色的知名品牌。同时，平台可以为用户提供供应链金融服务，平台中肉羊产业链各环节的经营主体可以通过产业互联网平台进行担保交易，根据交易情况获得授信额度，积累一定交易数据后可获得银行等金融机构的在线金融服务，解决经营主体资金缺乏问题，帮助企业渡过难关。

二、后疫情时期河北省羊产业发展形势分析与提质增效建议

为深入了解复工复产后我省羊产业发展情况，2020年6月15日至6月20日羊产业技术体系产业经济岗在各位专家站长的配合下采用网络问卷调查的方式，对河北省44个羊规模养殖场和10个屠宰加工企业进行了调研，研判后疫情时期我省羊产业发展形势，提出促进我省羊产业提质增效的政策建议。

（一）复工复产后羊产业发展存在的主要问题

1.养殖量有所下降，羊源难找

受新冠肺炎疫情影响，2020年一季度我省羊存栏量、出栏量同比2019年有所减少。如保定市羊存栏量、能繁母羊存栏量同比下降了7.3％和21.56％，出栏量约为上年同期的1/3；秦皇岛市羊存栏量、山羊能繁母羊存栏量、出栏量同比分别下降了8.01％、6.12％和19.27％。由于养殖量下降，70％的屠宰加工企业表示羊源难找。羔羊价格攀升也给养殖场带来补栏困难。认为羔羊价格上涨的养殖场占被调查数量的52.30％，认为羔羊跨省运输不畅的养殖场占38.60％，6.80％的养殖场买不到羔羊或者架子羊。36.40％的自繁自育养殖场受疫情影响不大。

2. 饲料饲草价格上涨，生产成本增加

调查显示，种羊繁育和自繁自育养羊场因为产业链条长，在羊羔生产无法销售和运输时，通过自我育肥消化产能，受新冠疫情影响较小。大部分专业育肥养殖场受疫情影响较大，因为疫情防控时期的交通管制出现饲料饲草运输不畅，推动饲料饲草价格上涨。还有些养殖场由于买不到饲料饲草或消毒防护用具，难以保证饲养管理人员的防护安全，不得不短期停工停产。

调查中，有 59.10% 的养殖场认为受新冠疫情的影响较小，出现一些短期困难，但总体保持稳定；18.20% 的养殖场认为受影响较大，经营勉强维持；15.90% 的养殖场认为影响很大，导致经营暂时停顿，停工一段时间；6.80% 的养殖场认为影响严重，停工停产至今，经营面临严重困难，随时可能倒闭。认为饲料饲草价格上涨的养殖场占被调查总数的 75.00%，饲料饲草运输不畅的占 29.50%，认为市场上饲料饲草供应不足的占 15.90%，买不到饲料饲草的占 4.50%；而 25.00% 的养殖场有充足的饲草饲料储存，能支撑半年以上。新冠肺炎疫情导致国际贸易受阻，2020 年一季度玉米、豆粕每吨均价较上年同期涨幅 3.1%、4.2%，3 月份进口玉米、豆粕、鱼粉涨幅分别达 12.6%、18.1%、12.7%。75% 的养殖场表示饲料饲草价格上涨是复工复产后面临的最大困难，饲料饲草价格上涨及养殖量下降导致羊价上涨，加之员工工资上涨，使得屠宰加工企业生产成本增加。

3. 饲养管理员工资和羔羊价格上涨，挤压养殖场利润

大多数养殖场没有停工停产，占被调查总数的 72.70%；22.70% 的养殖场已经复工复产，还有 4.50% 的养殖场正准备复工复产。在复工复产方面，有 22.70% 的养殖场感觉消毒防护用具不好买到，无法保障饲养管理人员的防护安全。还有 29.50% 的养殖场存在饲养管理人员招工难情况，43.20% 的养殖场感觉饲养管理员工资上涨，经济压力较大。还有 50.00% 的养殖场雇佣本地农民或家人，不存在招工难问题，工资上涨影响也不大。

4. 产业链各环节联结松散，出栏羊和羊肉销售不畅

受疫情管控影响，外来收购商较少，跨区域销售渠道不畅，导致一些养殖场的出栏羊出现积压困境，有屠宰加工企业的地区出现压价收购活羊现象。养殖场主要通过经纪人和商贩卖羊（占比 63.6%），或由屠宰场定点收购（占比 54.5%），而通过合作社卖羊（占比 2.30%）或"公司＋农户"形式销售（占比 4.50%）较少，有自己的加工车间的养殖场占 6.80%。受疫情管控影响，外来收购商较少，跨区域销售渠道不畅，95.5% 的养殖场和 90% 的屠宰加工企业没有建立线上销售平台，销售方式单一，导致出栏羊销售不畅。其中，31.8% 的养殖场表示活羊跨区域销售渠道不畅，47.7% 的养殖场认为外来收购商少了，29.5% 的养殖场反映屠宰加工企业压价收购活羊，40% 的屠宰加工企业出现羊肉库存积压。

出栏羊积压，难以销售出去的占 9.10%。还有一些养殖场没有出栏羊、不存在销售问题的占 25.00%。不急于出售的占 20.50%。

5. 畜牧业融资困难，复工复产资金紧张

在调查资金问题时，有 59.1% 的养殖场感觉资金比较紧张，其中 34.10% 的养殖场认为账上资金最多可以支撑 1～3 个月，25.00% 的养殖场认为账上资金最多支撑 1 个月。能顺利实现贷款的养殖场占 43.20%，希望银行提高贷款支持的占 43.20%，无法及时还贷和没有贷款的养殖场各占 6.80%。对于资金紧张问题，主要原因是贷款需要抵押，但是养羊基本不能提供抵押物，出现贷款难问题。养殖场主希望政府能给予养羊的政策补贴或贷款帮扶支持。70% 的屠宰加工企业面临资金紧张，30% 的屠宰加工企业表示面临还贷压力。

6. 经营亏损，养殖户信心受到影响

40.9% 的养殖场出现经营受损，其中，18.2% 的养殖场影响较大，经营勉强维持；15.9% 的养殖场影响很大，经营出现暂时停顿；6.8% 的养殖场影响严重，停工停产至今，经营面临严重困难，随时可能倒闭；80% 的屠宰加工企业出现经营亏损，其中，影响较大和很大的各占一半，经营亏损很大的企业占40%，经营勉强维持的占 40%，另外有 20% 的屠宰加工企业感觉受疫情影响较小，虽然出现一些短期困难，但总体能保持稳定。

7. 利用电商平台销售意愿增强，希望政府开展线下培训

在疫情期间，一些养殖场利用疫情之前已建成的电商平台销售，占被调查总数的 4.50%；开始关注电子商务平台，并有意通过线上开展销售业务的养殖户占 29.50%；不太了解现有电子商务平台，如果有机会愿意了解的养殖户占 40.90%；不了解也不信任线上交易模式，只信赖传统销售模式的养殖户占25.00%。通过调查数据发现，随着互联网电商平台的普及，越来越多的养殖场开始希望借助电子商务平台销售产品，但是受文化水平的限制，电子商务平台普及率并不高。对于希望通过什么形式学习了解线上购销模式的问题，54.50% 的养殖场希望由政府主导建立羊养殖信息商务平台并进行线下现场培训，11.40% 的养殖场希望由政府主导建立平台并进行线上网络培训，25.00%则认为可以由专业电子商务平台主导建立平台并进行线上网络培训，9.10%希望由专业电子商务平台主导建立平台并进行线下现场培训。

8. 疫情导致羊肉库存积压，销售不畅

本次调查共涉及 10 个屠宰加工企业，这些企业都建立了农产品质量安全可追溯系统，且全部复工复产。有 7 个企业的屠宰分割标准是按照国内龙头企业的标准，3 个实行企业标准。日屠宰量 100 只及以下的屠宰加工企业有 7个；日屠宰量在 100～300 只的有 2 个；日屠宰量在 2 000 只的有 1 个。加工的

羊肉产品 70% 是生鲜羊肉，80% 是初级羊肉制品，精深加工羊肉制品占 20%。

调查显示，屠宰加工企业的收羊渠道（多选）中，70% 是本地有稳定关系的规模养殖散户，50% 是养殖小区，50% 是自己的养殖场，60% 通过外地购羊。销售渠道显示，大部分是自己找市场（占 70%），或自己的餐饮店（占 20%）、自己的专卖店（占 40%）。

受疫情影响，40% 的屠宰加工企业出现羊肉库存积压，销售困难；30% 的屠宰加工企业没有完全复工，销售量下降。在羊肉销售方面，10% 的屠宰加工企业利用疫情以前建设的电商平台销售羊肉；60% 开始关注电子商务平台，并有意通过线上开展销售业务；30% 的屠宰加工企业表示不太了解现有的电子商务平台，很希望有机会能了解。

（二）复工复产后羊产业发展的机遇

1. 推进我省羊产业一体化进程，走全产业链发展道路

新冠肺炎疫情对我省羊产业的影响涉及全产业链。尤其是当前个别国家贸易保护主义抬头，国际贸易受阻，致使饲料饲草成本上升，将倒逼我省羊产业走全产业链的发展道路，以抵御外部风险。

2. 推动我省羊产业网上销售进程，实现产业转型升级

新冠肺炎疫情冲击了我省羊产业传统生产经营方式，规模化生产需要智能化、精细化管理。疫情也暴露了我省羊产业传统销售方式的短板，疫情发生后，线上购销意愿增强，70.4% 的养殖场和 90% 的屠宰加工企业开始关注电子商务平台。这为我省羊产业发展线上销售提供了契机。

3. 促进羊产品结构优化，满足消费结构升级的需要

受非洲猪瘟和新冠肺炎疫情的影响，消费者消费理念升级带来畜产品结构升级，羊产业要抓住这一契机推出绿色羊肉产品。

（三）后疫情时期羊产业提质增效的建议

1. 打造羊业全产业链，增强应对风险的能力

在产前环节强化饲料本地化技术研发，推进饲草饲料多元化。增加青贮玉米、燕麦等优质饲草料的种植面积，依托我省丰富的农业资源实现农副产品饲料化利用，如发展麦秸、稻秧、土豆秧、红薯叶等粗饲料，既能降低饲料成本，又能降低对进口饲料的依赖度。在产后环节培育龙头组织，完善产业链生产经营主体利益联结机制。培育加工、运销龙头企业，通过"公司＋农户"模式，发展订单农业，促进产加销紧密衔接，增强生产经营主体的抗风险能力。鼓励龙头企业组建羊产业化联合体或联盟共抗风险，我省衡水志豪牧业牵头建立了肉羊产业联盟，实现了资金、技术、品牌、信息等要素的融合渗透，取得了初步成效。

2. 以市场为导向优化羊产品结构，提升羊产业市场竞争力

一方面要推进加工转型升级，开发差异化的羊肉制品。发达国家冷鲜肉销售达 90% 以上，而我省 70% 是生鲜羊肉，80% 是初级羊肉制品，精深加工羊肉制品仅占 20%，因此要加强冷鲜羊肉及深加工制品的发展。另一方面要加强品牌建设和认证。龙头企业面向京津开拓高端市场，鼓励企业申报三品认证（包括无公害农产品、绿色农产品和有机农产品），调研的 20% 的屠宰加工企业申请了无公害和绿色农产品认证；培育一批市场信誉度高、影响力大的区域公用品牌，引导行业协会、专业合作社、产业联盟积极申报地理标志商标，打造唐县羊肉、太行黑山羊等一批特色鲜明的区域公用品牌。

3. 以信息技术为依托，加大科技推广和电商销售的培训力度

首先在养殖环节提升智能化水平和精细化管理，推广自动饮水、自动喂料、自动清粪设施设备，节约人工，应用精准饲喂、环境智能调控、疾病自动诊断等物联网设备和技术。其次在销售环节推进电商平台建设。充分利用淘宝、京东、抖音等平台，推广羊肉产品线上销售，利用微信进社区团购销售。

4. 探索金融保险政策，有效防范化解产业风险

第一完善保险政策。为基础母羊提供保险保障，将羊疾病、死亡保险和价格保险纳入政策保险范畴。加大扶贫资金与商业性保险的实施面。第二设立风险基金。应对突发重大动物疫情、贸易摩擦、供需不平衡造成的市场风险。第三加大财政支持力度。75% 的养殖场希望加强能繁母羊和良种补贴的补贴力度，81.8% 的养殖场希望加强突发事件后适当下放贴息贷款的信贷资金支持政策。第四强化金融支持。创新金融服务产品，有效解决养殖主体资金需求。健全农担风险分担机制，解决畜牧业抵押担保难、银行信贷风险大的问题。

5. 加强监测预警分析和应急储备体系建设

80% 的养殖场和 79.5% 的屠宰加工企业希望加强羊肉价格监测预警体系与信息发布平台建设，80% 的养殖场和 68.2% 的屠宰加工企业希望强化重大疫病防控与应急储备体系建设。

专题四　河北省肉羊养殖户生产技术效率及影响因素研究

本研究基于对河北省肉羊养殖户生产情况实地调研的基础上，运用非参数的数据包络函数模型（DEA 函数模型）分析河北省肉羊养殖户的生产技术效率，对比养殖小区养殖户和散养户两者之间在生产技术效率上的差异；运用 Tobit 模型研究影响河北省肉羊养殖户生产技术效率提升的因素，并提出对策建议。研究结论对于提高肉羊养殖户养殖效率，增加收入，推动河北省肉羊产业高质量发展具有一定的现实意义。

一、河北省肉羊养殖户生产技术效率分析

目前，农业方面的技术效率测算主要有随机前沿分析方法和数据包络分析方法。SFA 是一种阐述方法，需要设定生产函数，此方法考虑到随机因素的效率影响并且可以进行回归检验，但是一旦函数模型构建不当，将会影响分析；而 DEA 方法是纯技术性的，与市场（价格）可以无关，只需要区分投入与产出，不需要对指标进行无量纲化处理，可以直接进行技术效率与规模效率的分析，不需要再设定具体的函数形式，通过简单的计算能够避免复杂运算带来的偏差，此方法不会因为计量单位的不同影响最终的效率评估结果，不需要预先赋予权重值，对所有养殖户生产技术效率的评价相对公平。

研究基于养殖户角度，对肉羊生产的技术效率进行测算。首先，对调查的数据来源及指标进行介绍与整理；其次，运用 DEA 函数模型对肉羊养殖户技术效率进行测算；最后，对前一步测算的技术效率进行分析；根据养殖方式的不同分为养殖小区养殖户和散养户，并分析这两类养殖户在生产技术效率上的异同。

（一）理论模型

DEA 是典型的非参数分析方法之一，其实质是通过数学规划模型评价决策单元之间的相对有效性（称为 DEA 有效）。根据对各决策单元的测算数值，判断是否为 DEA 有效。

1. 规模报酬不变的 CCR 模型（对应规模不变的 CRS 模型）

CCR 模型是 DEA 模型中最基本、最重要的技术，用来衡量综合技术效率（TE），TE 是在规模报酬不变的情形下，生产决策单元偏离生产前沿面的距离，是对决策单元的资源配置能力和使用效率等多方面的综合考评。

假设共有 N 个养殖户 $DMU_j (j=1, 2, \cdots, n)$，每个养殖户在生产过程中有 M 项投入和 K 项产出，用 X_i 和 Y_r 表示养殖户的投入和产出，X_{ij} 表示第 j 个养殖户的第 i 种要素投入，Y_{rj} 表示第 j 个养殖户的第 r 种产出，分别用 v 和 u 表示肉羊养殖中 m 种投入和 k 种产出的权系数，即用 v_i 表示第 i 种要素投入的权重系数，u_r 为第 r 种产出的权重系数，具体表示如下：

$$X_j = (x_{1j}, x_{2j}, \cdots, x_{mj})^T > 0, \ j=1, \cdots, n$$
$$Y_j = (y_{1j}, y_{2j}, \cdots, y_{kj})^T > 0, \ j=1, \cdots, n \qquad （式4-1）$$
$$v = (v_1, v_2, \cdots, v_m)^T \geq 0, \ u = (u_1, u_2, \cdots, u_k)^T \geq 0$$

在实际生产中，第 j 个养殖户的效率评价指数 h_j 可表示为：

$$h_j = \frac{\sum_{r=1}^{k} u_r Y_{rj}}{\sum_{i=1}^{m} v_i X_{ij}}, \ j=1, \cdots, n \qquad （式4-2）$$

在实际生产中，确定一组最优的 u 和 v，使得第 j 个养殖户的效率值最大，这个值是该养殖户相较于其他养殖户来说不可能更高的相对效率评价值，测算的效率值 $h_j \leq 1, \ j=1, \cdots, n$。

当对某一养殖户的效率进行评估，就相当于以权重系数 v、u 作为变量，以养殖户的效率指数作为目标，以所有养殖户的效率指数为约束，构建报酬不变的 CCR 模型。

$$\max h_{jo} = \mu Y_o \qquad （式4-3）$$

$$s.t. \begin{cases} \mu Y_j - \omega^T X_j \leq 0 \\ \omega^T X_o = 1 \quad j=1, 2, \cdots, n \\ \omega, \mu \geq 0 \end{cases} \qquad （式4-4）$$

应用线性规划的对偶理论，建立对偶模型。为了讨论和计算应用方便，进一步引入松弛变量 S^+ 和剩余变量 S^-，其表达形式为：

$$\min \theta$$

$$s.t. \begin{cases} \sum_{j=1}^{n} X_j \lambda_j + S^- = \theta X_o \\ \sum_{j=1}^{n} Y_j \lambda_j - S^+ = Y_o \\ \lambda_j \geq 0 \\ S^+, S^- \geq 0 \end{cases} \qquad （式4-5）$$

其中，θ 为第 i 个养殖户的技术效率值，满足 $0 \leqslant \theta \leqslant 1$。

当 $\theta = 1$ 时，则称养殖户的 DEA 有效；

当 $\theta < 1$ 时，则称养殖户的 DEA 无效。

2. 规模报酬可变的 BCC 模型（对应规模可变的 VRS 模型）

在对肉羊养殖户进行生产效率评价时，考虑到现实肉羊生产中规模是否适当、技术掌握运用是否充分的问题，通过对 CCR 模型生产可能集加入了凸性限制条件，通过增加对权重 λ 的约束条件，改造得来 BCC 模型，可以用来衡量纯技术效率（PTE）和规模效率（SE）。BCC 模型的线性规划模型以及对偶规划模型如下：

$$\max h_{jo} = \mu Y_o + \mu_o$$

$$s.t. \begin{cases} \mu Y_j - \omega^T X_j + \mu_o \leqslant 0 \\ \omega^T X_o = 1 \quad j = 1, 2, \cdots, n \\ \omega, \mu \geqslant 0 \end{cases} \quad \text{（式 4-6）}$$

$$\min \theta$$

$$s.t. \begin{cases} \sum_{j=1}^n X_j \lambda_j + S^- = \theta X_o \\ \sum_{j=1}^n Y_j \lambda_j - S^+ = Y_o \\ \sum_{j=1}^n \lambda_j = 1 \\ \lambda_j \geqslant 0, \ S^+ \geqslant 0, \ S^- \geqslant 0 \end{cases} \quad \text{（式 4-7）}$$

BCC 模型测算出纯技术效率是由管理和技术等因素影响的生产效率。根据综合技术效率＝纯技术效率×规模效率，可以计算出规模效率，其内涵是生产规模对技术效率的影响。

本研究测算养殖户肉羊生产的技术效率是在饲料、劳动力、仔畜、医疗防疫费等投入要素明确的前提下获得最大羊肉产出能力的测算，将 CCR 模型与 BCC 模型相结合使用，根据每个肉羊养殖户现实的养殖情况来测算各自技术效率。

当综合技术效率值为 1 时，说明该养殖户的 DEA 有效，同时达到规模有效和技术有效，该养殖户在肉羊生产中的生产要素实现了最优组合，说明存在技术无效的情况下，决策单元应该在扩大规模的同时优化管理。

当纯技术效率值达到 1，说明该决策单元纯技术效率有效。若此时综合效率值小于 1，说明其技术无效主要来自规模无效，目前存在资源闲置浪费的情况，应该进一步扩大生产规模。

规模收益通过模型 λ 确定，当 $\lambda < 1$，说明该养殖户的规模收益递增，应该

增加投入，获得最大报酬；λ＝1，说明该养殖户规模收益不变；λ＞1，说明该养殖户规模收益递减，养殖规模较大，加大投入也无法获得相应比例收益的增加。

（二）数据来源及指标解释

1. 数据来源

数据来源于河北省羊产业创新技术团队 2019 年 10 至 11 月份和 2020 年 7 至 8 月对河北省具有代表性的肉羊生产区，包括保定、石家庄、秦皇岛、承德、张家口、衡水等地，采用随机抽取的方法，对普通养殖户和与河北省羊试验站的对接养殖户进行了问卷调查，总计收集问卷 121 份，剔除 9 份无效问卷，共取得 112 份有效调查问卷，问卷有效率为 92.56％。

调研数据采集于河北省具有代表性的肉羊主产区的养殖户，其养殖模式和饲养方式具有典型性和代表性，并且受访的养殖户能够准确具体的说明肉羊养殖情况，调查结果具有较高的科学性和可信性。调查内容涉及养殖户个人及其家庭的基本情况，2019 年的肉羊生产投入与产出情况、养殖户所在地区的社会服务与政策条件等方面。

从样本区域养殖户个人信息统计的数据中可以看出，河北省肉羊养殖户最小年龄是 25 岁，最大年龄是 62 岁，分布在 25～40 岁的人数最多，占比约为 58.04％，年龄结构偏年轻化，养殖户学习和接受新知识新技术较为简单；河北省肉羊养殖户中有 14.29％的养殖户文化程度为小学及以下，有 54.46％为初中文化，高中占 20.54％，大学及以上约占 10.71％，总体养殖户的文化水平较低；担任村级及以上干部或者家中有人从事兽药、饲料售卖等与畜牧相关工作的养殖户也较少，分别有 8 户、17 户，占比分别为 7.14％、15.18％（表 4－1）。

加入合作社、获得政策扶持的人数较少，分别占比 5.36％、12.5％；近三年借贷资金的养殖户约占 8.93％。有超过 70％养殖户表示为追求更多利益有扩大养殖规模的意愿，原因是资源、劳动力充足，觉得肉羊市场前景较好，养羊收益较为乐观。有大约 25％的养殖户将维持现在的养殖规模，不扩大养殖规模的原因主要是养殖成本不断增高，没有足够的流动资金可以投入，加上由于禁牧政策的实施，养殖场地受到限制，没有扩大养殖规模的条件。

2. 肉羊生产技术效率测算指标解释

肉羊生产过程较为复杂，综合数据包络分析方法对投入产出指标的要求，在充分考虑肉羊养殖过程中各投入产出要素数据可获得的基础上，结合肉羊养殖的实际情况及畜牧业相关领域的研究，本研究测算养殖户肉羊生产技术效率时选取最具代表性的生产投入产出要素进行分析。选取的产出指标主要是指养殖户全年肉羊出栏总重（出栏量×平均重量），投入指标主要包括饲料投入用量、人工成本、羔羊购买成本以及医疗防疫费等。具体表示为（表 4－2）：

表 4-1 样本养殖户的基本特征

类别	样本户数（户）	比例（%）	类别	样本户数（户）	比例（%）
年龄			是否做畜牧工作	17	15.18
25～40 岁	65	58.04	是	95	84.82
40～55 岁	34	30.36	否		
55 岁及以上	13	11.60	养殖方式		
文化程度			养殖小区	17	15.18
小学及以下	16	14.29	自家院落/村外建羊舍	95	84.82
初中	61	54.46	是否参加合作社		
高中或中专	23	20.54	是	6	5.36
大学或以上	12	10.71	否	106	94.64
是否干部			是否培训		
是	8	7.14	是	40	35.71
否	104	92.86	否	72	64.29
是否借贷			是否扶持		
是	10	8.93	是	14	12.50
否	102	91.07	否	98	87.50

数据来源：调研数据整理。

表 4-2 肉羊养殖户生产的投入产出统计

符号	变量名	取值方法、单位	平均	标准差
Y	出栏肉羊总重	单位：千克	112 979	229 575
X_1	精饲料饲喂量	单位：千克	217 412	181 581
X_2	粗饲料饲喂量	单位：千克	175 251	372 040
X_3	劳动力投入量	单位：元	85 200	103 761
X_4	其他物质费用	单位：元	1 975 453	14 791 245

数据来源：根据调研数据测算。

（1）产出变量 Y。即每户的肉羊出栏活重，以年总量计算，单位为千克。

（2）投入变量 X_1。即每户肉羊生产的精饲料饲喂量，精饲料主要包括自产或直接从市场外购的玉米、麸皮、油葵、荞麦、豆粕和配合饲料等，以年总量计算，单位为千克。

（3）投入变量 X_2。即每户肉羊生产的粗饲料饲喂量，粗饲料主要包括自产或直接从市场外购的青贮饲料、干草、各类秸秆等，以年总量计算，单位为千克。

（4）投入变量 X_3。即每户肉羊生产过程中劳动力的投入，包括自有劳动力和雇佣劳动力，因为肉羊养殖过程中从事的工作类别不同投入的劳动力强度、时间也不相同，因此用劳动力花费金额（实际人数投入×工资）作为投入，以年总量计算，单位为元。

（5）投入变量 X_4。即每户肉羊生产过程中的其他物质费用，主要包括羔羊购买费用、医疗防疫费、饲养费、死亡损失费等，专业育肥模式购进的架子羊按实际购进成本计算，自繁自育的按照同类同时期内市场价格计算，以年总量计算，单位为元。

（三）养殖户生产技术效率测算结果及分析

1. 测算结果

运用 DEAP Version2.1 软件对样本养殖户生产技术效率进行测算，结果见表4-3。

表4-3　技术效率测算结果

单位：户，%

区间	综合技术效率		纯技术效率		规模效率	
	样本数	比重	样本数	比重	样本数	比重
≤0.2	5	4.46	3	2.68	3	2.68
0.2～0.4	8	7.14	8	7.14	8	7.14
0.4～0.6	2	1.79	5	4.47	6	5.36
0.6～0.8	38	33.93	11	9.82	22	19.64
0.8～1	59	52.68	85	75.89	73	65.18
最小值	0.136 1		0.145 7		0.195	
最大值	1		1		1	
平均值	0.769 6		0.902 6		0.851 3	
标准差	0.227 5		0.150 3		0.201 4	

数据来源：根据调研数据测算。

2. 结果分析

（1）技术效率整体分析。基于数据包络分析方法，对河北省样本区域内肉羊养殖户生产技术效率测算，可以看出河北省调研地区肉羊生产存在一定的技术效率损失，还有一定的提升空间。

从技术效率整体分布来看，基于对调研地区样本数据的分析，养殖户肉羊生产的综合技术效率差异较大，最小值仅为 0.136 1，最大值为 1，平均技术效率达到 0.769 6，标准差为 0.227 5。综合来看，如果消除技术效率无效率，在当前肉羊生产水平下，技术效率有 23.04% 的提升空间。在样本总体中，有超过 50% 的养殖户生产技术效率在平均值之上，养殖户肉羊生产技术效率相对集中在 0.6~1，小于 0.6 的有 15 户，占比和为 13.39%，0.6~0.8 有 38 户，占 33.93%，技术效率大于 0.8 的有 59 户，比例为 52.68%。其中共有 11 户实现了最佳综合技术效率，所占比例为 9.82%，这意味着这些养殖户在实际生产过程中实现了资源的充分利用，同时实现了最佳的纯技术效率和最佳的规模效率。

从纯技术效率整体分布来看，从 0.145 7~1 不等，平均值 0.902 6，数值较高，说明在现在的条件下，大多数养殖户基本上已经掌握现有的技术并能熟练使用。分布在这五个区间的户数为 3、8、5、11、85 户，占比分别为 2.68%、7.14%、4.47%、9.82% 和 75.89%。其中共有 24 户实现了最佳的纯技术效率，所占比例为 21.43%。

从规模效率整体分布来看，规模效率的平均值为 0.851 3，规模效率小于 0.2 的仅有 3 户，0.2~0.4 的有 8 户，分布在 0.4~0.6 的有 6 户，分布在 0.6~0.8 的为 22 户，规模效率大于 0.8 的有 73 户，占 65.18%。112 户养殖户有 15 户的规模效率达到 1，实现了最佳的规模效率，占比 13.39%。

在上述分析的基础上，对综合技术效率、纯技术效率和规模技术效率进行相关性分析。此分析 $R^2 = 0.984\ 1$，拟合程度较好。纯技术效率和规模效率对综合效率的影响都极显著，但二者相比，纯技术效率对综合技术效率的影响更为明显，在 1% 的显著水平下，二者相关系数达 0.905 2，表明样本间综合技术效率存在差异的原因主要是由纯技术效率不同引起的，在现有的生产条件下，要想提高肉羊养殖户的技术效率，首先应该提高生产的技术效率，提高技术的推广、有效利用和科学转换，同时推进规模养殖，从而实现提高肉羊生产的质量和效益的目标（表 4-4）。

表 4-4 综合技术效率与纯技术效率、规模效率的相关性分析

指标	相关系数	标准误差	T 值
纯技术效率	0.905 2***	0.034	28.87
规模效率	0.867 2***	0.031	37.05
常数	−0.785 7	0.023	−22.91

数据来源：根据 Stata13.0 软件测算。*** 表示在 1% 显著性水平下显著。

（2）不同养殖方式技术效率分析

已有文献中对养殖分类方式不一致，按照养殖规模进行的分类研究较多，

缺乏根据实际养殖方式分类的技术效率研究，对调研区域内的肉羊养殖户分类为养殖小区养殖户和散养户（自家院落、村外建羊舍等），对两类养殖户肉羊生产技术效率取平均值，进行对比分析（表4-5）。

表4-5 养殖小区养殖户与散养户肉羊生产的技术效率及规模收益对比情况

养殖方式	平均综合技术效率	平均纯技术效率	平均规模效率	规模报酬		
				递增	不变	递减
养殖小区	0.791 4	0.924 4	0.857 3	58.82%	17.65%	24.53%
散养	0.704 0	0.837 1	0.833 5	50.53%	16.84%	32.63%

数据来源：根据测算结果整理。

根据分组情况来看，养殖小区养殖户肉羊生产的综合技术效率、纯技术效率、规模效率均高于散养户。

从规模报酬不同可以看出：养殖场位于养殖小区的养殖户和散养户中，分别有58.82%、50.53%的规模收益递增，说明这类养殖户需要扩大养殖规模，使资源、劳动力、资金得到合理配置和利用；有17.65%和16.84%的养殖户规模报酬不变，即目前已经实现了最优配置；分别有24.53%、32.63%的规模报酬递减，说明这些养殖户养殖规模与经营管理、技术水平不匹配，过大的养殖规模造成资源的浪费，应该缩小规模或通过提高经济、技术水平来增加效率。

二、河北省肉羊养殖户生产技术效率的影响因素分析

（一）理论模型

常用的影响因素分析法有二元回归、多元回归、Tobit方法。本研究采用Tobit模型方法的原因是使用DEA模型对肉羊技术效率进行估计时，虽然养殖户的技术效率值在正数上大致连续分布，同时有多个养殖户肉羊生产的技术效率值都变成极限值。在做回归分析时，因为有多个养殖户效率值都为1，常规的回归方法不能解释极限技术效率与其他非极限效率值之间的性质差异，而Tobit模型能够更好地对此类数据进行处理，通过对各种影响因素的回归分析，判断出哪些因素对肉羊技术效率产生影响。本部分在前文求得的技术效率基础上，用Stata13.0软件分析影响肉羊生产的技术效率因素。

Tobit模型也称为样本选择模型，最早由James Tobin于1958年对Probit回归进行的一种推广，此模型的一般表现形式为：

$$y_i = \begin{cases} \varepsilon + \beta x_i + v_i, & \varepsilon + \beta x_i + v_i > 0 \\ 0, & \varepsilon + \beta x_i + v_i \leqslant 0 \end{cases} \quad i = 1, 2, \cdots, n \qquad （式 4-8）$$

其中 n 代表样本养殖户户数，x_i 为影响肉羊生产的技术效率的各个因素，y_i 为样本养殖户肉羊生产的综合技术效率值，β 是 x_i 的待估计参数，v_i 是随机误差项，且服从正态分布 $N(0, \sigma^2)$，ε 为随机干扰项。

（二）肉羊生产技术效率影响因素指标解释

在选择肉羊生产技术效率的影响因素时，参考现有农业领域技术效率文献研究（房风文，2011；孙致路等，2014；王世权，2017），结合实际肉羊生产状况以及调查数据的现实约束，用来解释养殖户之间效率差异的变量主要包括肉羊养殖户的个人及家庭基本信息情况、肉羊养殖情况、社会经济情况等，分别选取养殖户个人及家庭特征、养殖年限、饲养方式、养殖规模、养殖方式、是否参与合作社或协会、是否接受过技术培训、近三年养羊过程中是否借贷资金、是否获得过政府补贴或政策扶持等 15 个因素（表 4-6）。具体包括：

表 4-6　影响养殖户肉羊生产技术效率因素的变量说明与描述性统计结果

变量名	符号	取值方法、单位	平均	标准差
被解释变量	Y	DEA 测算值	—	—
年龄	Z_1	决策者年龄，单位：岁	40.70	9.28
文化程度	Z_2	1＝小学及以下，2＝初中，3＝高中（中专），4＝大专（本科）及以上	2.28	0.84
家庭总人口	Z_3	单位：人	4.13	1.26
是否担任村级或以上干部	Z_4	1＝是，0＝否	0.07	0.26
是否从事畜牧相关工作	Z_5	1＝是，0＝否	0.26	0.36
养殖年限	Z_6	单位：年	8.83	5.07
养殖规模	Z_7	单位：只	2 095.61	3 000.50
饲养方式	Z_8	1＝全舍饲，0＝半舍饲	0.88	0.33
养殖方式	Z_9	1＝养殖小区，0＝家庭分散饲养	0.15	0.36
养羊收入占比	Z_{10}	单位：%	0.76	0.27
家庭年总收入	Z_{11}	单位：万元	93.99	102.57
最近是否借贷过资金	Z_{12}	1＝是，0＝否	0.09	0.29
是否接受过技术培训	Z_{13}	1＝是，0＝否	0.36	0.48
是否参加合作社	Z_{14}	1＝是，0＝否	0.05	0.23
是否获得政府扶持	Z_{15}	1＝是，0＝否	0.15	0.33

数据来源：根据测算结果整理。

1. 养殖户个人及其家庭特征

（1）涉及养殖户自身基本特征的变量主要有养殖户的年龄、文化程度。养殖户文化程度越高对新技术的学习和利用效果越好，对先进养殖理念越理解，越容易接受，而养殖户的年龄在很大程度上代表了肉羊生产实践中的生产经验和技能的积累，但是年龄越大接受先进技术的意愿也相应弱些，因此，养殖户的受教育情况可能会对技术效率产生正向影响，而养殖户年龄对肉羊生产技术效率的影响效果不能确定。

（2）家庭特征的变量主要有家庭人口数量、家庭成员是否担任村干部或从事畜牧相关工作。家庭总人口数越多肉羊生产所需劳动力越充足，可能会对肉羊生产技术效率产生正向影响；家庭成员中有人在村委会、政府单位工作或者从事兽医兽药、饲料售卖、畜牧技术推广等相关工作往往有更多机会接触新技术和新知识以及最新的市场信息的机会，养殖成本可能会降低，这对于养殖户的生产决策和生产经营管理均会产生重要影响，进而可能会影响肉羊生产技术效率。

2. 养殖户的肉羊养殖情况

具体包括养殖户的养殖年限、养殖规模、饲养方式、养殖方式、养羊收入占比、家庭年总收入、技术培训情况 7 个因素。养殖户从事肉羊养殖年限越长，遇到的情况越多，养殖户的养殖经验越丰富，生产技能越强，但是养殖年限越长的养殖户越依赖自身的养殖经验，对接受新技术可能会存在抵触心理，所以养殖年限对肉羊生产的技术效率会有一定的影响；肉羊养殖规模是养殖户结合各种投入要素上的自有禀赋情况、对肉羊产业发展前景的预期、养殖意愿及其重视程度等方面的综合特征。一般而言，在实际生产过程中，如果养殖规模没有达到最优，那么随着规模的扩大技术效率也会增加。当规模效率到达边界值后，效率值会呈现下降趋势，因而肉羊养殖规模是影响技术效率的因素；养殖户的饲养方式在很大程度上决定了肉羊的饲料来源和结构、活动范围和时间等，这些可以反映农区全舍饲对技术效率的影响；养殖方式主要可以反映养殖场所处养殖小区对肉羊生产的影响，即在养殖聚集区域内可能发生的养殖技术、生产技能交流以及市场信息流动对技术效率的影响；肉羊养殖户从事肉羊养殖获得的收入与家庭总收入的比值可反映养殖户的专业化程度，此数据可以用来分析专业化养殖户的生产技术效率与非专业养殖户之间的差异情况；家庭总收入在一定程度上反映了肉羊生产中自有资金的多少对肉羊养殖的影响；目前河北省肉羊养殖较为传统，肉羊养殖科学技术的推广和普及在一定程度上能够提高肉羊生产的技术效率，参加养殖、育肥等实用技术培训使养殖户获得技术信息进而提高养殖技术水平，改善养殖经营管理现状，因此会对肉羊生产技术效率产生影响。

3. 社会经济条件情况

主要包括养殖户是否加入合作社、是否享有政府补贴扶持、近三年养殖中是否借贷资金 3 个因素。养殖户通过参加肉羊养殖专业合作社、协会等组织，不仅可以降低单个养殖户面临的生产和市场风险，而且可以获得更方便的技术培训，更优质的肉羊品种、更低的饲草成本，更好的管理经营等，从而会对肉羊生产技术效率的改善和提高产生积极影响；产业的发展离不开政策的支持、调控。政府通过为产业制定发展战略，直接指明发展方向，有利于产业向标准化发展，通过提供一定的政策补贴、社会和技术服务为产业发展提供支撑和帮助，对养殖户提高生产技术效率具有重要作用；养殖户最近是否借贷资金在一定程度上可以表明养殖过程中资金是否充裕，充裕的资金决定了养殖户在肉羊养殖过程中可以方便资金投入，以满足购买羊只、建造羊舍、购买饲草料、防治疫病、购买生产机械设备等方面的需求。因此，从参加合作社情况、获得的政策扶持情况、近 3 年借贷资金情况来考察社会经济条件对生产技术效率造成的影响。

（三）模型结果与分析

1. 模型结果

通过 Stata 13.0 软件对上文总结的影响肉羊生产技术效率 15 个因素分析结果来看，养殖户的文化程度、养殖年限、养殖规模、饲养方式、养殖方式、养羊收入在家庭收入的占比、参加技术培训情况对肉羊生产的技术效率的提升有积极正向影响，其他因素影响效果不明显；其中养殖年限和饲养方式在 1% 的显著水平下对肉羊生产技术效率的提升有积极正向影响。养羊收入在家庭总收入的比例、养殖方式、参加技术培训情况在 5% 的水平下影响显著。养殖户文化程度、养殖规模在 10% 的水平下影响显著（表 4 - 7）。

表 4 - 7　技术效率影响因素分析结果

解释变量	变量符号	系数估计	标准误差	T 值	显著性
年龄	Z_1	0.011 2	0.005 6	-0.84	—
文化程度	Z_2	0.072 3	0.041 8	1.82	*
家庭人口	Z_3	0.046 5	0.032 0	1.26	—
村级干部	Z_4	0.261 2	0.116 5	0.72	—
畜牧业工作者	Z_5	0.145 2	0.073 5	2.00	—
养殖年限	Z_6	0.033 4	0.012 7	-3.28	***
养殖规模	Z_7	0.000 4	0.000 1	1.76	*

（续）

解释变量	变量符号	系数估计	标准误差	T 值	显著性
饲养方式	Z_8	0.889 5	0.167 1	5.33	***
养殖方式	Z_9	0.599 1	0.215 7	2.79	**
养羊收入占比	Z_{10}	0.006 2	0.002 6	−2.61	**
家庭总收入	Z_{11}	0.000 1	0.000 0	−0.71	—
是否借贷	Z_{13}	0.111 8	0.172 5	−0.65	—
是否参加技术培训	Z_{13}	0.249 3	0.093 1	2.67	**
是否参加合作社	Z_{14}	1.523 3	0.394 6	−0.86	—
是否享有扶持	Z_{15}	0.081 1	0.114 6	−1.62	—

注：＊表示在 10％的水平下显著；＊＊表示在 5％的水平下显著；＊＊＊表示在 1％的水平下显著；—表示不显著。

2. 结果分析

（1）养殖户的文化程度在 10％的显著水平下对肉羊生产技术效率的提升有正向影响。从调研数据来看，样本区域内肉羊养殖户平均文化程度为初中，文化程度高的肉羊养殖户生产技术效率总体上高于文化程度低的养殖户，可能原因是养殖户的文化程度越高，对标准化、规模化养殖越了解，对市场信息的搜集和关注越敏感，对畜牧养殖新技术的采纳、学习和运用越容易。从反映养殖户个人及家庭特质的其他解释变量来看，养殖户年龄、家庭人口、是否担任村干部、是否从事畜牧相关工作对技术效率的影响不显著。

（2）肉羊养殖年限在 1％的水平下对肉羊生产技术效率提升有极显著的正向影响，肉羊养殖收入占家庭总收入的比例在 5％的水平下对技术效率有显著正向影响。从调研数据来看，肉羊养殖平均年限接近 9 年，从事肉羊养殖收入占家庭总收入平均值约为 76％。这些因素影响技术效率的原因可能是养殖年限越长，知识储备越多，有利于肉羊养殖、生产过程中养殖技术的使用，所以养殖时间长的肉羊养殖户的生产技术效率总体上高于养殖时间短的养殖户；而肉羊养殖收入在家庭总收入占比越高，说明肉羊养殖在家庭中越受到重视，投入的精力和时间会相应更多，养殖户在养殖、生产等方面的经营意识和管理理念更强，这对提高技术效率很有帮助。

（3）肉羊养殖规模在 10％的显著水平下对生产技术效率具有显著正向影响。与散户和小规模养殖户相比，在实际生产中，较大规模的养殖优势在于生产成本、物质服务费用等成本较低，养殖设备及管理技术一般更加规范和科学，在疫病防控方面更加重视，所以养殖规模对技术效率有显著的影响，这也符合规模经济理论：如果生产规模没有达到最优规模，随着规模的扩大，饲料投入量、劳动效率和技术效率也会逐渐增大，直到达到一个临界点，技术效率值才会呈现下降趋势。

（4）肉羊饲养方式在1％的显著水平下对技术效率的提升有正向影响。从调研数据分析可知，约有88％的养殖户实行了全舍饲圈养。从技术效率测量结果总体来看，采用全舍饲的肉羊养殖户的技术效率普遍要高于半舍饲的养殖户，可能原因是与半舍饲相比全舍饲圈养能够让畜群在有效的保护和管理下，健康快速发展，减少了外界不必要的损害，易于管理。养殖户在掌握羊的生长发育规模以后，可以更好地进行精饲料和粗饲料的合理配比，直接提供肉羊生长发育所需营养，实现"营养互补"的效果，提高了饲草料的转化效率，肉羊生产周期也相对较短，有利于技术效率的提升；另外，舍饲圈养方式提高了养殖户的工作效率，相应地降低了养殖户的劳动强度和劳动力成本，实现了家庭劳动力的最佳利用。

（5）养殖方式在5％的显著水平下对肉羊生产技术效率有积极正向影响。调研样本中养殖场位于养殖小区的养殖户约占15％，大部分养殖户现今因为环境保护的要求改为在村外租地建羊舍，只不过是将羊舍从家移至村外搭建的养殖场，其本质仍是以家庭为单位小规模经营，羊舍结构较为简陋，养殖设施较为简单。农区土地租金高，人工费用等加大了资金的投入，而养殖小区可以将分散的养殖户集中起来进行大规模短期育肥，在肉羊高效率养殖技术的推广应用方面更具有优势。养殖小区在养殖区域布局规划更加合理科学，符合现代化养殖要求，能够提高专业化经营水平，而且养殖户间也可以就养殖饲料配比、疫病防治以及市场信息等方面进行交流，这样不仅可以提高效率、节省饲料，也能最大程度上减少羊疾病发生的概率，提高养殖效率。所以总体来说养殖方式对技术效率存在显著正影响。

（6）参加技术培训情况在5％的显著水平下对生产技术效率提升有积极正影响。这表明样本区域内接受过技术培训的肉羊养殖户的生产技术效率普遍高于没有接受过技术培训的肉羊养殖户的生产技术效率。在调研样本中，有约为35.71％的养殖户接受过来自政府有关部门、畜牧兽医站、相关院校等组织的或者由饲料公司、兽药、疫苗销售商、屠宰加工企业等组织提供的包括肉羊养殖的繁育、育肥、日常管理、疫病防控、销售等方面实用技术的推广，并且大部分养殖户表示参加的技术培训对肉羊养殖有帮助，愿意再次参加。养殖户通过参加技术培训接触和了解先进实用的养殖技术和防疫知识，开拓视野。通过与专家、其他养殖户进行交流，了解新的养殖知识，丰富现有的养殖经验，有利于提高技术效率。

（7）养殖户近三年养殖中是否借贷资金、是否参加合作社以及是否享有政府扶持对肉羊生产的技术效率影响并不明显。调研样本中近三年来借贷资金，参加合作社和有政府扶持的养殖户分别占 8.93％、5.36％、12.50％。调研发现，样本数据中约有 65％的养殖户反映存在资金不足的困难，当需要资金投入时，养殖户大多选择从亲戚好友处借款，从银行或农村信用社借贷的养殖户表示借款流程烦琐且额度有限，因此借贷资金的难度和借贷资金限额导致借贷资金对养殖户生产的技术效率推动作用不大；河北省肉羊合作社发展仍在起步阶段，相应的规章制度、配套服务还不完善，合作社规模较小且养殖户表示合作社发挥的作用不大，对技术的提升作用不明显；政府对肉羊产业的扶持集中在自繁自育的养殖户上，包括建羊舍补贴、建青贮窖补贴，部分地区有贴息贷款补贴，扶持项目少且力度较弱，肉羊专业育肥户基本没有得到政府的扶持，产业的发展多靠当地市场的调节和经济刺激，因而政策扶持对技术效率的影响效果并不明显。

三、提升河北省肉羊生产技术效率的对策建议

河北省肉羊产业遇到瓶颈期，现阶段肉羊产业的发展受到资源和生态环境的双重外部压力制约，更有养殖基础设施落后，养殖管理不到位、养殖技术水平低、技术推广服务水平低等内在因素影响。产业的发展需要资源的投入，而资源、环境压力决定了肉羊产业需要主要依靠技术进步支撑实现可持续发展。为进一步提高河北省肉羊生产技术效率，推动肉羊产业的高质量发展，保障羊肉市场的有效供给，减少损失与浪费，增加养殖户收入，实现产业的转型升级，提出如下几点建议：

（一）推进规模化养殖进程，实现规模报酬最大化

肉羊的养殖规模对肉羊生产的技术效率具有显著正向影响，然而现阶段肉羊产业的发展遇到瓶颈，产业的发展不仅要总量还要高质量。在如何提升生产技术效率的问题上，首先要在考虑区域环境承载能力和如何利用本地资源优势的基础上谨慎对待。河北省肉羊产业发展较为平稳，市场消费潜力大，在提升技术效率时要因地制宜，科学有序的积极引导农民发展适度规模养殖，通过规模化、专业化、标准化生产经营方式来控制肉羊养殖成本，实现资源的合理配置，从而减少浪费，降低成本。建议将临近的养殖区域进行集中，发展规模化的肉羊养殖基地，实现资源的充分利用、技术和信息的联合共享，从而可以便捷地进行技术推广，有效降低肉羊养殖过程中的死亡风险，及时了解最新的市场信息，降低市场风险。

（二）培养高素质养殖户，提高专业化程度

养殖户的文化程度，对技术效率的提升显著正向相关。调研结果显示，样本养殖户中有 14.29％文化水平在小学及以下，54.46％的养殖户文化水平为初中。由于大部分养殖户的受教育程度偏低，依赖自己的经验养羊，缺乏科学饲养技术，且对先进技术的接受意愿不高，对学习、理解、运用肉羊养殖新技术的效果不明显。建议通过网络、电视等现代化教育技术手段，采用网络直播、讲座、技术员现场培训等方式，增加技术培训次数，逐渐引导养殖户转换养殖观念，提高科学养羊的意识，将其培养成为高素质的专业化养殖人才，提高养殖户养殖技术效率。

（三）改进饲养管理方式，提升肉羊生产的技术效率

提升肉羊生产的技术效率水平与推广和应用养殖技术、提高管理水平密不可分，现阶段最需要改进的就是养殖户相对落后的饲养管理方式。目前河北省羊场均存在不同程度的草料利用不科学问题。这是因为长期以来，养殖户多靠自己的养殖经验进行饲喂，饲料配方不固定，传统的养殖方式存在技术和资源上的浪费，做不到科学养殖。

舍饲圈养的饲养管理模式粗放，羊舍简陋，设备落后，大多数养殖场没有必要的粪污储备和处理设施设备。粪污随意堆积，臭气浓郁，不仅影响了羊的健康生长，也严重影响了人们的生产和生活环境。政府可以鼓励建立肉羊养殖小区，推动规模化经营和标准化生产，从而更好地发挥技术推广效果；鼓励和支持发展标准化规模养殖户，率先在他们之间推广养羊新技术，逐步引导养殖户养成绿色养殖的理念，提高肉羊饲养科学水平和饲养效率，解决养殖成本上升问题，保障养殖质量和效益的提高；鼓励规模养殖场发挥指导作用，帮助周边养殖户解决养殖中遇到的技术难题；此外，也应支持规模养殖场的设备改造升级，提高养殖的机械化水平，加快粪便污水贮存、处理设施的建设，通过改善饲养管理环境，保证清洁养殖和羊肉的安全供给，也可降低疫病风险，减少不必要的损失。

（四）加大技术推广力度，加强技术创新

在现有的生产要素投入和技术条件下，调研区域肉羊养殖户的技术效率存在不同程度的损失，但参加过技术培训的养殖户肉羊生产的技术效率要明显高一些，也就是说为了提高肉羊生产的技术效率要充分利用现有的生产技术，强化肉羊生产技术的推广，提高实用养殖技术的转化。建议政府及相关工作人员一方面研究并制定简化高效的养殖技术规范，注重科技养殖技术和羊品种的创

新，在品种选育、提高繁殖率方面加大科技投入力度。可以依托科研项目，带动肉羊领域专家和技术人员参与到其中，努力培养更多高水平、优秀的核心科研人员；另一方面要加强科技推广工作的服务，加大肉羊领域先进技术的推广。通过基层技术员一对一上门指导、企业政府组织讲座，围绕养殖户养殖过程中遇到的实际问题，有针对性地提供技术指导，加大技术推广力度，发挥技术培训的效果，使养殖户直接高效地接受科学的养殖技术，从而提高养殖户的劳动生产率。通过技术推广提高养殖户生产技术效率，通过技术创新提升产业竞争力，增加肉羊养殖效益。

（五）提高肉羊产业组织化程度，完善利益联结机制

河北省肉羊养殖合作社较少，且大多处于初始阶段，规模较小，发挥的作用有限，肉羊龙头企业和合作社自身经营仍存在问题，没有发挥应有的连接生产和市场的桥梁作用。建议尽快培育一批市场带动性强、为农民提供服务的养殖、加工龙头企业，支持推进肉羊养殖专业合作组织的建立和运行，使这些组织的引导带动作用得到充分发挥。可以在养羊密集的区域内建设龙头企业，提高产业链水平，带动区域内肉羊产业的发展；加强对已有合作社经营者的培训，实现"六统一"（品种、饲料、防疫、技术、服务、销售）服务，从而达到降低养殖成本、提升养殖技术和经营管理水平、降低养殖风险、增加养殖收益的目的。通过发展多样的组织化形式，完善利益联结机制，加强与养殖户之间的联系，提升组织化程度，降低养殖户面临的潜在市场风险，提高养殖户的生产技术效率，提升肉羊产业的市场竞争力。

专题五 河北省唐县不同规模
肉羊养殖场成本研究

唐县位于河北省保定市西部，山区面积占全县总面积的82%，饲草料资源丰富，农作物秸秆年产量达到25万吨，秸秆青贮氨化技术已经比较成熟，为肉羊生产提供了饲料保障。当地约有六成的农户都保持着养羊的传统，唐县以"一村一业"为发展目标，大力发展肉羊养殖业，在政府的支持下，涌现出一大批养殖专业村，其中以葛堡村为代表的短期舍饲育肥模式辐射带动了周边20多个村养羊业的发展。2020年末，全县肉羊年出栏量为750万头，分别占全省及京津冀地区的33.1%及32.3%。该县的养羊专业村达到46个、专业户达到3 125户，已发展成为华北地区最大的肉羊育肥基地。唐县依靠当地三家屠宰加工企业的发展，年屠宰量高达200多万头，是华北地区最大的肉羊屠宰基地。

一、相关概念界定

（一）肉羊育肥成本

养殖主体为了使存栏的肉羊达到合格出栏质量，在养殖过程中需要投入一定的物质生产资料和劳动力，投入的总和称之为肉羊育肥成本，由土地成本、物质与服务费用以及人工成本构成，物质与服务费用主要包括饲料费用、固定资产折旧等。

（二）不同规模肉羊养殖场的界定

在《全国农产品成本收益资料汇编》中对于农户肉羊养殖规模并无明确划分，据保定畜牧局统计资料、唐县畜牧局统计资料了解到，唐县当地的肉羊养殖规模与其他地区的养殖规模存在很大区别，其规模上体现出的集聚性更强，养殖规模也比其他地区要大。根据唐县畜牧局的统计资料与调研取得的数据，将养殖场划分为小规模、中等规模和大规模。其中小规模指年出栏量在1 500只以内的养殖场，中等规模指年出栏量在1 500只到2 500只之间的养殖场，大规模指年出栏量在2 500只以上的养殖场。另外，养殖规模区别于调查数量与年总产量，三者本质上是不同的概念。肉羊的养殖规模依据调研期间各养殖场的肉羊平均存栏数量进行确认与界定，其代表了养殖场平均批次的生产能力，也代表了养殖场在现有场地基础上的平均存栏量。

(三)肉羊专业育肥成长发育阶段

目前育肥肉羊的方式有四种：放牧育肥方式、混合育肥方式、舍饲育肥方式和异地育肥方式。唐县主要采用舍饲育肥的方式，羔羊在 25～30 斤时购进入栏，育肥周期普遍为 5 个月，分为育肥前期、育肥中期和育肥后期 3 个阶段，其中入栏后第 1 天到第 30 天为育肥前期，第 30 天至第 90 天为育肥中期，第 90 天至第 150 天为育肥后期。

二、不同规模肉羊养殖场育肥成本分析

(一)调查方法

本次调研采用问卷调查法和实地调查相结合的方法。2018 年 10 月至 12 月，对养殖户进行问卷调查，共计发放问卷 200 份，收回 132 份，确认有效回收率为 66％。2018 年 10 月份对唐县 2017—2018 年上半年肉羊养殖的成本做实地调查，以瑞丽牧业有限公司为中心，对其周边葛堡村、南店头村、宗高合村等村户进行走访，选择具有代表性的规模户展开调查，其中小规模 34 户，中等规模 62 户，大规模 36 户。在唐县畜牧站工作人员的帮助下组织活动，首先进行养殖观测点的样本选取，随后开展实地调查。由于参与调研的人员有限，大部分调查主要是以问卷发放、定时回收的方式进行。为了保证数据的真实性，2019 年 11 月又组织了回访调查，补充了 2018 年数据，增加了 2019 年数据，将 2017—2019 年的数据作为样本的研究数据。调研发现唐县羊羔产地基本为吉林通榆或者内蒙古赤峰，品种上差别微小，品种的影响基本可忽略不计。由于本论文涉及成本核算，本文主要对各肉羊养殖户的养殖规模、购买羊羔价格、购买羊羔重量、饲料构成、饲料价格、育肥周期、人工成本等与成本构成相关的因素展开调查。

(二)肉羊养殖场育肥成本核算步骤

对育肥期间投入生产资料、劳动力而产生的费用进行汇集与分配的过程，称之为肉羊育肥成本核算。为了提高调查问卷访问的有效性，需要对成本项目进行明确与规范。

1. 确定成本核算对象

经过对唐县肉羊养殖场的实际调研发现，大部分的规模养殖场将羊群按照

入栏批次以及体重进行分群，因此，为了更加准确清晰地对成本费用进行核算，肉羊育肥成本核算的对象包括各个批次入栏的肉羊。

2. 明确成本开支范围

肉羊育肥成本是指养殖主体为使入栏的羔羊在经过育肥期达到合格的出栏质量，在养殖过程投入的物质生产资料与劳动力的费用总和，由土地成本、物质与服务费用以及人工成本构成，而物质与服务费用则主要包括饲料费用、固定资产折旧、期间费用、燃料动力费等。肉羊育肥的开支范围严格遵照以上定义的描述，只有为育肥肉羊提供质量贡献的成本投入才可以计入肉羊育肥成本中。调研发现，大多数的养殖户对于养殖区域和生活区域的划分模糊不清，由于多项费用统一合并计算缺少独立核算过程，使得养殖成本中掺杂着一部分生活费用，进而导致肉羊育肥成本的虚高与净利润的降低，养殖主体对效益的评估与判断多依赖于此，故负面影响颇大。

3. 规范各成本项目

对组成肉羊育肥成本的各项明细费用依据其经济用途进行归集与分配，在总成本下根据不同养殖主体的成本管理要求有针对性地设置明细成本项目，即为肉羊育肥的成本项目。

肉羊育肥成本的计算公式为：

生产成本＝物质与服务费用＋人工成本；

总成本＝生产成本＋土地成本。

肉羊育肥的成本项目主要包括以下方面：

（1）物质与服务费用。又分为直接费用和间接费用，两者都是指在育肥期间产生的各种物质资料的消耗与花费。肉羊育肥期间的养殖主体直接作用于肉羊，使其工作价值转换为肉羊价值的成本支出，称为直接费用，比如劳动或者饲喂。而间接费用则为非直接作用于肉羊的成本支出，多指羊场经营与生产期间产生的共同费用。

（2）人工成本主要包括雇工费用和家庭用工折价，二者合并构成肉羊育肥期间的劳动力耗费。

（3）土地成本是肉羊养殖主体为获取土地使用权而产生的费用，获取方式多为租赁。

（三）唐县肉羊育肥成本构成分析

肉羊育肥成本由物质与服务费用和人工成本组成，物质与服务费用由直接物质费用和间接费用组成，直接物质费用由羊羔成本、饲料成本、水电费用、医疗防疫费用等组成，间接费用包括固定资产折旧、财务费用等（图5-1）。此外，羊羔、饲料和人工市场价格的波动也是重要影响因素。本文以唐县

2017—2019 年三年的调查数据为基础，分别计算小规模、中等规模和大规模肉羊养殖成本的构成，以及成本波动情况。

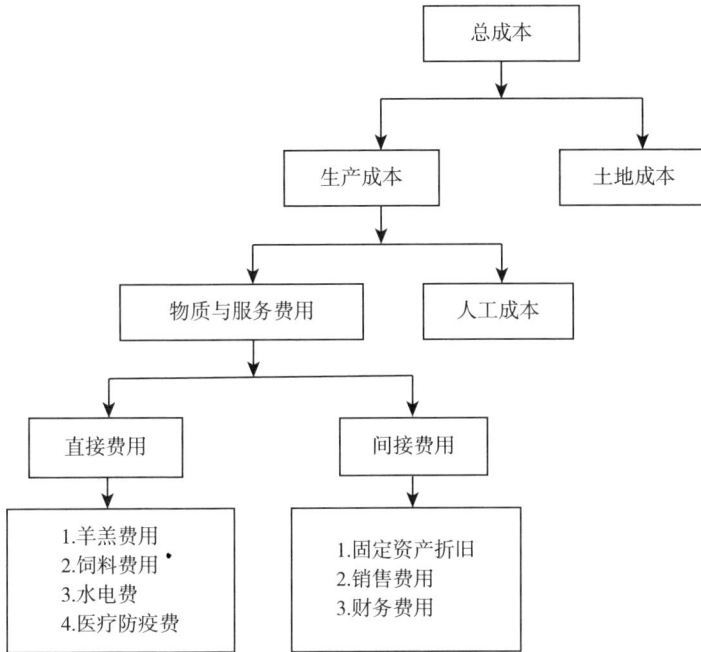

图 5-1 肉羊育肥成本项目划分

1. 小规模肉羊养殖场育肥成本构成

小规模肉羊养殖场的数量处于不断增加的趋势，有一部分是近两年刚刚加入肉羊养殖行业，一部分是在调研期内凭借之前的积累完成了由小规模到中等规模的发展。小规模的肉羊养殖场养殖规模平均在 1 000 只以下，同时养殖周期为 5～6 个月不等。小规模样本户的基本情况如表 5-1 所示。

表 5-1 2017—2019 年小规模肉羊养殖场情况表

年份	户数	最小规模（只）	最大规模（只）	年平均出栏量（只/年）	平均占地（亩*）
2017	36	180	1 480	991	5
2018	35	200	1 300	1 015	5
2019	34	200	1 500	1 091	5

注：* 亩为非法定计量单位，1 亩≈667 平方米。

数据来源：据调查资料汇总整理，其中年平均数保留至整数。

由于羊舍、水井等设施的建设需要投入较大资金，有 50% 的小规模养殖户选择租赁养殖用棚，另外 50% 养殖户选择租地建棚。建设羊舍等固定资产的养殖户大多选择银行贷款。在调研样本的 34 家小规模肉羊养殖场中，有 17 家存在租棚的情况，银行贷款平均为 20 万元；另外 17 家租地建棚的养殖场银行贷款平均为 50 万元。饲料和用工情况两者差异不大，小规模养殖场的养殖主体多为家庭，基本不涉及雇工。通过统计养殖天数、饲料投喂数量，根据当地样本平均养殖情况进行统一折算，对唐县 34 家小规模肉羊养殖场的数据进行汇总，总结了 2017—2019 年小规模肉羊养殖场的育肥成本构成情况，见表 5-2。

表 5-2　小规模肉羊养殖场育肥成本构成表

年份	2017		2018		2019	
肉羊育肥成本（元/只）	1 276.2	比重	1 340.1	比重	1 464.1	比重
一、每头物质与服务费用（元）	1 177.2	92.2%	1 232.3	92.0%	1 363.6	93.1%
（一）直接费用（元/只）	1 169.9	91.7%	1 223.9	91.3%	1 355.3	92.6%
1. 羊羔进价（元/只）	650	50.9%	700	52.2%	825	56.3%
其中：羊羔重量（斤/只）	25		25		25	
羊羔单价（元/斤）	26		28		33	
2. 饲料费（元/只）	510	40.0%	514	38.4%	520	35.5%
其中：精饲料费（元/只）	285		286		286	
粗饲料费（元/只）	225		228		234	
3. 医疗防疫费（元/只）	6.5	0.5%	6.3	0.5%	6.6	0.5%
4. 水、电费（元/只）	3.4	0.3%	3.6	0.3%	3.7	0.3%
（二）间接费用（元/只）	7.3	0.6%	8.4	0.6%	8.3	0.6%
1. 圈舍等固定资产折旧（元/只）	3	0.2%	4	0.3%	4	0.3%
2. 销售费用（元/只）	1	0.1%	1	0.1%	1	0.1%
3. 财务费用（元/只）	3.3	0.3%	3.4	0.3%	3.3	0.2%
二、每头人工成本（元）	90	7.1%	99	7.4%	92	6.3%
1. 家庭用工折价（元/只）	90		99		92	
2. 雇工费用（元/只）	0		0		0	
三、每头土地成本（元）	9	0.7%	8.8	0.7%	8.5	0.6%

数据来源：据调查资料汇总计算整理得出。

注：平均成本数据四舍五入保留一位小数，水电费按照饲养天数套算，家庭用工折价按照小规模养殖户家庭人工平均占用人数与劳动力月工资折算。

从表 5-2 可以看出，小规模肉羊养殖场的育肥成本中，物质与服务费用占 92%～93%，而人工成本占比 6%～8%，土地成本占比 0.6%～0.7%。在物质与服务费用中，羊羔成本约占 50%～57%，且呈现逐年上升的趋势。饲料成本在育肥成本中的比重平均在 35%～40%，医疗防疫费占比 0.5%，水、电成本的比重为 0.3%。

2. 中等规模肉羊养殖场的育肥成本构成

中等规模的肉羊养殖场的数量有小幅的增幅，有一部分由小规模养殖户在近两年完成了小规模到中等规模的跃升，但这也只局限于小规模养殖场中承担较多贷款租地自行建造羊舍的那部分养殖户，租地租棚方式下的养殖户多为近两年初涉养殖行业，这部分养殖场的发展还有很长的一段路要走。中等规模的肉羊养殖场养殖规模集中在 2 000 只左右，养殖周期为 5～6 个月不等，通过对调查样本的汇总，总结了中等规模样本户的基本情况，如表 5-3 所示。

表 5-3 2017—2019 年中等规模肉羊养殖场情况表

年份	户数	最小规模（只）	最大规模（只）	年平均出栏量（只/年）	平均占地（亩）
2017	60	1 580	2 300	2 001	9
2018	61	1 550	2 300	1 989	10
2019	62	1 600	2 500	2 058	10

数据来源：据调查资料汇总整理，其中年平均数保留至整数。

通过对大观镇 62 家中等规模养殖场的调查资料进行汇总，总结了 2017—2019 年中等规模肉羊养殖场的成本构成情况，见表 5-4。

表 5-4 中等规模肉羊养殖场育肥成本构成表

年份	2017		2018		2019	
肉羊育肥成本（元/只）	1 266.4	比重	1 330.6	比重	1 453.3	比重
一、每头物质与服务费用（元）	1 183.4	93.4%	1 236.6	92.9%	1 363.6	93.8%
（一）直接费用（元/只）	1 175.7	92.8%	1 228.7	92.3%	1 355.7	93.3%
1. 羊羔进价（元/只）	650	51.3%	700	52.6%	825	56.8%
其中：羊羔重量（斤/只）	25		25		25	
羊羔单价（元/斤）	26		28		33	
2. 饲料费（元/只）	518	40.9%	520	39.1%	523	36.0%
其中：精饲料费（元/只）	293		293		294	
粗饲料费（元/只）	225		227		229	
3. 医疗防疫费（元/只）	5.1	0.4%	6	0.5%	5.1	0.4%

（续）

年份	2017		2018		2019	
4. 水、电费（元/只）	2.6	0.2%	2.7	0.2%	2.6	0.2%
（二）间接费用（元/只）	7.7	0.6%	7.9	0.6%	7.9	0.5%
1. 圈舍等固定资产折旧（元/只）	5	0.4%	5	0.4%	5	0.3%
2. 销售费用（元/只）	1	0.1%	1	0.1%	1	0.1%
3. 财务费用（元/只）	1.7	0.1%	1.9	0.1%	1.9	0.1%
二、每头人工成本（元）	75	5.9%	85	6.4%	81	5.6%
1. 家庭用工折价（元/只）	45		51		49	
2. 雇工费用（元/只）	30		34		32	
三、每头土地成本（元）	8	0.6%	9	0.7%	8.7	0.6%

数据来源：据调查资料汇总计算整理得出。

注：平均成本数据四舍五入保留一位小数，水电费按照饲养天数套算，家庭用工折价与雇工费用分别按照中等规模养殖户家庭人工平均占用人数、中等规模养殖场平均雇工人数与当地劳动力月工资折算。

从表5-4可以看出，中等规模肉羊养殖场的单只羊育肥成本中，物质与服务费用占92%～94%，土地成本占比0.6%～0.7%。其中羊羔成本占51%～57%，同小规模养殖场一样，也呈现逐年上升的趋势。饲料成本在育肥成本中的比重平均在36%～41%，医疗防疫费占比在0.5%左右，水、电成本的比重为0.2%。人工成本则占比5%～7%，虽然人工费用的占比与小规模养殖场相差不大，但是中等规模养殖场需要的人工投入已经大大高于养殖户的家庭内部用工负荷，需要雇佣工人，中等规模下的养殖场平均雇工人数为2人。以上说明中等规模养殖场的成本构成与小规模养殖场之间有很大的差异。

3. 大规模肉羊养殖场的育肥成本构成

大规模的肉羊养殖场养殖规模集中在3 000～3 500只，养殖周期也为5～6个月不等，通过对调查样本的汇总，总结了大规模样本户的基本情况，如表5-5所示。

表5-5　2017—2019年大规模肉羊养殖场情况表

年份	户数	最小规模（只）	最大规模（只）	年平均出栏量（只/年）	平均占地（亩）
2017	36	2 520	4 500	3 125	18
2018	36	2 550	5 000	3 283	18
2019	36	2 600	4 800	3 195	18

数据来源：据调查资料汇总整理，其中年平均数保留至整数。

对大观镇 36 家大规模养殖场的调查资料进行汇总，总结了 2017—2019 年大规模肉羊养殖场具体成本项目的占比情况，见表 5-6。

表 5-6　大规模肉羊养殖场育肥成本构成表

年份	2017		2018		2019	
肉羊育肥成本（元/只）	1 288.5	比重	1 351.3	比重	1 477.4	比重
一、每头物质与服务费用（元/只）	1 189.2	92.3%	1 243.5	92.0%	1 371.3	92.8%
（一）直接费用（元/只）	1 180.4	91.6%	1 234.6	91.4%	1 362.5	92.2%
1. 羊羔进价（元/只）	650	50.4%	700	51.8%	825	55.8%
其中：羊羔重量（斤/只）	25		25		25	
羊羔单价（元/斤）	26		28		33	
2. 饲料费（元/只）	523	40.6%	527	39.0%	530	35.9%
其中：精饲料费（元/只）	297		298		299	
粗饲料费（元/只）	226		229		231	
3. 医疗防疫费（元/只）	4.9	0.4%	5	0.4%	5	0.3%
4. 水、电费（元/只）	2.5	0.2%	2.6	0.2%	2.5	0.2%
（二）间接费用（元/只）	8.8	0.7%	8.9	0.7%	8.8	0.6%
1. 圈舍等固定资产折旧（元/只）	7	0.5%	7	0.5%	7	0.5%
2. 销售费用（元/只）	1	0.1%	1	0.1%	1	0.1%
3. 财务费用（元/只）	0.8	0.1%	0.9	0.1%	0.8	0.1%
二、每头人工成本（元）	89	6.9%	98	7.3%	96	6.5%
1. 家庭用工折价（元/只）	29		31		31	
2. 雇工费用（元/只）	60		67		65	
三、每头土地成本（元）	10.3	0.8%	9.8	0.7%	10.1	0.7%

数据来源：据调查资料汇总计算整理得出。

注：平均成本数据四舍五入保留一位小数，水电费按照饲养天数套算，家庭用工折价与雇工费用分别按照大规模养殖户家庭人工平均占用人数、大规模养殖场平均雇工人数与当地劳动力月工资折算。

从表 5-6 可以看出，大规模肉羊养殖场的单只肉羊育肥成本中，物质与服务费用约占 93%，土地成本占比 0.7%～0.8%。在物质与服务费用中，羊羔成本占 50%～56%，呈现逐年上升的趋势。饲料成本在育肥成本中的比重在 35%～41%，医疗防疫费占比在 0.4% 左右，水、电成本的比重为 0.2%。人工成本则占 6%～8%，虽然人工费用的占比相较中等规模下提高了 1%，大规模养殖场平均雇工人数为 4 人，在同样占用家庭用工的基础上，外雇员工的人数增多了一倍，但由于大规模下的年平均出栏量也比中等规模下的多将近一倍，这种较大的支出均摊到每头肉羊上，即便是非常微小的变动也需要关注。

同理，大规模下的养殖场年平均出栏量多，所以医疗防疫费与水电费均摊到每头羊上体现出相较中等规模养殖场更为经济的结果。

4. 不同规模肉羊养殖场的育肥成本变化趋势

首先，整体来看，2017—2019年三年间三种规模下的育肥成本呈上升趋势，单只肉羊育肥成本最大的是大规模羊场、小规模的次之、中等规模的最小，每年的单只肉羊育肥成本在中等规模养殖场更为经济。小、中、大3种规模育肥成本2019年较2017年分别增长了14.72%、14.75%、14.66%，增长幅度总体较为一致，但中等规模的增长势头相对更为明显。其次，从横向总体维度来看，不同规模的肉羊育肥成本都在2019年达到新高，主要影响因素为羊羔成本的一路上涨，由图5-2可见，较大的拐点出现在2018年，这是因为肉羊市场在2017年回温向好，2018年的活羊价格涨幅较大，羊羔进价在育肥成本中的占比高居50%以上，由此导致了近两年育肥成本的持续提高。另外，饲料费用和人工成本也有小幅的提升，从经济学的角度来看，羊羔成本的变化主要受肉羊市场内在的供求关系影响而出现重大的调整，饲料成本和人工成本的变化主要是受社会整体物价水平上升的影响而出现增长势头。再次，从纵向规模变化的角度来看，物质与服务费用在育肥成本中的占比表现出先降低再升高的趋势，而人工成本在育肥成本中的占比表现出先升高再降低的趋势。具体而言，在物质与服务费用中，饲料成本先递增而后递减，在人工成本中，家庭用工的折价随规模的扩大而不断下降，而雇工成本不断上升。医疗防疫费用、水电等动力成本都在随规模的扩大而出现不同程度的下降，这主要是因为规模经济的效应，使得肉羊育肥的要素配置随规模的扩大不断得到优化，资本对劳动的替代趋势不断加强，各项单位成本相应的出现下降。但圈舍等固定资本折旧成本随着规模的增大也呈现上升趋势，这是分栏饲养的结果，在先进养殖技术和科学合理管理方式的引导下，为了保证合适的饲喂密度，随着羊场规模的扩大，圈舍的数量要求以及其他必要的生产设备也随之增多，而近两年羊舍的建造成本也随着肉羊市场的利好而攀升，所以大规模下的固定资产折旧成本较中小规模有所提高。

（四）唐县不同规模肉羊养殖场的成本差异对比分析

1. 羊羔成本差异分析

以2014年初的羊价为拐点，羊市经历了持续三年的低迷期，根据调研数据显示，羊羔售价自2017年下半年以来一直维持上升的态势。专业育肥模式下，无论规模大小，羊羔成本都占育肥总成本的50%以上。调研发现，第一，唐县各规模养殖场的购买羊羔的渠道比较集中，羊羔产地大多为通榆或者内蒙古，购羊地点的统一使得羊价差异不大。第二，不同规模的养殖场的羊羔进价由规模原因导致的差异变化也非常小，略微随规模的扩大出现下降态势，这是

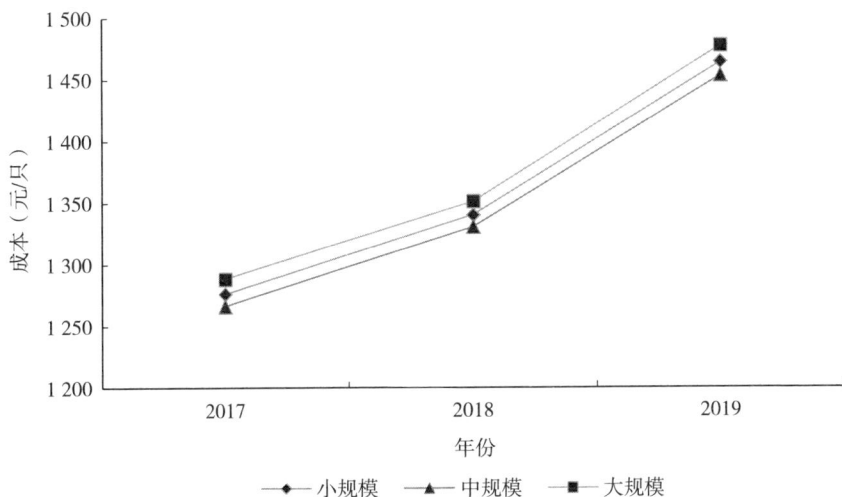

图 5 - 2　2017—2019 年不同规模养殖场单只肉羊育肥成本变化

数据来源：根据调研数据整理。

由于中型养殖场与大型养殖场的发展由来已久，多年积累的行业优势获得一些让利，但影响并不大。图 5 - 3 反映了唐县不同肉羊养殖规模的养殖场平均羊羔进价成本的差异变化。可见，三种规模下的羊羔进价走向比较一致，且差别不大，故羊羔成本差异微小。

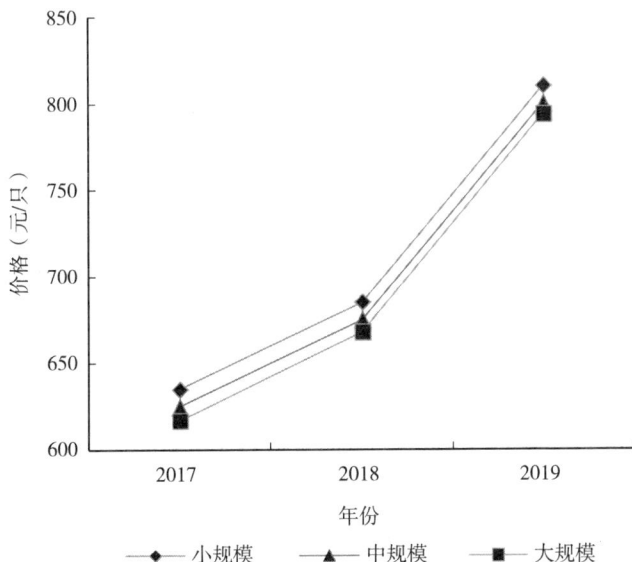

图 5 - 3　2017—2019 年不同规模养殖场羊羔进价变化

数据来源：根据调研数据整理。

2. 饲料成本差异分析

肉羊育肥饲料包括精饲料和粗饲料。精饲料主要包括粮食饲料、饼粕类农副产品和直接从市场上外购的商品性混合饲料，其中，粮食饲料主要包括玉米、豆粕，农副产品饲料则主要包括花生饼和麻油饼，而外购的商品性饲料主要有羔羊颗粒、预混料、浓缩料。而粗饲料则主要有花生秧、麦秸和其他杂干草。2017—2019 年，无论养殖规模的大小，物质与服务费用占总育肥成本的比重平均都在 85% 以上，高者能达到 93.8%，而饲料费用占物质与服务费用的 38% 以上，饲料费用对物质与服务费用有举足轻重的影响。

由图 5-4 可知，大规模、中等规模、小规模肉羊养殖场的单只肉羊的饲料费用支出由大依次变小。2017—2019 年，小规模肉羊养殖场的饲料费用变化最大，大规模次之，中等规模的变化最小。具体而言，小规模养殖场 2019 年的饲料费用较 2017 年的增长了 1.96%，大规模的增长了 1.34%，而中等规模的饲料费用变化率为 0.97%，这部分的差异应该考虑到小规模养殖场的学习成本。

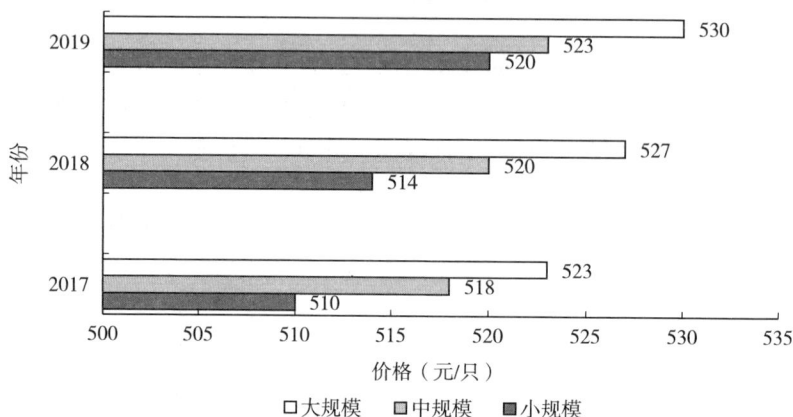

图 5-4　2017—2019 年不同规模肉羊养殖场单只肉羊饲料费用支出

数据来源：根据调研数据整理。

纵向分析来看，不同规模肉羊养殖场的饲料成本都呈现上涨趋势，这是由于精饲料当中的重要组成——玉米和豆粕价格呈现上涨趋势。从 2016 年玉米价格探底后价格不断上涨，但 2018 年受中美贸易摩擦冲击，国内玉米缺口增加，玉米进口数量下滑，而国内玉米因受面积下降和干旱等灾害影响下降到 2.1 亿吨左右，缺口达到 2 000 多万吨；同时当年我国大豆进口调减 10% 左右，豆粕的缺口由玉米加工的下游产品替代；以上多重因素导致玉米价格上涨，且涨幅较大。为了应对外部饲料市场对成本的压力，养殖户在近两年也尝试优化精饲料和粗饲料的配比，表 5-7 具体反映了 2017—2019 年不同规模肉羊养殖场精饲料与粗饲料的配比情况。

表 5 - 7 2017—2019 年不同规模肉羊养殖场饲料成本占比

年份	小规模		中等规模		大规模	
	饲料比重	饲料配比	饲料比重	饲料配比	饲料比重	饲料配比
2017	39.96%	1.27	40.90%	1.30	40.59%	1.31
2018	38.36%	1.25	39.08%	1.29	39.00%	1.30
2019	35.52%	1.22	35.99%	1.28	35.87%	1.29

数据来源：据调研资料汇总计算整理得出。

注：饲料比重是指育肥过程中单只肉羊饲料成本在单只肉羊总成本中所占比重，饲料配比是指单只肉羊育肥过程中投入的精饲料与粗饲料之比，为了更加明显的体现其变化，计算结果保留两位小数。

规模型养殖场在肉羊育肥的过程中所采用的饲料品种大致相同，但其结构又不尽相同。横向来看，随着规模的扩大，粗饲料的比重逐渐下降，小规模养殖场在肉羊育肥后期对粗饲料的投入量不足 5%，中等规模和大规模则下降为 1%～2%。在精饲料的使用过程中，调查发现，对豆粕的使用比重并未随肉羊规模的增大而增大，大中小规模的养殖场大体都能维持在 35% 左右。但是，玉米和花生饼的使用量随规模扩大而呈递增趋势，其中，小规模养殖场为 75% 左右，而中等规模与大规模养殖场基本达到 90%，对于商品型配混型饲料在各个规模养殖场的精饲料中的比重相差不多，约为 4%。纵向分析来看，各个规模肉羊养殖场的饲料成本比重都呈逐渐减小的趋势，而饲料配比也体现出逐渐降低的趋势。这是受市场环境影响的结果，养殖场为了降低饲料成本，尝试优化精粗饲料的配比，在保障育肥质量的前提下，最大限度地降低饲料成本。

3. 固定资产折旧差异分析

由图 5 - 5 可知，大规模肉羊养殖场的固定资产折旧费用远远大于中等规模和小规模养殖场，大型养殖场固定资产折旧费用近三年的平均值达到了 22 407 元，中等规模的养殖场固定资产折旧费用近三年的平均值为 10 080 元，而小规模养殖场固定资产折旧费用近三年的平均值仅为 3 799 元。显而易见，固定资产折旧费用的总额是随着养殖规模的扩大而增加的。从 2017 年到 2019 年 3 种养殖规模的养殖场整体变化趋势来看，小规模肉羊养殖场的固定资产折旧费用呈现出逐年递增的趋势，但增长趋势也相对比较平缓。中等规模养殖场的固定资产折旧费用三年间基本持平，相较于 2017 年呈略微上升趋势，大规模的固定资产折旧费用变化趋势与中等规模类似。

出现以上发展趋势，分析其原因：一是大规模的肉羊养殖场牵涉到的肉羊数量庞大，是中等规模养殖场肉羊数量的2～3倍，而中等规模养殖场肉羊出栏数量约是小规模养殖场的1.5倍，前两者规模下相应数量肉羊所需的养殖环境建设耗费也必将远远高于小规模养殖场，相应地，对大规模养殖场专业化、标准化与机械化的生产要求也会高于中小规模养殖场，大规模肉羊养殖场的设施设备相较中小规模也更加完备，同时，大规模养殖场多是经过多年发展而来，发展历史基本都超过十年，场区与设备的更新改造投入较大，因此，大规模肉羊养殖场的固定资产折旧费用远高于中小规模。二是由于小规模肉羊养殖场的内部扩增，经过近两年的积累，有极少数小规模养殖场完成了向中等规模的发展，而其他小规模养殖场虽然没有跃升到中等规模，但也在持续发展，年出栏量不超过1 500只肉羊养殖场被划分为小规模养殖场，其中当然也包括年出栏量低于600只的养殖场，这部分养殖场正在积极发展，最主要的手段是提高肉羊年出栏量，在这种情况下势必面临扩建场区等新一轮固定资产的投入建设，所以小规模肉羊养殖场的固定资产折旧费用的增长幅度相较于中、大规模比较大。

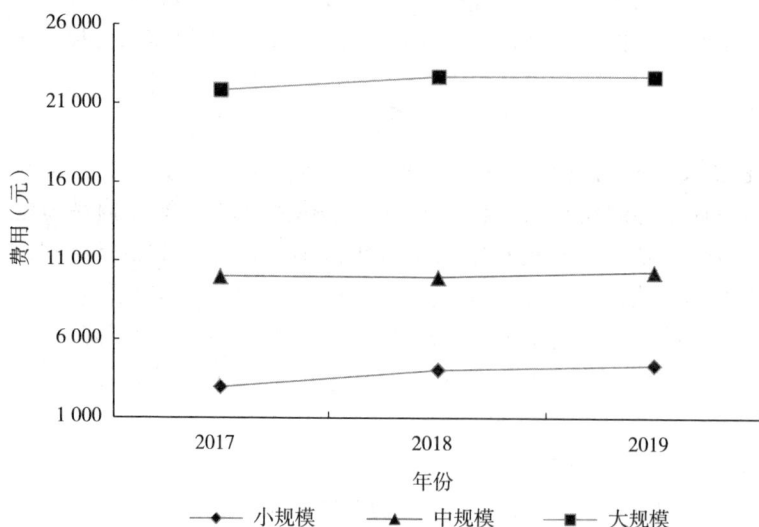

图5-5　2017—2019年不同规模肉羊养殖场固定资产折旧费用变化
数据来源：根据调研数据整理。

4. 期间费用差异分析

肉羊养殖主体的期间费用包括管理费用、财务费用及销售费用，其中财务费用主要指贷款利息，销售费用主要指肉羊出栏时运输肉羊至屠宰场发生的费用，管理费用主要包括养殖主体的场长、副场长、办公室主任等管理人员的工资，以及为管理养殖场经营活动而产生的各项费用。调研了解到，唐县肉羊养殖场基本为家庭户发展而来，小规模的养殖场仍多数未涉及雇工，利用家庭内部用工足以消化掉其工作量，而中等规模以及大规模的养殖场也是在利用家庭用工的基础上再雇佣工人。总的来说，3 种规模养殖场的管理层次并不完善，对家庭用工的依赖性较大，故不涉及管理费用，将其归入人工成本进行统一核算。所以，这部分期间费用只讨论财务费用与销售费用。

整体来看，不同规模下期间费用在育肥成本当中的占比都比较稳定，小规模肉羊养殖场的期间费用在育肥成本当中的占比约为 0.4%，中等规模与大规模期间费用在育肥成本当中的占比为 0.2%。大规模肉羊养殖场近 3 年期间费用总额平均值为 4 473 元，中等规模和大规模分别为 5 712 元、6 052 元。如图 5 - 6 所示，纵向来看，期间费用与养殖规模呈正相关，随着规模的扩大，期间费用也会相应提高。而横向来看，在 2017—2018 年，中等规模与大规模的期间费用增长幅度大于小规模，在 2018—2019 年二者的增长幅度小于小规模。期间费用与养殖规模呈正相关主要是由于销售费用与养殖规模呈正相关，销售费用在整个期间费用中的占比能达到 70% 以上。了解到大中小三种规模下出栏肉羊的销售途径比较统一且单一，在肉羊达到出栏质量时联系当地的屠宰企业，由屠宰企业派车到场进行收购，每车可容纳 100 只肉羊，而每车收取 100 块运输费，这部分费用屠宰企业会在肉羊屠宰过称结算时自行扣除。每头肉羊出栏都要负担 1 元的运输费，所以随着养殖场规模的增大，销售费用增多，进而导致期间费用增大。

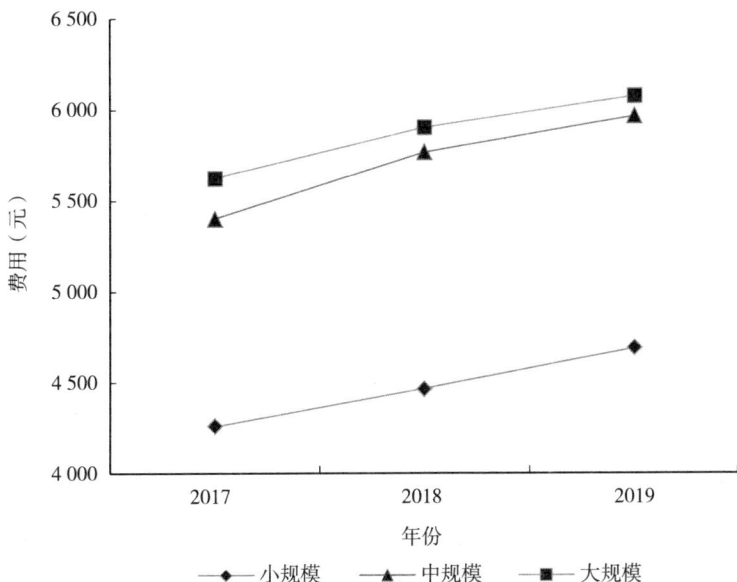

图 5 - 6　2017—2019 年不同规模肉羊养殖场期间费用变化

数据来源：根据调研数据整理。

由图 5 - 6 可知，大规模与中等规模的期间费用增幅先比小规模的大，后比小规模的小，出现这种情况是由于大规模与中等规模发展已久，近两年面临场区和设备的更新改造，固定资产的大额投入需要借助贷款来完成，在 2017—2018 年，中等规模和大规模养殖场贷款金额的增多使得其利息费用增多，进而导致期间费用的大幅上涨；在 2018—2019 年，中等规模与大规模的更新改造工程接近完成，故其利息费用的增幅减少，而小规模养殖场群体内部一直处于扩张发展的状态，对贷款的需要额度只增不减，增长幅度一直处在 5％左右的高水平。

5. 人工费用差异

肉羊养殖的人工成本主要包括家庭用工和雇工两部分。2017 年肉羊市场经过了一年的低潮期，同期劳动市场的价格也相对来说较低，但随着近两年肉羊养殖业的发展，对劳动力的需要也逐年增大，需求拉动用工价格的上涨，尤其从 2017 年到 2018 年，劳动市场的价格产生了较大幅度的增长，而 2018 年到 2019 年劳动市场的用工价格相对比较稳定，2019 年相较 2018 年只有小幅增长。由表 5 - 8 可知，三种规模下的人工成本都表现出逐年增大的趋势，且 2017 年到 2018 年涨幅大，2018 年到 2019 年涨幅小，符合外在劳动市场的影响。小规模与大规模养殖场的单只肉羊人工成本相差不多，二者的人工成本在总成本中的占比基本在 6.6％～7.3％，而单只人工成本在中等规模养殖场中有更经济的表现，其人工成本在总成本中的占比最低时只有 5.8％。

表 5 - 8　2017—2019 年不同规模肉羊养殖场单只肉羊人工成本变动

年份	小规模		中等规模		大规模	
	人工成本	比重	人工成本	比重	人工成本	比重
2017	90	7.1％	76	6.0％	89	6.9％
2018	97	7.2％	85	6.4％	98	7.3％
2019	99	6.7％	85	5.8％	98	6.6％

数据来源：据调查资料汇总计算整理得出。

注：人工成本结果按照相应规模下养殖户家庭人工平均占用人数、相应规模养殖场平均雇工人数与当地劳动力月工资折算而来，比重是指单只肉羊的人工成本在单只肉羊育肥总成本中的占比，计算结果保留一位小数。

不同规模的人工成本构成结构也是不同的，且不同规模的人工成本构成结构也体现出趋势性。表 5 - 9 详细反映了三种规模人工成本的内在结构，小规模养殖场完全不涉及雇工，全部由家庭用工承担所有的养殖作业，而中等规模与大规模养殖场都有涉及雇工。横向来看，随着规模的扩大，雇工的比重在不断上升，而家庭用工的比重在不断下降，可以得出，雇工比重与规模呈正相关，而家庭用工比重与规模呈负相关。纵向来看，中等规模人工成本中，雇工比重由2017年的38.16％上升至2019年的40％，大规模下的人工成本中，雇工比重由2017年的67.42％上升至2019年的69.79％，可见中等规模与大规模养殖场的发展对雇工的依赖性越来越大。

表5-9 2017—2019年不同规模肉羊养殖场单只肉羊人工成本占比

年份	小规模		中等规模		大规模	
	家庭用工比重	雇工比重	家庭用工比重	雇工比重	家庭用工比重	雇工比重
2017	100％	0％	61.84％	38.16％	32.58％	67.42％
2018	100％	0％	61.18％	38.82％	31.63％	68.37％
2019	100％	0％	60.00％	40.00％	30.21％	69.79％

数据来源：据调研资料汇总计算整理得出。

注：家庭用工比重是指育肥过程中单只肉羊家庭用工成本在单只肉羊人工总成本中所占比重，雇工比重是指单只肉羊育肥过程中投入的精饲料与粗饲料之比，为了更加明显的体现其变化，计算结果保留两位小数。

图5-7反映了从2017年到2019年三种规模养殖场的人工总成本变化趋势，各种规模的人工总成本表现稳中有升。由于大规模养殖场雇工所占比重较高，其人工总成本的增长幅度大于中等规模和小规模养殖场。

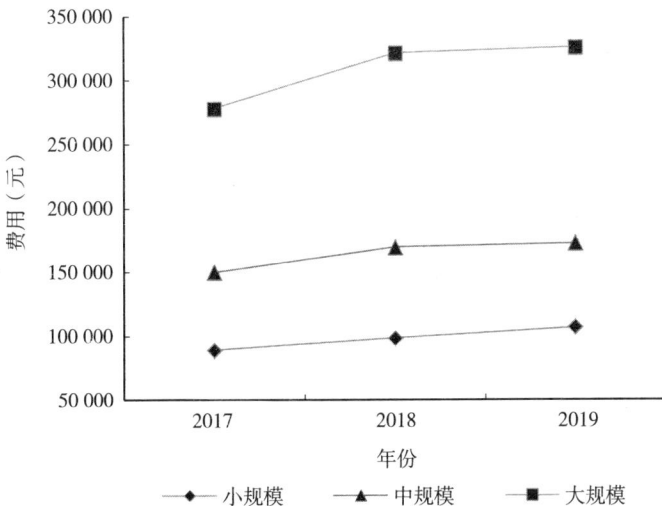

图5-7 2017—2019年唐县不同规模肉羊养殖场人工费用变化
数据来源：根据调研数据整理。

三、不同规模肉羊养殖场育肥成本的实证分析

（一）模型建立

本部分对肉羊育肥的成本子项目与总成本的内在关系以及各成本因素对育肥成本的影响程度进行分析，旨在找出提高肉羊育肥经济效益的量化依据。

肉羊育肥成本为总成本项目，主要包含物质与服务费用、人工成本等成本项目，在成本项目下又细分为各种成本子项目。具体而言，成本子项目有羊羔费、医疗防疫费、饲料费、资产折旧费、销售费、家庭用工等10个项目。

肉羊育肥成本与羊羔的进价、饲料成本、人工成本等因素有着相同变动趋势，即肉羊育肥成本可能受到羊羔进价、饲料价格、劳动力价格等诸多因素的影响，此外饲养规模也是需考虑在内的重要影响因素。为了消除这种被解释变量和解释变量之间的共线性，设定误差项 ε。本研究将被解释变量肉羊育肥成本用肉羊的单位育肥成本 Y 来表示。根据每头肉羊的育肥成本与各个影响因素的单因素分析确定解释变量为羊羔费（X_1）、精饲料费（X_2）、粗饲料费（X_3）、医疗防疫费（X_4）、水电费（X_5）、固定资产折旧费（X_6）、财务费用（X_7）、家庭用工折价（X_8）、雇工折价（X_9）、土地成本（X_{10}）。根据以上分析建立多元回归模型：

$$Y = \beta_0 + \beta_1 X_1 + \beta_2 X_2 + \cdots + \beta_{10} X_{10} + \varepsilon \qquad （式5-1）$$

其中，Y 为因变量，即肉羊单位育肥成本，X_1，X_2，$\cdots$，X_{10} 为自变量，即羊育肥的若干成本子项目，β_0，β_1，β_2，$\cdots$，β_{10} 是自变量系数，ε 是随机误差项。

（二）小规模养殖场育肥成本的实证分析

对唐县34家小规模养殖场调查样本2019年的各项成本进行汇总核算，利用SPSS软件展开逐步回归分析，对被解释变量肉羊单位育肥成本与各解释变量间的函数关系进行探究。需了解的是各成本项目间可能存在多重共线性，当其相关系数小于−0.7或者是大于0.7时就有可能出现，所以首先对养殖成本的各子项目展开分析是十分必要的。经过对比分析，小规模肉羊养殖场的医疗防疫费、水电费、财务费用、土地成本、雇工折价5个成本子项目相关系数较高，应予以删除，其余成本项目间大多相关系数小于0.7，基本消除多重共线性的潜在风险，在剔除不显著变量后得到表5-10的统计结果。

表 5 - 10　小规模肉羊养殖场自变量相关性分析表

相关系数	X_1	X_2	X_3	X_6	X_8
羊羔进价（X_1）	1	−0.119	0.023	0.345	0.376
精饲料费（X_2）	−0.119	1	0.544	−0.229	0.209
粗饲料费（X_3）	0.023	0.544	1	−0.070	0.280
固定资产折旧费（X_6）	0.345	−0.229	−0.070	1	−0.213
家庭用工折价（X_8）	0.376	0.209	0.280	−0.213	1

通过前向逐步回归法，得到回归结果如表 5 - 11 所示。

表 5 - 11　小规模肉羊养殖成本模型回归估计结果

被解释变量（每只肉羊的育肥总成本）

解释变量	系数	t 值	$Sig.$ 值
截距（β_0）	−244.870	−1.346	0.189
羊羔进价（X_1）	1.424	7.980	0.000
精饲料费（X_2）	0.878	2.525	0.018
粗饲料费（X_3）	0.778	2.251	0.032
固定资产折旧费（X_6）	0.622	0.684	0.039
家庭用工折价（X_8）	1.102	97.089	0.000
R^2	0.998	回归估计的 标准误差 S	2.678
调整后的 R^2	0.998		
F 检验值	3 106.689	Prob（F）	0.000

　　小规模肉羊养殖场的主要养殖成本由羊羔进价、精饲料费、粗饲料费、固定资产折旧费、家庭用工折价 5 项成本子项目组成，除了常量，另外的成本子项目符号都为正值。水电费、医疗防疫费、财务费用、土地成本等成本子项目因与羊养殖成本关系较弱，故其未进入回归方程。选择拟合优度对回归方程进行初步检验，检测总体的显著与否，在总体表现为显著的基础上，每一个自变量是否对因变量影响显著则需要借助 t 检验来确定。

　　由表 5 - 11 可知，回归估计的标准误差 $S=2.678$，判定系数 R^2、调整后的判定系数 R^2 均为 0.998，表示羊养殖成本子项目与总成本间呈现出非常显著的线性关系，表明样本数据的回归效果较好，也就是说成本子项目的变化可以代表羊养殖总成本的线性变化。除此之外仍需对模型进行方差分析，分析结果反映出总成本与多个成本子项目之间具有线性回归关系，其统计量 $F=$ 3 106.689，对应的概率值为 0.000。而后检验小规模肉羊养殖成本因变量（单位育肥总成本）与自变量（羊羔进价、精饲料费、粗饲料费、固定资产折旧费、家庭用工），尝试确定自变量对因变量的影响程度。参照表 5-11 的 t 值可得出以下结论：小规模养殖场羊羔进价和家庭用工折价是成本子项目中对单位育肥总成本影响最重要的两个因素，其次是精饲料费和粗饲料费，最后是固定资产折旧费。以上五项因素的相伴概率值（$Sig.$ 值）均小于显著性水平 $a=0.05$，说明这五个变量均通过了 t 检验，模型效果理想。因此，唐县小规模肉羊养殖成本的多元线性回归方程为：

$$Y = -244.87 + 1.424\,X_1 + 0.878\,X_2 + 0.778\,X_3 + 0.622X_6 + 1.102\,X_8$$

（式 5-2）

根据上式可知，对肉羊养殖成本的影响程度为：

（1）羊羔进价对肉羊育肥总成本影响极为显著，其系数为 1.424 这表明羊羔进价在现有基础上每增加 1 个单位，肉羊育肥总成本将增加 1.424 个单位。

（2）从饲料成本来看，精饲料费对肉羊单位育肥总成本的影响通过了 1.8% 的极显著水平；粗饲料费对肉羊单位育肥总成本的影响通过了 3.2% 的比较显著水平，二者系数分别为 0.878 和 0.778，反映出在其他解释变量不变的情况下精饲料费提高一个单位，肉羊育肥总成本将增加 0.878 个单位，而粗饲料费提高一个单位，肉羊育肥总成本将增长 0.778 个单位。

（3）固定资产折旧费对肉羊单位育肥总成本的影响通过了 3.9% 的显著性水平，其系数为 0.622，表明固定资产增加一个单位，肉羊育肥总成本将增加 0.622 个单位。

（4）从人工成本看，家庭用工折价以极为显著的表现通过了检验，其系数为 1.102，说明家庭用工价格在现有基础上每增长一个单位，肉羊育肥总成本将增加 1.102 个单位。

（三）中等规模养殖场育肥成本的实证分析

对唐县 62 家中等规模养殖场调查样本 2019 年的各项成本进行汇总核算，利用 SPSS 软件展开逐步回归分析，对被解释变量肉羊单位育肥成本与各解释变量间的函数关系进行探究。

首先，消除各成本子项目间可能产生多重共线性潜在影响。经过对比分析，在剔除医疗防疫费、水电费、财务费用、土地成本 4 个不显著变量后得到表 5-12 的统计结果。

通过前向逐步回归法，得到回归结果如表 5-13 所示。

中等规模肉羊养殖场的主要养殖成本由羊羔进价、精饲料费、粗饲料费、固定资产折旧费、家庭用工折价、雇工折价 6 项成本子项目组成，除了常量，另外的成本子项目符号都为正值。水电费、财务费用、医疗防疫费、土地成本等成本子项目因与羊养殖成本关系较弱，故未进入回归方程。选择拟合优度对回归方程进行初步检验，在总体表现为显著的基础上，每一个单个的自变量是否对因变量的影响显著则需要借助 t 检验来确定。

表 5-12　中等规模肉羊养殖场自变量相关性分析表

相关系数	X_1	X_2	X_3	X_6	X_8	X_9
X_1	1.000	0.009	0.059	0.165	−0.121	0.244
X_2	0.009	1.000	−0.071	0.057	−0.038	−0.054
X_3	0.059	−0.071	1.000	−0.146	−0.099	0.193
X_6	0.165	0.057	−0.146	1.000	−0.005	−0.098
X_8	−0.121	−0.038	−0.099	−0.005	1.000	−0.658
X_9	0.244	−0.054	0.193	−0.098	−0.658	1.000

注：X_1、X_2、X_3、X_6、X_8、X_9 代表羊羔进价、精饲料费、粗饲料费、固定资产折旧费、家庭用工折价。

表 5-13　中等规模肉羊养殖成本模型回归估计结果

被解释变量（每只肉羊的育肥总成本）

解释变量	系数	t 值	显著性
截距（β_0）	−55.234	−0.618	0.539
羊羔进价（X_1）	1.018	32.111	0.000
精饲料费（X_2）	1.197	4.225	0.000
粗饲料费（X_3）	1.015	12.274	0.000
固定资产折旧费（X_6）	0.580	2.890	0.006
家庭用工折价（X_8）	1.000	35.640	0.000
雇工折价（X_9）	1.004	16.898	0.000
R^2	0.980	回归估计的标准误差	0.973
调整后的 R^2	0.978		
F 检验值	453.505	Prob（F）	0.000

由表 5-13 可知，判定系数 R^2 为 0.980、调整后的判定系数 R^2 为 0.978，即该模型的拟合优度为 97.8%，该值大于 0.8，说明该模型具有较好的回归效果，其拟合优度较高。回归估计的标准误差 $S=0.973$，表示羊养殖成本子项目与总成本间具有非常显著的线性关系，表明样本数据的回归效果较好，也就是说成本子项目的变化的确可以表示羊养殖总成本的线性变化。除此之外仍需对模型进行方差分析，分析结果反映出总成本与多个成本子项目之间具有线性

回归关系，其统计量 $F=453.505$，对应的概率值为 0.000。而后检验中等规模肉羊养殖成本因变量（单位育肥总成本）与自变量（羊羔进价、精饲料费、粗饲料费、固定资产折旧费、家庭用工价格、雇工价格），尝试确定自变量对因变量的影响程度。参照表 5 - 13 的 t 值可发现，中等规模成本子项目相伴概率值（$Sig.$ 值）均小于显著性水平 $a=0.05$，表明这六个变量均通过了 t 检验，模型效果理想。那么唐县中等规模肉羊养殖成本的多元线性回归方程为：

$$Y=-55.234+1.018X_1+1.197\ X_2+1.015X_3+0.580X_6+1.000\ X_8+1.004\ X_9$$

（式 5 - 3）

由表 5 - 13 可知，中等规模下，选取的 6 个变量对养殖总成本的影响程度都达到了极显著水平，首先，从羊羔进价成本来看，羊羔进价变量系数为 1.018，表示羊羔进价的上涨会导致中等规模养殖场育肥成本的上升，也就是说当羊羔进价在现有基础上每增加 1 个单位，肉羊育肥总成本将增加 1.018 个单位。其次，从饲料成本方面，精饲料费变量系数为 1.197，粗饲料费变量系数为 1.015，表明在其他解释变量不变的前提下，若精饲料费增加一个单位，肉羊育肥总成本将提高 1.197 个单位，而粗饲料费提高一个单位，肉羊育肥总成本将增长 1.015 个单位。再次，固定资产折旧变量系数为 0.580，表明固定资产在现有基础上每增加一个单位，肉羊育肥总成本将增加 0.580 个单位。最后，从人工成本看，家庭用工折价与雇工折价都以极为显著的表现通过了检验，其系数分别为 1.000 和 1.004，反映出家庭用工价格在现有基础上每增长一个单位，肉羊育肥总成本将增加 1.000 个单位，在其他解释变量不变的情况下，若雇工费用提高一个单位，肉羊育肥总成本将增加 1.004 个单位。

（四）大规模养殖场育肥成本的实证分析

对唐县 36 家大规模养殖场调查样本的 2019 年的各项成本进行汇总核算，利用 SPSS 软件展开逐步回归分析，对被解释变量肉羊单位育肥成本与各解释变量间的函数关系进行探究。需了解的是各成本项目间可能存在多重共线性，当其相关系数小于 -0.7 或者是大于 0.7 时就有可能出现，所以首先对养殖成本的各子项目展开分析是十分必要的。经过对比分析，在剔除医疗防疫费、水电费、财务费用、土地成本 4 个不显著变量后得到表 5 - 14 的统计结果。

表 5 - 14　大规模肉羊养殖场自变量相关性分析表

相关系数	X_1	X_2	X_3	X_6	X_8	X_9
X_1	1.000	0.180	0.328	-0.624	0.642	0.315
X_2	0.180	1.000	0.634	-0.164	-0.003	0.047

（续）

相关系数	X_1	X_2	X_3	X_6	X_8	X_9
X_3	0.328	0.634	1.000	−0.320	0.230	−0.048
X_6	−0.624	−0.164	−0.320	1.000	−0.698	−0.189
X_8	0.642	−0.003	0.230	−0.698	1.000	−0.390
X_9	0.315	0.047	−0.048	−0.189	−0.390	1.000

注：X_1、X_2、X_3、X_6、X_8、X_9 代表羊羔进价、精饲料费、粗饲料费、固定资产折旧费、家庭用工折价、雇工折价。

通过前向逐步回归法，得到回归结果表 5-15。

表 5-15　大规模肉羊养殖成本模型回归估计结果

被解释变量（每只肉羊的育肥总成本）

解释变量	系数	t 值	显著性
截距（β_0）	−198.888	−2.129	0.042
羊羔进价（X_1）	1.362	11.993	0.000
精饲料费（X_2）	0.570	3.578	0.001
粗饲料费（X_3）	1.255	8.221	0.000
固定资产折旧费（X_6）	0.813	2.179	0.038
家庭用工折价（X_8）	0.951	16.370	0.000
雇工折价（X_9）	0.957	24.422	0.000
R^2	0.996	回归估计的标准误差	1.010
调整后的 R^2	0.995		
F 检验值	1 095.387	Prob（F）	0.000

大规模肉羊养殖场的主要养殖成本由羊羔进价、精饲料费、粗饲料费、固定资产折旧费、家庭用工折价、雇工折价 6 项成本子项目组成，除了常量，另外的成本子项目符号都为正值。水电费、财务费用、医疗防疫费、土地成本等成本子项目因与羊养殖成本关系较弱，故未进入回归方程。选择拟合优度对回归方程进行初步检验，检测总体的显著与否，在总体表现为显著的基础上，每一个自变量是否对因变量的影响显著则需要借助 t 检验来确定。由表 5-15 可知，判定系数 R^2 为 0.996、调整后的判定系数 R^2 为 0.995，即该模型的拟合优度为 99.5%，该值大于 0.8，说明该模型具有较好的回归效果，其拟合优度较高。回归估计的标准误差 $S=1.010$，表示羊养殖成本子项目与总成本间具有非常显著的线性关系，表明样本数据的回归效果较好，也就是说成本子项目

的变化的确可以代表羊养殖总成本的线性变化。除此之外仍需对模型进行方差分析，分析结果反映出总成本与多个成本子项目之间具有线性回归关系，其统计量 $F=1\,095.387$，对应的概率值为 0.000。而后检验大规模肉羊养殖成本因变量（单位育肥成本）与自变量（羊羔进价、精饲料费、粗饲料费、固定资产折旧费、家庭用工价格、雇工价格），尝试确定自变量对因变量的影响程度。参照表 5 - 15 的 t 值可发现，大规模下，成本子项目相伴概率值（$Sig.$ 值）均小于显著性水平 $a=0.05$，表明这六个变量均通过了 t 检验，模型效果理想。唐县中等规模肉羊养殖成本的多元线性回归方程为：

$$Y=-198.888+1.362X_1+0.570\,X_2+1.255X_3+0.813X_6+0.951\,X_8+0.957X_9$$

（式 5 - 4）

根据上式从羊羔进价、饲料成本、人工成本等角度分别解析大规模下对肉羊养殖成本的影响，以及影响的程度：首先，从羊羔进价成本来看，羊羔进价对肉羊育肥总成本影响在极为显著的水平下通过了检验，且其系数为 1.362，表明羊羔进价在现有基础上每增加 1 个单位，肉羊育肥总成本将增加 1.362 个单位。其次，从饲料成本方面，精饲料费对肉羊单位育肥总成本的影响通过了 0.1% 的极显著水平，其系数为 0.570，同时，粗饲料费对肉羊单位育肥总成本的影响也通过了极显著水平的检验，其系数为 1.255，反映出在其他解释变量不变的情况下精饲料费提高一个单位，肉羊育肥总成本将增加 0.570 个单位，而粗饲料费提高一个单位，肉羊育肥总成本将增长 1.255 个单位。再次，固定资产折旧费对肉羊单位育肥总成本的影响通过了 3.8% 的显著性水平，同时系数为 0.813，表明固定资产增加一个单位，肉羊育肥总成本将增加 0.813 个单位，固定资产折旧的显著性相对其他自变量来说较弱。最后，从人工成本看，家庭用工折价与雇工折价都以极为显著的表现通过了检验，其系数分别为 0.951 和 0.957，反映出家庭用工价格在现有基础上每增长一个单位，肉羊育肥总成本将增加 0.951 个单位，在其他解释变量不变的情况下，若雇工费用提高一个单位，肉羊育肥总成本将增加 0.957 个单位。

四、不同规模养殖场养殖成本对比分析结果

根据前文的阐述，首先对唐县 132 家不同规模养殖场 2017—2019 年三年的成本进行了调查分析，然后分析了唐县肉羊不同养殖规模养殖成本构成和差异，最后对调研期不同肉羊养殖规模的成本进行了实证研究，得出以下结论：

（1）2017—2019 三年间 3 种规模下的育肥总成本呈上升趋势，单只肉羊育肥总成本从大到小依次为大规模羊场、小规模羊场和中等规模羊场，每年的单只肉羊育肥总成本以中等规模羊场最为经济。小、中、大 3 种规模育肥羊场

成本 2019 年较 2017 年分别增长了 14.72%、14.75%、14.66%，增长幅度总体较为一致，但中等规模羊场更为显著。

（2）三种规模的羊羔进价走向比较一致，且差别不大，羊羔成本差异微小；2017—2019 年，小规模的饲料费用变化最大，大规模次之，中等规模的变化最小。具体而言，小规模羊场 2019 年的饲料费用较 2017 年增长了 1.96%，大规模羊场增长了 1.34%，而中等规模羊场变化率为 0.97%；小规模与大规模养殖场的单只肉羊人工成本在总成本中的占比基本都在 6.6%～7.3%，单只肉羊人工成本在中等规模中更经济，其人工成本在育肥成本中的占比最低时只有 5.8%；中等规模羊场的人工成本中，雇工比重由 2017 年的 38.16% 上升至 2019 年的 40%，大规模羊场的雇工比重由 2017 年的 67.42% 上升至 2019 年的 69.79%。在构成总成本项目中，仔畜费占总成本平均比重为 55%，是子项目中占比最大的，饲料费次之，占比为 35%，人工成本占比相对较高，达到 6.5%。所以，关于成本控制方面，要注重这三个成本项目对成本控制带来的影响。

（3）由 10 个成本子项目共同构成了羊养殖成本，通过分析消除多重共线性的影响后，最后有 6 个成本子项目建立起回归方程，可确认对羊养殖成本影响巨大的重要因素是仔畜费、精饲料费、粗饲料费、固定资产折旧费、家庭雇工折价和雇工折价。

（4）尽管肉羊育肥总成本平均每年上涨 8%，但其子项目的变化趋势却不相同。仔畜费以每年 13% 的速度上涨，人工成本平均每年上涨 6%，二者是导致肉羊育肥成本上涨的主要因素；饲料成本是导致成本上涨的次要因素，平均每年上涨 4%；土地成本在羊养殖成本中所占比重较小，虽其每年增速高达 10%，但不能将其确认为影响羊养殖成本的主要原因；防疫医疗费、销售费、水电费波动的幅度非常小，同时其对羊养殖成本的权重微小，也不是导致成本上升的主要原因。

五、优化养殖成本管理的政策建议

（一）提倡标准化饲养，降低饲料成本

1. 优化饲料结构，提高饲料利用率

调研显示，饲料成本在肉羊育肥总成本中的比重在 40% 左右，三种不同养殖规模下，饲料费用对总成本的影响程度都达到了极显著水平，尤其是中等规模羊场的饲料费用变动对其综合影响最大，所以肉羊养殖成本控制最重要的就是控制饲料成本。为了应对饲料市场的压力，各个规模养殖场都在尝试优化饲料结构，但能力所限，效果不甚理想。针对上述情况，应加强社会化服务体

系建设，提高养殖场饲料结构的技术指导服务水平，根据养殖场的实际规模以及羊群实际情况合理调整不同规模肉羊育肥的饲料配比，提高饲料利用率。

2. 推进标准化饲养技术，提高肉羊育肥效率

调研显示，许多羊场管理粗放，表现为饲料投入量不精确、投喂环节没有规律、随意性饲喂造成饲料的浪费和缺乏情况同时存在，严重影响了肉羊的育肥效率。其根源是饲养人员科学素养低导致不重视饲养技术。因此，唐县应重视标准化饲喂技术的推广，将奶牛养殖技术中成功的全混合日粮（TMR）技术推广到肉羊养殖行业，保障肉羊营养均衡。另外，保持肉羊瘤胃内环境的稳定对于饲料的消化吸收非常有帮助，使用该技术加工出的饲料对瘤胃的维稳效果显著，可促进瘤胃内微生物的生长和繁殖，使微生物蛋白的合成效率得以提高，饲料消化率也将大幅提高，从而能在保障肉羊育肥质量的前提下降低饲料成本。

（二）推进机械化应用，提高劳动生产率

根据对不同规模下肉羊养殖场的成本差异分析可知，随着规模的扩大，养殖场的运营对劳动力的依赖性也逐渐增强。现实情况是，已经存在一定程度的劳动力短缺，养殖场不得不提高雇工薪酬，导致人工成本逐渐上升。养殖机械的使用势在必行，将减少劳动力使用，降低用工成本。但机械化发展的进程需要时间，不是一蹴而就的。目前的养殖业雇工绝大多数是岁数较大的农民，知识水平不高，无法满足现代养殖业的生产需要。因此应增加技术指导和培训，提高雇工的生产效率。

（三）推广适度规模经营，提高养殖效率

通过对唐县养殖规模分析可知，养殖规模不是越大越好，而是中等规模养殖场经济效率最高（即肉羊年出栏量在1 000只至2 500只的养殖场）。唐县的肉羊养殖发展，跟大多数养殖户采取中小规模养殖有关。政府部门建立的肉羊养殖小区模式也适应了农户的中等规模养殖需求，弥补了家庭养殖户在管理与环境污染上的不足，该种养殖模式下的成本控制更加方便，同时也为政府部门对肉羊养殖进行统一管理、疾病防疫、技术指导和培训提供了便利条件。

专题六　河北省唐县肉羊产业链利益分配机制研究

　　肉羊产业链是指与生产肉羊产品相关的产业组成的动态产业链条，包含饲料生产、肉羊养殖、屠宰、加工、运输、批发和零售等多个环节。肉羊产业链涉及三大产业：第一产业包含了肉羊育种环节，进一步涉及饲料的种植和生产，以及肉羊的养殖环节；第二产业包含肉羊的屠宰和加工；第三产业主要包含物流运输环节、羊肉批发和零售环节，羊肉产品经过批发市场、农贸市场、羊肉直营店、超市和餐饮业，最终走向消费者。

　　本专题的研究对象是唐县肉羊产业链，课题组成员于 2019 年 10 月至2020 年 3 月多次前往唐县进行调研。在养殖环节，通过调查问卷方式，抽样调查了 40 个养殖户，主要调研内容为养殖场的经营及成本收益情况；在屠宰加工环节，选取了唐县三个主要屠宰加工企业，通过与企业的管理人员和员工多次开展座谈会，了解企业的运营状况、销售产品、销售渠道、销售价格和活羊的收购渠道等；在肉羊的销售环节，主要对当地的超市、羊肉专营店、农贸市场等进行实地调研，了解羊肉销售价格、销售成本以及本地居民对羊肉的消费需求和习惯。在对产业链各环节进行实地调研及访谈基础上，对其产业链利益分配机制进行了专门研究。

一、唐县肉羊产业链发展现状及问题分析

（一）唐县肉羊产业链发展现状

　　羊肉产品从肉羊育肥养殖到消费者手中一般要经过购进育肥羔羊—肉羊育肥养殖—收购—屠宰加工—批发—运输—羊肉销售几个环节，如图 6-1 所示，总体划分为三个阶段：一是肉羊养殖阶段，肉羊养殖是肉羊产业链的上游环节，饲料的生产质量和水平、养殖规模的大小、养殖的科学技术以及机械化水平都对肉羊养殖业有着重要的影响，2015 年后，国内肉羊产业逐渐回暖，唐县肉羊养殖业快速发展，规模养殖户逐年增加；二是羊肉生产阶段，也就是肉羊屠宰加工环节，肉羊育肥完成后通过企业收购进入到屠宰加工厂，经过活羊进待宰圈静养、刺杀放血、剥皮、胴体加工排酸、副产品加工、排酸、剔骨分

割、包装等流程后形成羊肉产品，通过检疫后，用冷链车进行订单派送；三是羊肉销售阶段，羊肉产品通过批发市场、大型超市、农贸市场、羊肉直营店、餐饮业等渠道进行线下销售。

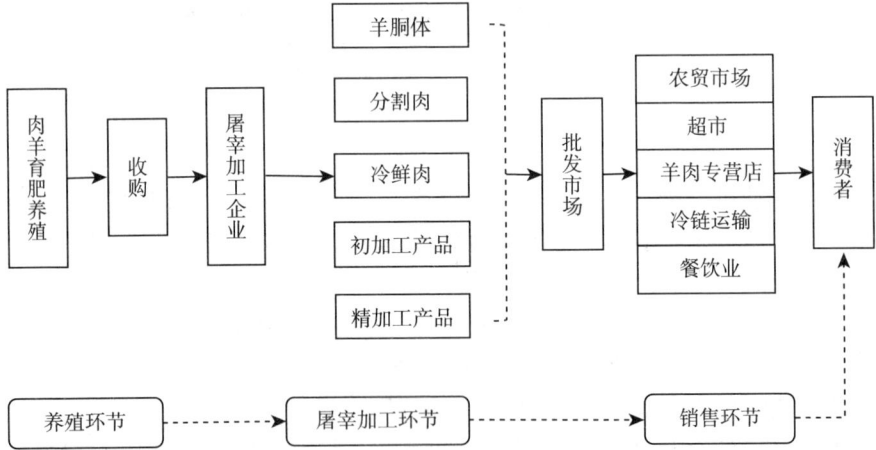

图6-1 唐县肉羊产业链流程图

1. 唐县肉羊养殖环节发展现状

近年来唐县肉羊饲养数量不断增加，如图6-2所示，2009—2016年缓慢上升，2016—2018年大幅度增加。2018年年末，肉羊出栏量205万只，是2009年的7.3倍，同比增长32%；年末肉羊存栏量67万只，是2009年的2.9倍，同比增长8.9%。

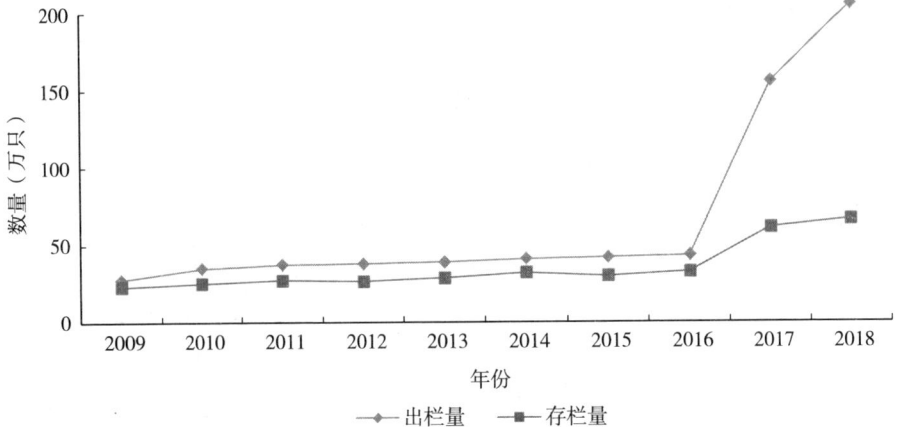

图6-2 唐县肉羊存栏量、出栏量

数据来源：根据调研数据整理。

唐县的肉羊产业以葛堡村为中心带动周边 20 多个村共同发展，全县专业养羊村有 50 多个，规模养殖场有 3 000 多个。其中养殖规模在 1 000 只以上的养殖户有 30 多个。该县肉羊养殖以散户居多，近年来，政府和企业合作建设肉羊养殖小区，政府负责修路、水井等基础设施建设，企业负责建设羊舍及配套设施，养殖户进小区租羊舍进行养殖。课题组调研的唐发养殖小区占地 26.67 公顷，政府以 2 000 元/亩的租金流转土地，该小区建设了 110 多栋标准化羊舍，羊舍的月租为 45 元/平方米，其中政府每平方米补贴 30 元，养殖户承担每平方米 15 元的租金。养殖小区按照"五统三分"的原则进行管理，即"统一划地、统一规划、统一标准、统一防疫、统一管理和分户投资、饲养、核算"，规范化的管理使养殖小区越来越规范。目前养殖小区已经入驻了养殖户 60 多户，肉羊存栏量保持在 2.7 万只左右。

唐县肉羊养殖品种以小尾寒羊为主，小尾寒羊适应性强、抗病能力高，具有生长速度快、产肉比例大、味道好等特点，是优秀的地方性品种。由于自繁自育方式繁育周期长、养殖风险大、对技术要求较高，唐县养殖户选择了肉羊育肥模式，每年从全国各地尤其是东北、新疆、内蒙古等地区购买羊羔进行专业育肥。养殖户存栏量一般在五六百只，专业育肥户一般规模为 1 000 只以上。

2. 唐县肉羊屠宰加工环节发展现状

唐县主要有两种肉羊屠宰加工形式：一种是养殖户自己屠宰，另一种是企业定点屠宰。前者分布零散，规模比较小，主要是养殖户零售或者自己食用；后者分布集中，规模较大，包含了屠宰、分割、加工等多个环节，更有利于保障羊肉的品质，是唐县肉羊屠宰的主要形式。唐县在 2008 年就被省政府列为肉羊定点屠宰试点县，目前唐县有国富唐尧肉食品有限公司、保定瑞丽牧业有限公司、振宏肉食品有限公司三家屠宰加工龙头企业，拥有现代化大型屠宰车间，配套预冷排酸库、速冻库、冷藏库以及专业冷链物流运输队伍，斥巨资引进了国内外先进屠宰设备，日屠宰能力达到 5 000 多只，年屠宰能力达到 200 多万只。

当地养殖户育肥出栏的羊以屠宰厂定点屠宰为主，但本地肉羊数量并不能满足屠宰加工企业的需求，还需要从外地采购。屠宰以后羊胴体、头、蹄、皮、下水等分别进入不同的渠道进行销售，主推的羊肉产品包括分割的鲜羊肉、羊排、羊肉卷、羊肉片等 20 多个品种，销往全国多个省市，一条"养殖促进屠宰，屠宰促进加工，加工带动养殖"的产业链模式已经初步形成。

唐县始终把监管羊肉产品质量安全、打造本地知名羊肉品牌放在首位。为了保证羊肉产品质量安全，不断优化质量安全监测中心，主管部门不定期对屠宰加工企业的产品进行抽样检查；同时加强对饲料生产、兽药销售、养殖、屠宰加工、冷链运输等环节的监管，确保肉羊各个生产环节的质量安全；除此之外，唐县还积极建设无公害羊肉产品示范生产基地，确保产地的生态环境符合产品质量安全标准，打造出人们买得安心、吃得放心的羊肉产品。

3. 唐县羊肉销售环节发展现状

近些年，唐县羊肉销售方式多样化，除了农贸市场、超市等传统销售渠道，羊肉直营店、网络销售等方式也日渐发展起来。唐县政府积极引导龙头企业和规模化养殖户开办农村合作社，提供产品生产产前、产后服务，有效提升了农户进入市场的组织化程度，提高了产业化经营水平，全县涉及肉羊产业的农村合作社有 80 多家。为了进一步发展唐县肉羊市场，政府鼓励社会资本参与市场建设，支持乡镇建设专业羊肉批发市场，该县目前已经建成 9 个肉羊交易市场，160 多个肉羊产品销售点，扩宽了唐县肉羊产品销售市场。

唐县羊肉产品主要销往广东、天津、浙江、上海等全国十多个省市，有鲜羊肉、羊排、羊腿、羊菲力、羊肉卷、羊肉片、羊肉串等 20 多个品种。副产品销售也日渐火爆，羊蝎子、羊杂汤成为当地的特色小吃，与羊绒、羊皮、肠衣相关的加工企业也不断增加，其中美依迪羊绒制品有限公司生产的羊绒产品、惠林食品有限公司生产的肠衣产品，全部出口到意大利、日本等国家。

（二）唐县肉羊产业链各环节发展存在的问题

1. 肉羊养殖环节存在的问题

（1）养殖方式粗放。通过对肉羊养殖户和养殖小区的调研发现，科学育肥方法尚未得到广泛普及和推广，大部分养殖户缺乏科学的养殖观念，精饲料和粗饲料配比以及肉羊防疫都是根据以往养殖经验而定，不科学的饲养方式既影响肉羊的健康、增重和肉质也影响育肥效率；养殖机械化程度较低，饲料搅拌机、撒料机、光照系统和风扇只有规模较大的养殖户才有，规模较小的养殖户主要靠人工喂养；目前虽然建有肉羊养殖小区，但不能满足所有养殖场的需要，部分养殖户为了实现利益最大化，在村外乱建羊舍，饲养密度高，不但气味严重，污染了周边环境，也加重了肉羊防疫的难度。

（2）采购羔羊成为制约产业发展的瓶颈。唐县养殖户主要通过短期育肥来获取利润，养殖户主要到东北三省购买架子羊，通过短期育肥以后进行屠宰加工，一旦羔羊产地的产量下降，羔羊的来源就会成为主要问题。另外羔羊从外地购进，因长途运输的应激反应和饲养环境变迁，造成羔羊损失率较高，育肥过程中也容易诱发疾病。

（3）肉羊养殖成本不断增加。在肉羊育肥成本中，羔羊和饲料成本所占的比重最大，其次是人工成本。近年来，育肥的羊源紧缺，羔羊难买，导致待育肥的羔羊价格不断提高；另外随着国内原材料价格上涨，饲料价格和人工费用也在不断上涨。

2. 肉羊屠宰加工环节存在的问题

（1）企业之间同质化竞争严重。唐县的屠宰加工企业以屠宰、分割和初加工为主，虽然产销量大，但企业之间同质化严重，缺乏深加工产品和特色。其中中低档产品多，高档产品少，特色产品少，缺乏高附加值产品，企业之间的恶性竞争，互相压低市场销售价格，导致企业利润薄弱。

（2）本地羊源不足。三个龙头企业加工能力强，本地羊源无法满足加工需要，还要从外地购进一定数量的肉羊。这就导致企业增加运输成本，收购肉羊的品质不一，难以形成名牌羊肉产品。

3. 肉羊销售环节存在的问题

（1）品牌知名度低，缺乏消费市场认可的本地特色肉羊品牌。虽然本地已经有"瑞得利""亲亲羊""唐尧"等品牌，但品牌知名度和销售量远不及"小肥羊""蒙羊"等国内知名品牌；一些羊肉产品进入其他省份后变成了其他品牌的羊肉产品。

（2）价格波动起伏不定。受市场供求关系的影响，羊肉价格波动起伏不定，羊肉需求量的变化、羊肉供给量的变化、羊肉产业链各个环节生产成本的变化等都对羊肉价格产生了比较大的影响，价格波动风险沿区域和产业链交互传导。

（3）市场管理较为混乱。表现为肉羊交易市场设施建设落后，卫生条件不达标，不能有效对肉羊产品进行监督，价格形成机制不完善等。

（三）唐县肉羊产业链整体发展存在的问题

1. 产业链发展资金短缺

从肉羊养殖环节来看，育肥一只羊的成本需要 1 200 元左右，养 1 000 只羊需要 100 万元的资金周转，一旦资金链断裂就会影响下一批补栏。从屠宰加工环节来看，企业如果想增加产品附加值进行深加工，需要资金引进加工设备、扩建厂房、增加工人数量。

2. 产业链松散，利益联结机制不健全

产业链各环节处于相对独立的状态，整个产业链条较为松散。养殖户在整个产业链中处于被动地位，养殖成本高、周期长、风险大，对市场信息的知晓速度远不及企业和销售商，这些都会影响养殖户的积极性。唐县三家屠宰加工企业虽然近年来发展较快，但是和养殖户之间的合作程度依然比较低。

二、唐县肉羊产业链利益分配格局分析

（一）肉羊产业链的组织模式

唐县肉羊产业链组织模式主要有以下四种："屠宰加工企业＋养殖户＋销

售商""养殖户＋销售商""经纪人＋养殖户＋销售商""合作社＋养殖户＋销售商"。

第一种"屠宰加工企业＋养殖户＋销售商"模式。该模式是主要模式，也是本部分的主要研究对象。屠宰加工企业是肉羊产业链的主导环节，联结了肉羊养殖和羊肉销售两个主体。以龙头企业为领导的"企业＋农户"的合作模式，企业通过订单养殖、寄养、返利等方式同养殖户进行合作，养殖户为企业提供羊源，同时企业也为养殖户解决了活羊的销路问题。这种模式为企业节约了收购活羊的时间和人力，降低了企业收购肉羊的成本；同时充足的羊源也保障了屠宰加工企业的顺利生产，企业也可以把更多的人力、物力、财力投入到提升产品质量、研发新产品和扩展销售渠道上，从而扩大产品的市场占有率。通过合作，企业可以为肉羊养殖户提供养殖资金、技术和疾病防控等方面的支持，降低了养殖户的养殖风险，提高了养殖效益。总之，这种合作方式是产业链良性循环运作模式。屠宰加工企业与批发商和零售商之间仍然是市场关系，但是屠宰加工企业一般都有比较稳定的销售渠道。

第二种是"养殖户＋销售商"模式。养殖户自己进入市场，双方交易比较自由并且利益关联度比较小，养殖户自由决定肉羊的养殖和销售数量，交易价格跟随市场变动，养殖成本相对较高，所承担的风险也比较大。

第三种是"经纪人＋养殖户＋销售商"模式。养殖户养殖的肉羊通过经纪人收购进入市场，实现交易，与第二种组织模式相比在一定程度上降低了养殖户的交易成本，也可以方便了解市场信息。

第四种是"合作社＋养殖户＋销售商"模式。肉羊养殖合作社直接与养殖户进行合作，建立合作社一方面有利于养殖户相互交流和组织技术培训，提高养殖户的饲养水平；另一方面可以直接通过合作社进行肉羊销售。由于合作社的规模效应可以提高价格谈判能力，更好地了解肉羊市场的价格走势，在增强市场把控能力的同时也拓宽了肉羊销售渠道。这种组织模式在一定程度上降低了养殖户的风险，保障了养殖户的利益。

（二）肉羊产业链各环节成本收益分析

1. 养殖环节成本收益分析

课题组对肉羊养殖户进行了问卷调查。肉羊成本收益按照每只单价进行计算。唐县有肉羊养殖户 3 000 多户，以育肥养殖为主要生产方式，自繁自育的养殖户较少，调研所获得的养殖户的数据直接与屠宰加工企业对接，基本都属于规模化养殖户，存栏只数都在 1 000 只以上，因此，本部分只对规模化育肥养殖农户的成本收益情况进行核算。

（1）肉羊养殖成本构成。肉羊养殖的总成本分为土地成本和生产成本两部分，生产成本是肉羊养殖成本的主要部分，占总成本的99.82%，土地成本只占总成本的0.18%。生产成本主要包括：羊羔费用、饲料费、人工费、医疗防疫费、水电费、固定资产折旧费和其他费用，其中，羊羔费用在肉羊养殖成本中所占的比例最大，高达59.98%，其次是饲料费用和人工费用，分别占比36.39%和1.46%，养殖规模较小的养殖户一般不包括人工费用，只包括对家庭用工的折价，根据实地调研情况，当地员工工资在60~70元/天。水电费、医疗防疫费和固定资产折旧费在总成本中所占的比例非常有限。

实地调研了解到，由于禁牧政策的影响以及2019年肉羊产业行情整体上涨，导致羊羔货源紧张、供不应求。羊羔的购买成本不断增加，2018年约750元/只，2019年年中约800元/只，2019年年底价格达到950元左右。

肉羊养殖饲草料成本包括粗饲料和精饲料，具体如表6-1所示，粗饲料主要包括玉米秸秆和花生秧，精饲料包括豆粕、麦麸、玉米和添加剂，饲料购买地区主要集中在东北、河南、山东、北京、山西和本地。肉羊育肥期大概在120~180天，分为育肥前期、中期和后期。育肥过程中的饲料配方是养殖人员根据育肥羊的大小和进食情况来确定饲喂量和饲料配比。肉羊育肥初期是前25天，每天需要粗饲料0.2~0.3斤，精饲料1~1.5斤，主要是适应性饲养；育肥中期是第25~80天，每天需要粗饲料0.2~0.4斤，精饲料1.5~2.5斤，这个时间段是肉羊体重增加的关键时期；育肥后期一般在第80天以后，每天需要粗饲料0.2~0.3斤，精饲料投喂量逐渐增加到2.5~3斤/天，活羊体重超过45千克就可以出栏。

表6-1 饲料类别表

单位：元/吨

项目	粗饲料		精饲料			
	玉米秸秆	花生秧	豆粕	麦麸	玉米	添加剂
产地	东北	河南、东北	山东、唐山	本地	山西、东北	北京、本地
价格（元/吨）	1 600	1 700	3 000	1 500	2 000	4 500

数据来源：实地调研数据。

（2）肉羊养殖环节成本收益计算。养殖户销售肉羊方式有两种，一是出售活羊，平均14元/斤；二是出售羊酮体给屠宰厂，大约26.5元/斤，每只肉羊酮体大约在55~65斤，需要给屠宰场屠宰费12元/只。在出售时，羊肉收购价格是屠宰加工企业根据市场价格、政府政策等因素定的价格。

养殖户每次购进15千克左右的羊羔，育肥到55~65千克出栏。育肥养殖户的利润＝出栏的价格－育肥总成本。肉羊的出栏价格＝胴体售价＋羊皮羊蹄一套售价，本部分计算的酮体售价为每只羊胴体的平均售价，羊皮羊蹄价格为当地统一价，约45元一套。每头肉羊的平均出栏价格为1 681.17元，养殖总成本为1 477.79元，每只羊的净利润为203.38元，利润率为13.76%，具体养殖环节成本收益分析如表6-2所示。

表6-2 养殖环节成本收益分析

单位：元/只，%

成本收益分析	肉羊	比例
1. 总成本	1 477.79	100
（1）生产成本	1 475.10	99.82
羊羔费用	886.43	59.98
饲料费	537.75	36.39
水电费	1.25	0.08
医疗防疫费	14.67	0.99
固定资产折旧费	0.02	0.01
人工费	21.53	1.46
其他费用	13.45	0.91
（2）土地租金	2.69	0.18
2. 出栏价格	1 681.17	
3. 每头羊的利润	203.38	

数据来源：实地调研问卷。

2. 屠宰加工环节成本收益分析

（1）屠宰加工企业基本情况。屠宰加工环节主要选取了国富唐尧肉食品有限公司、保定瑞丽肉食品有限公司、振宏肉食品有限公司三家企业，通过召开座谈会、访谈等方式获得了三家企业的基本情况和成本收益计算需要的相关数据。这三家公司是集肉羊养殖、屠宰加工、销售、配送为一体的龙头企业，振宏公司是河北省的农业产业化重点龙头企业，获得了省级无公害产地认证，瑞丽公司的产品获得了无公害产品认证。三家公司的年屠宰能力达到三百万头，代表了唐县肉羊屠宰加工企业的生产水平，三家企业具体情况如下：

保定瑞丽肉食品有限公司创始于2007年，注册资本为1 400万元，占地面积23 000平方米。是一家集肉羊养殖、屠宰、加工、销售、配供货为一体的农业产业化龙头企业，已经初步形成产业链模式。目前公司拥有2个配备进口屠宰流水线、年屠宰量达100余万头的现代化屠宰车间，1个精分割加工车间和1个冷冻量500万吨左右的仓库，冷链车现有23辆。公司拥有羊肉产品合法经营资格和清真食品经营权，是北京市指定供货商五家企业之一。目前公司已经创立了"瑞得利"和"亲亲羊"两个品牌，"瑞得利"品牌被评为中国著名品牌、河北省著名商标。

保定振宏食品加工有限公司，公司占地 11 600 平方米，注册资本 2 300 万元，公司有现代化生产流水线和新西兰屠宰流水线各一条，标准化、流程化、科学化的进行屠宰加工，良好的设备为公司生产优质羊肉打下了牢固的根基。除此之外公司还配备了完善的冷链运输和全程透明追溯体系，车辆在装车前会进行彻底的消毒，在达到要求后才组织装车，车上配有监控系统进行全程监控，保证了羊肉产品在运输环节的品质。另外公司生产的每头羊胴体都带有唯一的可追溯性的二维码，可直接查询各个流通环节的信息采集，保障了出厂羊肉产品的质量安全。公司目前有"青坡上""唐堡寨"两个本地品牌。

河北国富唐尧肉食品有限公司创建于 1994 年，注册资金 5 677 万元，公司占地 120 亩，年屠宰能力达到 100 万头，年加工配送羊肉制品 2 万吨，每年产值达到 6 亿元，是一家国家级扶贫龙头企业和河北省农业重点龙头企业。公司斥资 8 000 万元，购买了海内外领先的大型肉羊屠宰加工设备，产量可达到 3 000 只每天。公司执行董事会带领下的总经理责任制，采取"公司＋基地＋农户"的产业化模式，肉羊养殖基地有 46 个，每年出栏量达到 48 万头，辐射带动了许多周边农户。企业的"唐尧"牌羊肉获得了"河北省著名商标""河北省消费者信得过产品"和"河北省无公害畜产品"等荣誉。

（2）屠宰加工环节成本收益计算。三家公司目前有两种活羊收购方式：一种是合作的养殖户送来的活羊，公司每头羊收取屠宰费 12 元，羊净腔按 26.5 元/斤左右价格进行收购，羊皮和羊蹄按 45 元每套的价格收购，羊下水免费给公司；另一种是购买的商品羊，每个公司每天都会采购 1 000～4 000 只的肉羊进行屠宰，由采购员采购，肉羊产地主要为通榆、唐山、安广、敖汉、林甸、大力、黑龙江等，肉羊采购种类分大羊、中羊、小羊、拔腰子羊、母羊、瘦羊，分类标准一般都是依靠采购员经验来分辨。

肉羊屠宰后和初加工后分为鲜货、副产、加工产品三类。鲜货每天出货品种主要是大羊、中羊、小羊、母瘦羊、拔腰子羊的羊胴体，每天每个公司的出货量都在几十万斤不等，平均销售单价在 28 元左右。副产销售种类包括羊尾、羊鞭、黑头、白头、羊角、羊心肝肺、羊肚、羊小肠、肥肠、肚油、盘肠油，加工产品主要包括羊肉卷、羊肉片、羊肉串等。

表 6-3 为屠宰加工环节成本收益分析表。此环节的费用主要包括屠宰费、加工费、收购费、雇工费、包装费、水电费和固定资产折旧费，其中，收购费所占比重最大，占屠宰加工总成本的 98.66%。其他费用所占的比重较小。如表 6-3 所示，公司屠宰加工一只肉羊的总成本为 1 704.04 元，销售价格主要包括羊肉售价和头、蹄、皮、下水售价，根据调研数据计算出一只肉羊可以售

出1 713.32元，羊头、羊皮、羊蹄、下水一套可以售出165元左右，计算得出屠宰加工一只肉羊的利润约为174.28元，利润率为10.23%。

表6-3 屠宰加工环节成本收益分析表

单位：元/只，%

项目	肉羊	比例
1. 总成本	1 704.04	100
收购费	1 681.17	98.66
雇工费	3.79	0.22
包装费	11.99	0.70
屠宰费	5.00	0.29
水电费	1.07	0.06
固定资产折旧费	1.02	0.07
2. 销售价格	1 878.32	—
羊肉销售价格	1 713.32	—
头蹄皮下水销售价格	165.00	—
3. 利润	174.28	—

数据来源：屠宰加工企业调研数据整理。

3. 销售环节成本收益分析

销售环节是羊肉产业链的最终环节，这一环节主要是将羊肉商品批发或者零售给消费者。销售主体包括批发商、超市、农贸市场和羊肉专营店，本文的研究对象主要是羊肉专营店。如表6-4所示，羊肉专营店的成本主要包括收购价格、人工费、水电费、房屋租赁费、修理维护费、运输费和固定资产折旧费，其中，收购费用和人工费用所占比重最大。根据调研数据计算所得，每斤鲜羊肉的总成本为29.67元，销售价格32元/斤，利润为2.33元，利润率为7.85%。

表6-4 销售环节成本收益分析表

单位：元/斤，%

项目	羊肉价格	比例
1. 总成本	29.67	100
收购价格	28	94.37
人工费	0.7	2.36
水电费	0.33	1.11

（续）

项目	羊肉价格	比例
房屋租赁费	0.39	1.31
修理维护费	0.03	0.1
运输费	0.15	0.51
固定资产折旧费	0.07	0.24
2. 销售价格	32	—
3. 利润	2.33	—

数据来源：根据羊肉专营店调研数据整理。

（三）肉羊产业链利益分配格局及风险对比

1. 唐县肉羊产业链利益分配格局

根据唐县肉羊产业链各环节的成本收益数据来看，肉羊养殖户所获得的收益最多，屠宰加工环节和销售环节次之。养殖户出售一只肉羊赚取的利润为203.38元，屠宰加工环节一只肉羊赚取的利润为174.28元，销售一只肉羊按净肉61.19斤来算的净利润为142.57元，因此，一只肉羊在产业链中取得的收益为520.23元。各个环节所占比重如图6-3所示。

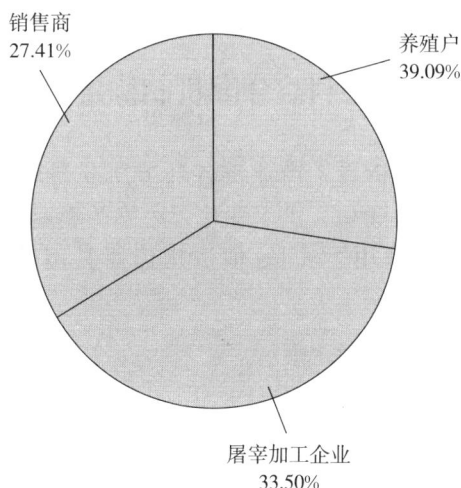

销售商 27.41%

养殖户 39.09%

屠宰加工企业 33.50%

图6-3　产业链各环节利润所占比重

数据来源：根据调研数据整理。

以上计算方法并没有考虑到生产周期的问题，养殖户出栏一只肉羊需要育肥120～180天，按最低育肥期限120天计算，平均每天一只肉羊赚取的利润为 1.69 元，整个过程一只肉羊一天所创造的利润为 318.54 元。因此，考虑生长周期的影响，养殖环节的利润率将会降低。

在产业链各环节，养殖户将肉羊售出后并不能直接参与肉羊产业链剩余环节的利益分享，并且在市场定价以及销售渠道方面都处于被动地位。从生产周期来看，养殖户大概每年进购育肥羊两到三批次，每个养殖周期在 120～180 天，养殖数在几百只到几千只不等。而屠宰加工环节、销售环节的周期都非常短，年屠宰加工量、销售量都远超过养殖环节每年的出栏量。从产业附加值来看，肉羊屠宰加工企业挖掘价值的潜能较大，企业可以逐步发展深加工环节，对羊肉产品进行创新，从而达到延长产业链，增加企业经济效益的目的。

2. 肉羊产业链各环节风险对比分析

肉羊养殖环节在整个产业链中所担负的风险是最大的，因为肉羊养殖户在承担疫病风险的同时又要承担市场风险。一旦发生疫病可能会有大量的肉羊生病死亡，养殖户的损失非常惨重，甚至有可能导致破产；肉羊育肥需要大量的资金来购买架子羊，育肥周期长，资金周转速度较慢；由于唐县购进的架子羊大部分来自东北，羊羔的长途运输，体重会发生损耗，同时存在发生意外的风险。

相比较而言，屠宰加工和销售环节所担负的风险较小。对于屠宰加工环节来说，大型的屠宰加工企业已经形成了规模化生产，管理、运营水平都相对较高，一旦屠宰量下降，就会导致利润降低，甚至发生亏损。销售环节由于得到市场信息最快，所以灵活度较高，收益也比较稳定。

三、唐县肉羊产业链利益分配机制构建

从唐县肉羊产业链分析看，产业链各环节所获得的收益影响因素较多，除了受到自然环境、市场变动、供求变化等因素的影响外，还会受到利益分配机制的影响。本部分采用 Shapley 值法构建唐县肉羊产业链利益分配新机制。

（一）产业链利益分配原则

1. 公平原则

公平原则是产业链的利益分配机制中的基础性原则，体现了各个利益主体进行合作时所存在的平等关系。公平是指每个环节主体按照在整个产业链中所贡献的资源比重进行分配，只有当取得的回报与自己所付出的价值相对应时，才能充分提高每个主体的积极性和参与度，才能更好地提升整个产业链的竞争力。

2. 合作共赢原则

"合作共赢"是指从事同一产业的双方或多方在共同完成一项交易活动或

共同完成一项任务的过程中互利互生、互相配合，能够在合作的过程中获得自身收益。"合作"是指双方互相配合做某件事或者共同完成某项任务；"共赢"是指各方在合作的状态下才能获得利益。想要保持整个产业链稳定、健康运行下去，实现各利益主体的合作共赢是非常必要的。

3. 信息共享原则

建立一个良好的信息共享平台有利于更好进行科学合理的利益分配。产业链各环节之间的信息共享是指，将制定分配方案时所包含的内容在各个环节主体之间实现交流与共享的活动，目的是将资源共享，解决信息不对称的问题，与此同时也需要各个利益主体对此进行监督，以保证信息的公开透明，避免因为信息被隐瞒时导致收益分配不合理的情况出现。

4. 方法科学原则

分配的方法科学合理才能在各个利益主体之间更有说服力，在制定利益分配方案时要选取科学合理的指标体系，制定一套科学的分配流程。要有效识别各个主体在产业链运行过程中所做出的贡献，用科学的方法最大程度地体现出利益分配的合理性，这也是各环节主体继续合作的关键。

（二）利益分配机制的构建基础

1. 利益分配决定因素

第一，利润的创造是进行利益分配的前提，贯穿在肉羊产业整个过程中。目前唐县肉羊产业链三个主要环节成本利润率较低，尤其是养殖环节处于弱势地位。只有使肉羊产业链整体利益增加，才能建立良好的利益分配格局。

第二，产业链利益分配受到各环节成本的影响，在生产过程中，成本投入和各环节在产业链中的重要程度呈正相关，承担的风险和对产品的贡献呈正相关，投入多、风险大的环节期望获得更高的收益。

第三，产业链各主体之间的利益联结方式影响着利益分配情况，在"养殖户＋公司＋销售商""养殖户＋合作社"等不同利益合作形式，所获得的利润分配大小也不同，各主体之间存在着利益矛盾，因此需要完善利益联结方式。

第四，政府在肉羊产业发展和利益分配过程中起着十分重要的作用。政府的政策例如"价格调控""良种补贴""发放扶持资金"等都能够有效的控制市场秩序，合理分配资源，也可以调节各个利益主体的成本收益情况。

2. 优化利益分配格局

合理的利益分配格局不仅表现在利益分配的公平性，也表现在各环节的贡献程度，同时要根据各环节的分工体现出利益分配在各个利益主体之间的差异，使利益分配合理的同时又能够提高活羊和羊肉产品的流通，从而优化利益分配格局。在进行利益分配时，要充分发挥利益联结机制的作用，降低产品在流通过程中的损失，建立合理的利益分配格局。

3. 完善利益联结机制

提高肉羊产业链的利益联结程度是产业链各环节之间协调运行的基础。在产业链各环节之间建立比较紧密的利益联结机制能够提高利益联结程度，使各个环节主体形成利益共同体。利益联结机制的建立有一定的前提条件，要有一定的政策制度，并通过相关载体来实现，例如，政府进行干预、优化肉羊产业链组织模式等。

从政府干预方面来看，当肉羊产业链利益分配不均衡，或者内部机制不能有效地进行利益调节，或利益损失时找不到合适的补救方案时，政府干预就能发挥重要的作用。可以利用政策杠杆，在产业链的中游实行金融扶持政策对屠宰加工企业进行资金支持，从而提高屠宰加工企业的生产能力、扩大企业的竞争力；在销售环节实施税收优惠政策；在产业链的养殖环节，给予一定的财政补贴，从而缓解养殖户的资金压力，提高养殖户的利益。

从组织模式来看，目前唐县肉羊产业链各环节利益联结大多以合同关系为主，合同的内容基本包括肉羊或者羊肉产品的交易，并没有对利益分配情况进行详细的说明。因此可以尝试构建产业链各个主体之间的紧密联结关系，如利用契约、产权关系等确定合理利益分配方案，建立比较完善的利益联结机制。

（三）基于 Shapley 值法的唐县肉羊产业链利益分配机制分析

1. Shapley 值法

Shapley 值法是指获得的收益与自己的付出对等的一种分配方法，用于研究经济活动中的利益分配是否合理。Shapley 值法使产业链各个利益主体之间的分配更加合理。假设几个主体共同参与一项经济活动，那么这几个主体中任何主体进行合作都会获得比没有合作时更高的收益。如果从事经济活动的主体之间是非对抗性的，那么合作主体的增加并不会导致收益的减少，当所有主体都参与合作时，整体收益会达到最大化。Shapley 值法可以对最大收益进行分配，从而获得最佳分配方案。基于 Shapley 值进行合作主体之间的利益分配，体现了各个合作者对合作总目标的贡献程度，避免了平均分配情况的产生，比仅仅按照投入资源的价值、资源配置的效率及两两相结合的分配方式都更加的科学、合理，也体现了各个合作者之间相互博弈的过程。本文使用 Shapley 值法按照唐县产业链各环节对整个产业链的贡献度来分配收益，使产业链各个主体实现合理的利益分配。

2. 基于 Shapley 值法的唐县肉羊产业链理论模型构建

利用 Shapley 值法对唐县肉羊产业链养殖、屠宰和加工、销售三个主要环节收益分配情况进行分析。其中，每个环节相对的收益主体分别为养殖户、屠宰和加工企业、销售商，可以表示为 $I=\{1, 2, 3\}$，n 代表参加产业链合作的主体个数，v 表示对应的合作函数，$[I, v]$ 表示合作的方案，S 代表 n 个合作情形中的一种情形，$V(S)$ 为在 S 的合作情况下取得的利益，$v(I)$ 表示产业链中的主体合作获取到的最大利益。X_i 代表了 I 中的第 i 个成员在合作中所取得的利益，这个主体取得的收益是从最大收益 $v(I)$ 中所分配出来的。在合作的基础下，合作各个主体所取得的效益用 $x=(x_1, x_2, x_3)$ 表示。

在对合作状态下的产业链进行利益分配时要满足以下三个条件，才能使分配结果更加合理：

（1）产业链主体在合作时取得的总收益与各个参与主体获得的收益之和相等：

$$\sum_{i=1}^{n} X_i = v(I) \qquad\qquad （式 6-1）$$

（2）在合作的条件下，每个合作主体从整体获得利益中取得的收益要大于等于各个主体单独经营时所取得的收益：

$$x_i \geqslant v(i), \quad i=1, 2, 3 \qquad\qquad （式 6-2）$$

（3）在产业链所有主体合作的条件下，各个参与主体所取得的收益之和应该大于等于每个主体在不参与合作时所取得的收益：

$$\sum_{i \in s} X_i \geqslant v(s) \qquad\qquad （式 6-3）$$

在 Shapley 值这一利益分配方法中，合作各方在合作中所获得的收益分配称为 Shapley 值，并记为：

$$\o(v)=\left[\phi_1(v), \phi_2(v), \phi_3(v)\cdots\phi_n(v)\right] \qquad （式 6-4）$$

$$\varphi_i(v) = \sum_{i=1}^{n} w(|s|)\left[v(s)-v(s-i)\right], \quad i=1, 2 \qquad （式 6-5）$$

$$w(|s|)=\frac{(n-|s|)! \ (|s|-1)!}{n!} \qquad\qquad （式 6-6）$$

式中：s 表示在集合 I 中所包含的子集，$v(s)$ 代表在不同的合作情况下所取得的收益，$|s|$ 表示参加合作的主体数量，$w(|s|)$ 表示不同合作情形下的加权因子，$v(s-i)$ 是指子集 s 中去除掉其中一个参与主体后的收益。在本文所分析的唐县肉羊产业链中，$|s|$ 代表产业链条中进行合作的主体数量，在不同的主体合作情况下有着不同的含义：当 $|s|=1$ 时，表示肉羊产业链中的三个主体均处于独立的状态，都不参与合作；当 $|s|=2$ 时，表示产业链中有两个主体相互合作，或者是养殖户与屠宰加工企业合作，或者是屠宰加工企业与销售商合作；当 $|s|=3$ 时，表示养殖户、屠宰加工企业、销售商在肉羊产业链中都参与合作。肉羊产业链三个主体的利益分配模型如表 6-5 所示：

表 6 - 5　产业链中主体合作时的模型

分配模型	A	$A+B$	$A+C$	$A+B+C$
$v(s)$	a_{11}	a_{12}	a_{13}	a_{14}
$v(s-i)$	a_{21}	a_{22}	a_{23}	a_{24}
$v(s)-v(s-i)$	A_1	A_2	A_3	A_4
s	1	2	2	3
$w(\mid s\mid)$	1/3	1/6	1/6	1/3
$w(\mid s\mid)[v(s)-v(s-i)]$	$A_{1/3}$	$A_{2/6}$	$A_{3/6}$	$A_{4/3}$

从上述模型中，可以得到三个利益主体取得的收益分别如下：

养殖户收益：$\varphi_1(v)=A_{1/3}+A_{2/6}+A_{3/6}+A_{4/3}$

屠宰加工企业收益：$\varphi_2(v)=B_{1/3}+B_{2/6}+B_{3/6}+B_{4/3}$

销售商收益：$\varphi_3(v)=C_{1/3}+C_{2/6}+C_{3/6}+C_{4/3}$

3. 唐县肉羊产业链利益分配机制实证分析

在非合作状态下，养殖户、屠宰加工企业和羊肉销售商在一只羊上获得的利润依次为 203.38 元、174.28 元、142.57 元，当产业链中的三个主体分别合作时，养殖户与屠宰加工企业合作时取得的收益为 480.65 元；因为养殖户和销售商合作时没有办法实现肉羊向羊肉的转化，所以无论两者是否合作，利益都不会发生改变，利润为 345.95 元；屠宰加工企业和销售商合作时获得的收益为 419.04 元；当养殖户和屠宰加工企业和销售商共同合作时利润为 622.42 元。

将上面取得的数据代入到上述公式中计算，可以得到对养殖户、屠宰加工企业、销售商三者的收益重新分配的数据，结果如表 6 - 6、表 6 - 7、表 6 - 8 所示。

养殖户收益：$\varphi_1(v)=203.38/3+306.37/6+203.38/6+234.38/3=230.88$ 元

屠宰加工企业收益：$\varphi_2(v)=174.28/3+277.27/6+276.50/6+307.47/3=252.88$ 元

销售商收益：$\varphi_3(v)=142.57/3+142.57/6+244.79/6+172.77/3=169.67$ 元

表 6 - 6　养殖户的收益分配情况的计算

合作情况	养殖户	养殖户＋企业	养殖户＋销售商	养殖户＋企业＋销售商
$v(s)$	203.38	480.65	345.95	653.42
$v(s-i)$	0	174.28	142.57	419.04
$v(s)-v(s-i)$	203.38	306.37	203.38	234.38
$\mid s\mid$	1	2	2	3
$w(\mid s\mid)$	1/3	1/6	1/6	1/3

表 6-7　屠宰加工企业的收益分配情况的计算

合作情况	企业	企业＋养殖户	企业＋销售商	养殖户＋企业＋销售商
$v(s)$	174.28	480.65	419.07	653.42
$v(s-i)$	0	203.38	142.57	345.95
$v(s)-v(s-i)$	174.28	277.27	276.50	307.47
$|s|$	1	2	2	3
$w(|s|)$	1/3	1/6	1/6	1/3

表 6-8　销售商的收益分配情况的计算

合作情况	销售商	养殖户＋销售商	企业＋销售商	养殖户＋企业＋销售商
$v(s)$	142.57	345.95	419.07	653.42
$v(s-i)$	0	203.38	174.28	480.65
$v(s)-v(s-i)$	142.57	142.57	244.79	172.77
$|s|$	1	2	2	3
$w(|s|)$	1/3	1/6	1/6	1/3

从计算结果可以看出，当三个环节不合作时分别获得利润为 203.38 元、174.28 元、142.57 元，总利润为 520.23 元。用 Shapley 值法将唐县肉羊产业链利益重新进行分配后，养殖户、屠宰加工企业、销售商获得的利润分别为 230.88 元、252.88 元、169.67 元，总利润为 653.43 元，养殖户的收益比合作前增加了 27.5 元，提高了 13.52%；屠宰加工企业的收益增加了 78.6 元，提高了 45.1%；销售商收益增加了 27.1 元，提高了 19%。整个产业链的收益分配比例由合作前的 39.09%、33.50%、27.41% 调整为 35.33%、38.70%、25.97%。

通过分析可以看出，肉羊产业链各个环节合作时的收益均比不合作前有一定程度的提高，整个产业链的收益也得到了增加，肉羊产业链三个环节利益分配更加合理，进一步说明了各个环节的合作提高了资源利用率，降低了整个产业链的运营成本。其中，屠宰加工环节的收益增加最多，这表明，屠宰加工环节在整个肉羊产业链中具有核心地位。肉羊养殖户和销售商之间因为产品质量和安全等问题并不建议进行合作，但是屠宰加工企业可以起到一个良好的纽带作用，在与养殖户合作的同时也与销售商进行合作，从而将整个肉羊产业链更好的联系起来。

四、研究结论

第一，通过对唐县肉羊产业链现状及存在的问题分析可知，唐县是河北省肉羊专业育肥产区，肉羊产业近年来保持不断发展的趋势。但是肉羊产业链仍然存在许多问题：标准化养殖缺乏，集约化程度低；缺乏本地知名的饲料品牌，养殖观念不先进，饲料配比不科学；屠宰加工企业同质化发展严重，深加工环节欠缺；羊肉特色产品开发不足，产品附加值低，没有形成消费市场普遍认可的知名品牌；产业链整体发展资金缺乏；各个环节之间利益联结机制较松散，产业链总体发展不健全。

第二，通过对唐县肉羊产业链利益分配格局进行分析可以得出，各个主体的利益分配和风险配比不均衡。产业链的分配效率不高，养殖户的利润低于屠宰加工企业和销售商，养殖户在产业链中相对于其他经营主体而言处于弱势地位。

第三，通过Shapley值法构建模型对唐县肉羊产业链各环节收益进行重新分配，可以发现，在"养殖户＋公司＋销售商"三方进行合作时，各个利益主体所获得的收益均比不合作前有一定程度提高，整个产业链的收益也得到了增加，使唐县肉羊产业链三个环节利益分配更加合理。

五、优化唐县肉羊产业链利益分配机制的对策建议

（一）重视肉羊养殖在产业链的基础性地位，推进产业稳定生产

养殖环节是肉羊产业链健康可持续发展的基础。首先，建议开发本地饲料、草料资源，注重饲料质量，构建饲草料供销网络，不断向养殖户推广科学饲料配方和标准化生产，提高养殖环节的经济效益。其次，建议加快推进肉羊养殖适度规模化、标准化、机械化进程，通过实施标准化养殖小区建设工程，引导养殖户按照生态环境标准、防疫消毒标准、粪便和病死畜无害化处理标准进行生产，改变目前养殖分布凌乱、养殖密度过大、破坏生态环境的现状，促进养殖和生态环境的良性循环。最后，建议走专业育肥和自繁自育相结合的道路，加强良种繁育体系建设，在山区建立良种繁育基地；鼓励农户育肥和良种繁育并重，或者通过对能繁母羊核心群补贴培育一批繁育养殖户。

（二）提高深加工能力和产品知名度，改善龙头企业同质化竞争

首先，建议屠宰加工企业加强与本地肉羊养殖户的合作，在收购肉羊时对养殖户实施一定的保护价格，这样做可以稳定羊源，保证企业正常生产，减少购买肉羊时运输环节的成本，促进当地肉羊产业更好发展。其次，屠宰加工企业向精加工、深加工方向发展，引进高科技屠宰加工技术，迎合市场需求，开发创新特色产品，增加产品的附加值，从而延长产业链，增加企业效益。最后，引导龙头企业实施品牌战略，支持企业发展饲养、屠宰加工、销售一条龙

的产业经营模式，研发推出体现地方特色的羊肉及其加工产品，扩大唐县本地羊肉品牌知名度。

（三）加强终端羊肉市场建设和监管，促进消费转型升级

消费市场是产业链健康发展的出口和关键。首先，建立健全羊肉市场价格波动的监测预警机制，防止价格波动对消费市场的风险传导；加强肉羊的储备能力，充分利用政府、企业、异地仓库的储备能力，保障市场供应，稳定消费市场。其次，完善销售网络，推进产销衔接、农社对接，鼓励建立直营销售网点。再次，培育新型电子商务市场主体，发展线上销售，利用京东生鲜、美团外卖等生鲜采购平台拓宽羊肉产品的销售渠道；最后，加强网络、加工、包装、物流、冷链、仓储、支付等基础设施建设，完善电子商务基础发展环境。

（四）建立长效合作的产业生态链，优化产业链条

完善唐县肉羊产业链利益分配机制，建立产业链利益共同体。首先，充分发挥屠宰、加工等龙头企业的产业集群优势，用现代化的管理方式，加强与养殖场（户）、经销商、物流、电商之间的协作，将产业链上下游联动起来，保障肉羊产业链各环节经营主体科学、合理地进行利益分配，使各个合作主体做到"利益共享，风险共担"，带动各个经营主体形成战略同盟，提高各环节经济效益和产业链整体抗风险能力。其次，政府运用财政、税收等手段，重视养殖环节在产业链中的基础性地位，提高养殖户在市场的地位，保障整个产业稳定发展。最后，创新金融服务，发展供应链金融，鼓励商业银行，屠宰加工等核心企业建立供应链金融服务平台，为养殖、物流、加工等环节提供便捷、高效的融资渠道。

专题七　肉羊产业扶贫项目成效评估报告

一、阜平县肉羊产业扶贫项目成效评估报告

根据河北省农业农村厅安排部署，2019 年 6 月 10—12 日，由河北省现代羊产业体系创新团队承担，河北农业大学、河北省畜牧良种工作站组成的阜平县肉羊产业扶贫评估小组（下称评估小组）一行 6 人，在市、县农业部门配合下，通过听取汇报、实地走访、查阅资料、座谈交流、问卷调查等形式完成了该县肉羊产业扶贫项目成效的评估工作。

（一）评估程序及方法

1. 制定方案

根据 5 月 21 日河北省农业农村厅制定的《河北省"9＋3"贫困地区扶贫产业成效评估工作方案》要求，评估小组结合羊产业的特点，制定了《阜平县肉羊产业扶贫项目成效评估工作方案》，召开了评估前的工作安排会议，进一步明确了评估的方法及要求。

2. 座谈交流

评估小组在阜平县听取了该县主管扶贫工作的副县长关于农业扶贫产业专项汇报，之后召开了阜平县农业农村局、主要乡镇主管产业扶贫领导及龙头企业、合作社等新型经营主体等代表参加的肉羊产业扶贫座谈会，了解羊产业扶贫情况及问题建议。

3. 查阅资料

评估小组查阅了阜平县有关肉羊产业发展情况、扶贫规划、实施方案、扶贫政策、扶贫情况等资料。

4. 实地走访

在阜平县农业农村局同志陪同下，评估小组先后深入到阜平县砂窝乡河彩村、北果园乡大柳树村、吴家沟村、王林口乡五丈湾村、榆林沟村、台峪乡吴家庄村、白石台村、阜平县福泉牧业有限公司、阜平县银洞山农牧业开发有限公司、牧春园养羊专业合作社等 4 个乡、7 个村、2 个龙头企业、1 个合作社，举行座谈 3 次，发放调查问卷 31 份。通过实地走访、座谈、调查，进一步掌握阜平县肉羊产业扶贫项目进展、效益、保障措施及存在问题。

5. 汇报总结

评估结束前，召开了肉羊产业评估提纲讨论会，评估小组成员汇报、交流评估情况，整理汇总评估工作要点，明确报告结构内容。

(二)阜平县肉羊扶贫产业发展优势

1. 发展肉羊产业资源优势明显

阜平县现有耕地面积 14 562.39 公顷，园地面积 2 294.75 公顷，林地面积 46 442.34 公顷，草地面积 19 055.10 公顷，占全县土地面积的 33.02%，土地形式多样化，为肉羊产业发展提供了丰富的饲草料基地。该县有 13 个乡镇，以肉羊产业为扶贫产业的乡镇有 8 个，涉及行政村 40 个。广阔的山场和丰茂的牧草资源，以及林果产业的快速发展为粪污消纳提供了场地。

2. 养羊历史悠久

阜平县养羊历史久远，农户素有放牧养羊的传统，有一定的养殖经验。很多农户依靠养殖肉羊脱贫致富，当地农户养殖积极性较高，群众基础广泛。且阜平县是太行山羊（黑山羊）的主要原产地之一，有 300 余年的历史，20 世纪 80 年代的鼎盛时期，全县饲养量曾达到过 40 多万头，是当地珍贵的种质资源保护对象，目前纳入国家畜禽遗传资源保护名录。

(三)阜平县肉羊产业扶贫项目成效

1. 羊产业扶贫形式多样

阜平县地处太行深山区，是国家级深度贫困县。据 2018 年数据统计，阜平县共有贫困户 5 719 户，羊产业作为该县扶贫产业之一，发挥了重要的作用。通过肉羊养殖企业或合作社等多种扶贫带贫方式，保障贫困户增加收入。

(1) 养殖小区带动农户脱贫。阜平县福泉牧业有限公司通过建设养殖小区，组织贫困户在养殖小区统一生产，统一管理，统一销售。公司提供饲料、技术、兽药、资金及为贫困户担保贷款等服务。自 2014 年成立以来共带动贫困人口 450 人（贫困户 101 户）增收致富。

(2) 合作社带动农户脱贫。牧春园养羊专业合作社在 2016 年、2017 年羊价下跌、连续亏损的状态下，仍然保留贫困户在合作社打工，带动 10 户贫困户增加收入，目前有 5 户实现脱贫。养殖合作社牵头，合作社带头人与贫困户以入股方式共同经营养殖场。合作社与贫困户有两种经营方式，一种是二者共同出资买入架子羊，共同育肥，实现规模养殖，卖出后按照劳动和资金投入情况，以及入股的比例，实行分成收益；另一种是合作社出资买入架子羊，雇佣贫困户在合作社养羊，贫困户用扶贫资金入股，每个月可获得 3 000～4 000 元的务工收入，年底根据入股比例再获得分红收益。据调查，一个合作社可以带动 5～6 个建档立卡户养羊，它的优势是：合作社通过规模经营，可以享受批量购买低价饲料的优势，也增强了高价卖羊的讨价还价能力，获得比普通散养户更高的超额利润，可以激励贫困户的养羊积极性，锻炼贫困户养羊的自生能力，实现自我价值，达到脱贫不返贫的可持续发展状态。

（3）龙头企业带动农户脱贫。龙头企业建立养殖基地，统一购买饲料、提供养殖技术、兽药、资金，并提供担保。在生产过程中龙头企业统一技术管理，统一养殖培训、统一生产资料供给、统一清理粪污。贫困户既可以在基地养羊，1 只羊交 10 元管理费；也可以在基地打工，挣取打工收入；如果将自己的承包地出租给养殖基地，还可以获得地租收入。龙头企业通过养殖基地实现产业发展，可以使贫困户每年增加 3 万元收益。经调查，此类公司共带动贫困户 101 人，带动贫困人口 450 人，覆盖 7 个乡镇，20 个村庄。如阜平县银洞山农牧业开发有限公司自成立以来，主要从事地方品种太行山羊保种、选育、供种和育肥工作，该公司采取"公司＋基地＋农户"模式，带动 255 户贫困户实现入股分红。

（4）养殖大户带动农户脱贫。养羊大户依靠自有资金或贷款养羊，一般可以带动 2～3 个贫困户养羊，月工资 3 000～4 000 元，忙时临时雇工，实行日工资，每天约 100～150 元。贫困户可以获得稳定的养羊收入，也可以借养羊之机掌握养羊技术。

（5）土地流转加务工脱贫。龙头企业、养羊合作社和养殖大户集中流转部分贫困户土地，用于场房建设和种植牧草，每亩地年租金约 1 000 元。贫困户通过流转土地使用权获得土地租金，同时还可以在羊场务工获得工资收入，当年实现脱贫。

2. 产业扶贫效果明显

据调查，通过肉羊养殖企业多种扶贫带贫方式均不同程度使贫困户实现了增收。其中：①进驻福泉牧业养殖小区养羊贫困户，通过与爱苏羊销售公司签订回收协议，保障养殖收益，确保每户年均增收 6～7 万元。②贫困户与银洞山黑山羊养殖企业签订股金分红协议，利用扶持资金入股，每户年均分红为 500～600 元。③牧春园专业养羊合作社多样式帮助贫困户脱贫，一是通过支付贫困户流转土地租金约每户每年 1 000 元；二是留用贫困户在养殖小区务工，每户实现年工资收入约 1.8 万元。

3. 养殖场和贫困户提高了养殖技术

5 年前，农户通过在山上放养山羊获取收益，近两年受阜平县被列为白洋淀生态水源涵养区的限制，禁止放养山羊，全县实行舍饲圈养。一些年龄较大、不愿意学习新技术的养殖户遇到了困难，养殖规模减小收入降低。一些年轻的养羊户借助政府的培训和贷款补贴支持，学技术、上规模，由过去的赤贫户转变为养羊专业户，有的发展成养羊大户。河北省羊产业体系创新团队，经常深入基层，对具有一定养殖规模的养殖户进行培训，推广科学养殖方法和技术。还有些合作社或养殖大户经常到阜平县农业局参加养殖技术培训，并与羊产业体系创新团队专家一起合作实验科技攻关项目，既提高了养殖技术，又增强了羊的抗病能力，降低了羊的病死率。据调查，有些养殖户病死率从2016年、2017年的25%，降低到2019年的10%，舍饲圈养技术也大大提高，养羊收益增加。通过各种形式的产业扶贫，贫困户在各种新型经营主体的带动下学会了集约化的养羊新技术，形成了可持续发展能力。

4. 形成了有效的扶贫保障模式

为增强贫困户内生动力，县政府出台了一系列扶持养殖业发展的金融保险支持政策。

（1）疾病损失险和成本损失险并行，保障贫困户养殖收入。实施肉羊养殖疾病损失险和成本损失险，除对因疫病、疾病等造成的损失进行保险外，还对因市场价格波动给养殖户或企业造成的养殖成本的损失进行保险。该地区成本损失险获得2015年全国农业保险创新奖。商业保险产品由政府补贴保费的60%，农户和企业自缴40%，保费收入由人保财险公司和政府保险专户5：5分成，保险理赔由人保财险公司和政府保险专户5：5分担，实际赔付比例95%。

在调查中，福泉牧业有限公司2015年有15户农户为养殖的2 210只羊投保肉羊灾害和成本损失险，自交保费3.8万元，政府补贴保费5万元，后因疫病死亡和价格下跌，保险公司共计理赔11万元。2016年，企业和农户看到保险兜住了风险底线，发展的热情高涨，152户（贫困户94户）为2.38万头羊全部投保，自交保费80万元，政府补贴保费100万元，保险理赔275万元。农业保险连续两年为企业和农户挽回损失286万元。

（2）"政融保"联动，形成金融扶贫服务链。通过"政府担保增信、农业保险兜底、保险融资支农"，实现"政融保"联动。主要做法是：人保集团授予一定的融资额度，人保阜平支公司与县乡村金融服务机构，对养殖户和涉农企业的融资项目共同筛选把关，由县惠农公司提供担保，报上级人保公司审核通过后，给予10万至1 000万元的融资支持，期限为6个月至3年，利率为6%，贫困户为5.5%，项目建成后全部参加农业保险。截至目前，已为2 098户贫困户参保农民提供融资支持22 565万元，其中涉及肉羊养殖贫困户128户，利用保险资金为涉农企业和农户融资2.84亿元。

（3）构建金融贷款"风险共担"体系。一是县政府成立注册资金1.1亿元的惠农担保公司，为农户和企业贷款提供担保，保证农户和企业贷款需求。二是企业或农户申请贷款，在农业保险覆盖范围内加入保险，农户贷款实施"三户联保"。三是与农行、邮储银行、农联社、保定银行合作，按照 1：5 的比例发放贷款（把阜平作为金融扶贫联系点，将担保贷款比例放大为 1：8），全部实行基准利率不上浮。四是出台支持政策。惠农担保公司对贷款损失全额代偿，对 5 万元以下的扶贫小额信贷实施基准利率 100％贴息，对带动建档立卡贫困户的扶贫龙头企业根据带动贫困户数量进行差别化贴息。2015 年以来，共发放羊、牛、猪等养殖业扶贫贷款 4.24 亿元，惠及 3 749 户，其中贫困户 2 148 户。

（四）阜平县羊产业扶贫存在问题及制约因素

1. 资源优势没有被充分利用

阜平县为全山区县，过去以传统放牧养殖方式为主，2013 年肉羊产业被确定为阜平县扶贫攻坚产业后，2014 年年底全县共建规模化养殖场达到 141 个。后由于禁牧政策实施，传统放养方式被禁止，部分临近白洋淀流域养殖场被关停，2019 年肉羊养殖规模场缩小到 24 家，存栏量下滑至 4.9 万头。羊在舍饲后外购饲料加大了饲养成本，同时，养殖户缺乏舍饲圈养技术，管理能力低下，导致肉羊产品市场竞争力弱，羊产业效益不高。同时，禁牧后增加了草地的防火风险。

2. 肉羊产业扶贫激发内生动力弱

贫困户与扶贫龙头企业利益联接机制以股份分红方式为主，土地租赁、参与打工为辅；扶贫带贫龙头企业数量少，利益联接机制相对单一，不能带动多层次需求贫困户致富。一是占主导地位的股份分红方式，分红稳定，但依附性强，较难激发其内生动力，同时受企业经营及投入股本的影响，增收效果有限；二是以务工方式增收的贫困户，受养殖场资金、技术、场地、经营状况等影响，工作时间不具有连续性，难以实现收入的持续性。三是有些贫困户依赖性强，"等靠要"主观意识占主导，亟须建设激励引导机制，提升不同层次贫困户的思想。

3. 肉羊产业链条较短

阜平县山地多、耕地少，林果产业丰富，肉羊产业仅限于养殖阶段，没有形成肉羊品种改良繁育、养殖、屠宰加工、销售、冷链物流一体化的肉羊全产业链格局。实行舍饲圈养后，阜平县肉羊养殖所需的花生秧、黄贮玉米等饲草料主要从平原地区购入，增加了运输成本，摊薄了养殖利润。销售时大部分养殖户或龙头企业将活羊卖给羊贩子，一只羊纯利润仅为 100 元，如遇市场价格下跌便会加大养殖风险。另外，由于国家对粪污资源化利用设施建设扶持力度不够，各级政府投入不足甚至不投入，养殖户自身又无力承担，养羊废弃物也造成对生态环境的影响，出现恶性循环。

4. 种质资源优势没有充分发挥

太行山羊在当地饲养具有产品绿色优势及肉质鲜美等特点。在我国南方、北方地区具有广阔的市场，尤其当年羔羊肉则具有肉质细腻、滑嫩多汁、膻味小的优点，更受消费者青睐。因此市场价格比绵羊肉高 30％ 左右。但当前受禁牧和 2014 年小反刍兽疫的影响，太行山羊养殖数量大幅减少，挫伤了养殖户的积极性，太行山羊的优势并没有充分发挥。

（五）促进阜平县肉羊产业发展的对策建议

1. 转变生产方式

过度放牧养羊对草山草坡植被生长有一定影响，但只要适度放牧、轮牧和季节性禁牧或舍饲，合理利用草山草坡自然资源发展养羊，不但不会影响生态环境，还会对不同类型自然植物的消长起到平衡作用，减轻冬春季的防火压力。在县中心区域发展适度规模太行山羊养殖场，实行股份制形式，带动辖区农民脱贫。在县城边远地区发展散户养羊，鼓励 60 周岁左右的留守人员采取轮牧和季节性禁牧相结合的方式发展太行山羊养殖，依靠养羊稳定脱贫。

2. 增强保障能力

一是针对当前贫困户资金少，抗风险能力弱等客观制约因素，借助于发展太行山羊作为精准扶贫的主要项目，在项目资金安排、政策优惠上给予支持。二是培育具有现代管理意识、市场开拓能力和专业技术人才的精准扶贫带头人，出台促进一、二、三产业融合发展的政策，让养羊户分享加工和销售环节的红利，调动养羊者的积极性。三是通过请进来、走出去的方式，依托国家、省、市等教学科研机构，开展科学养羊技术培训工作，使其理解、掌握科学养羊的现代管理理念、方法、技术及市场营销知识。到外地参观养殖企业，开阔眼界，解放思想，提高认识。

3. 补齐产业链短板

肉羊产业链条的延伸不仅可以降低成本，还可以降低交易费用。一是引进有实力的饲料企业入驻阜平县，带动当地饲草料产业发展。二是支持建设屠宰、分割、包装和冷链运输企业，延长产业链条，增加产业附加值。三是引导企业利用当地林果产业发展优势，鼓励发展饲草种植—肉羊养殖—屠宰加工—有机肥生产循环产业。四是开展羊肉深加工产品、羊血、羊胎盘、羊骨等副产品的研发及生产，构建肉羊养殖和畜产品加工优势基地。五是与京东等大型企业及京津冀等地商业机构沟通协作，建立销售合作伙伴关系，拓宽销售渠道，实现产品安全、优质、多元，带动羊肉产品由低端向高端转变、由粗放型加工向精细化加工转变，增加产品附加值。

4. 发挥种质资源优势

一是建立太行山羊种羊场。完善阜平县银洞山农牧业开发有限责任公司的羊场条件，健全手续，协调农业农村厅将其列入省级种羊场，科学选种选配，提升品种质量，进一步做好太行山羊的保种、供种工作。二是建立标准化示范场。在现有羊场的基础上，选择一批品种质量优秀、养殖设施完备、管理规范的企业，申报省、市级标准化示范场，带动阜平羊产业的发展。三是建立太行山羊技术服务组织。完善营养调控，合理制定太行山羊不同时期饲草料配方；指导养殖生产，解决技术难题，逐步实现精细化管理、标准化养殖；协助养殖场做好档案记录，建立实施质量溯源体系；帮助养殖场（户）赢得价格话语权，保护养殖环节利益。四是重视太行山羊优质资源开发利用，申请地理产品认证，申报无公害产地认定和无公害产品认证。可通过举办产品推介会，发展农家乐、开办山羊肉美味体验店、建立大中城市旗舰店、网络销售等形式，打造知名品牌，提高太行山羊市场知名度，实现优质优价。

二、围场县肉羊产业扶贫项目成效评估报告

根据河北省农业农村厅安排部署，2019年6月3日至5日，由河北省现代羊产业体系创新团队承担，河北农业大学、河北省畜牧良种工作站组成的围场县肉羊产业扶贫评估小组（下称评估小组）一行6人，在市、县农业部门配合下，通过听取汇报、实地走访、查阅资料、座谈交流、问卷调查等形式完成了该县肉羊产业扶贫项目成效的评估工作。

（一）评估程序及方法

一是制定方案。根据5月21日河北省农业农村厅制定的《河北省"9＋3"贫困地区扶贫产业成效评估工作方案》要求，评估小组结合羊产业的特点，制定了《围场县肉羊产业扶贫项目成效评估工作方案》，召开了评估前的工作安排会议，进一步明确了评估的方法及要求。

二是座谈交流。评估小组在围场县听取了该县主管扶贫工作的副县长关于农业扶贫产业专项汇报，随后进行交流。之后，评估小组召开了围场县农业农村局、主要乡镇主管产业扶贫领导及龙头企业、合作社等新型经营主体等代表参加的肉羊产业扶贫座谈会，了解羊产业扶贫情况及问题建议。

三是查阅资料。评估小组查阅了围场县有关肉羊产业发展情况、扶贫规划、实施方案、扶贫政策、扶贫情况等资料。

四是实地走访。在围场县农业农村局同志陪同下，评估小组先后深入到围

场县棋盘山镇小上村、腰站镇腰站村、上三合义村、榆木沟村、碑亭子村、哈里哈乡三义号村、莫里莫村、河北津垦奥牧业有限公司、围场县润牧养殖专业合作社、围场县梦涵畜禽养殖专业合作社等 3 个乡镇、7 个村、1 个龙头企业、3 个合作社，举行座谈 4 次，发放调查问卷 44 份。通过实地走访、座谈、调查，进一步掌握围场县肉羊产业扶贫项目进展、效益、保障措施及存在问题。

五是汇报总结。评估结束前，召开了肉羊产业评估提纲讨论会，明确了报告结构与重点。评估小组成员汇报总结、交流了评估工作情况，掌握了开展全面评估工作的主要内容。

(二)围场县肉羊产业扶贫项目成效

1. 肉羊产业扶贫项目前景好

(1) 肉羊产业基础扎实。围场是满族蒙古族自治县，当地农民素有传统的养羊习惯，并积累了丰富的经验。目前，全县可利用草场面积 478 万亩，有林地面积 778 万亩，年种植玉米 45 万亩，种植青贮玉米 15 万亩，且该县土地面积大，为羊产业发展奠定了雄厚的物质基础。据行业统计，2014 年全县肉羊存栏量 40 万头，出栏量 50 万头，出栏率 125%；2018 年肉羊存栏量 35 万头，出栏量达到 65 万头，出栏率 186%。肉羊规模养殖场（户）200 多个，尽管 2014—2018 年这五年是全国羊产业负增长阶段，但该县五年内羊的饲养量增加 11%，出栏增加 56%，且规模养殖比例明显提高，充分说明该县羊产业发展的技术含量逐年增加，养羊的效率在提升，产业发展势头良好。

(2) 项目建设带贫覆盖面广。2016 年，围场县借助东西部协作及天津对口帮扶资金投入主导产业，实施百万头优质肉羊产业化项目。预计到 2020 年，将肉羊产业建成富民强县、实现稳定脱贫的支柱产业，可覆盖该县 108 个贫困村、8 472 个贫困户，分别占全县 100% 贫困村、98.76% 户。羊产业精准扶贫的前景看好。2019 年 2 月围场满族蒙古族自治县扶贫开发和脱贫工作领导小组印发了《自治县 2019 年产业扶贫工作指导意见》，提出坚持精准施策、因地制宜和农民自愿，瞄准建档立卡贫困户，建立完善新型经营主体与贫困户联动发展的利益联结机制，以"津垦奥牧业公司"为龙头企业，推广"母羊扩群带贫、羔羊补贴带贫、品种改良带贫、贷款贴息带贫和资产收益带贫"五种带贫模式，培育贫困人口自身发展动力，增强贫困户的自身造血能力，推动全县肉羊产业向规模化、标准化方向发展。

(3) 肉羊产业化格局雏形基本形成。根据 2016 年 7 月 6 日围场满族蒙古族自治县出台的《关于扶持百万头优质肉羊产业化建设项目实施意见》和《2018—2020 年百万头优质肉羊产业扶贫项目实施方案》，县政府与天津津垦牧业有限公司联合成立"1＋3＋1"（津垦奥牧业公司、肉羊养殖示范场 3 个、屠宰厂1个）肉羊产业发展体系，形成集肉羊品种改良繁育、养殖、屠宰加工、销售、冷链物流一体化的肉羊全产业链格局。2019年计划建设10个肉羊示范场，50个专业合作社，到2020年实现饲养优质肉羊100万头，累计实现产值10亿元，带动农民户均增收1 100元。津垦奥牧业公司已于2018年投产，生产状况良好；各专业合作社已成立，社员养羊脱贫致富积极性高涨；肉羊养殖示范场已于2019年6月完成招标工作后开工；羊屠宰场、交易市场的土地已落实，年内开工建设，该县肉羊产业化格局的雏形基本形成。

2. 肉羊产业带动脱贫能力强

（1）肉羊产业扶贫初见成效。围场县肉羊产业通过"龙头企业＋合作社＋贫困户"的联贫带贫模式，帮助广大农户脱贫致富。2018年承德市重点龙头企业津垦奥牧业与腰站镇、杨家湾镇、南山咀乡、棋盘山镇4个乡镇建立5年合作模式，贫困户用6 000元扶贫资金入股，津垦奥牧业平均每年为835户贫困户分红50多万元。此外，津垦奥牧业还挑选了7个肉羊养殖合作社和1 050个贫困户，带贫联贫合作社以高于市场5%的价格将改良羔羊回收到龙头企业，贫困户可以在合作社养羊获取务工收入，也可以将肉羊寄养在合作社托管、自己外出打工增加收入。

（2）肉羊产业扶贫模式新颖。津垦奥牧业有限公司通过与县农牧部门深度合作，实施"七个一批"增收模式：一是"投母收羔"带动一批。将公司优质母羔按低于市价5%标准销售给合作社和贫困户，进行全程技术指导，再按高于市价5%标准回收改良羔羊，带动有资金投入能力的贫困户致富。二是"份养自繁"扶持一批。公司将优质母羊采取份养方式发放给合作社和贫困户饲养，每头份养母羊2年内偿还2只优质羔羊，其余羔羊公司按高于市价的5%标准回收，2年后所份养母羊归贫困户所有，企业持续回收羔羊，扶持有生产意愿但缺乏资金的贫困户长效增收。三是"入企就业"转化一批。公司安排有劳动能力的贫困人员到扩繁场、育肥场、屠宰场就业，进行业务培训和技能指导，发放劳务薪金，县财政为每位贫困务工人员提供不少于50万元的意外伤害保险，带动有劳动能力又无法外出务工贫困户由"体力劳动型"向"知识技能型"转变。四是"入股分红"助力一批。将贫困户到户产业6 000元扶持资金入股企业，企业每年给入股贫困户支付红利600元，5年后一次性返还6 000元入股扶贫资金，根据贫困户意愿继续签订股金分红协议，帮助无资金和劳动能力的贫困户持久受益。五是"三方受益"打造一批。采取"贫困户资产入股、合作社统一经营、公司高价回收"模式，建立"龙头企业＋合作社＋农户"三方利益联结机制，打造饲养管理水平高、生产经营能力强、带动贫困户增收明显的专业养殖合作社。六是"寄养托管"增收一批。公司将优质羔羊卖给有资金但无劳动能力的贫困户，采取寄养托管的方式由公司统一寄养，两年后母羊繁殖的羊羔成年出栏，公司扣除饲料、防疫等费用，分给贫困户应得收益。七是"资产收益"兜底一批。利用财政整合资金与津肯牧业联合成立河北津垦猎苑农业发展有限责任公司，财政资金投资形成的资产按照加权平均法分配给贫困村，按照49%的投资比例进行分工，资产收益全部用于脱贫攻坚，进行二次分配。除此之外，还有些贫困户将土地出租给合作社养羊，获取入股分红收益和财产性收益。

3. 合作社和贫困户参与度高

（1）肉羊产业扶贫长效机制初步建立。根据《围场满族蒙古族自治县2019年产业扶贫工作指导意见》和《围场满族蒙古族自治县肉羊养殖入股扶贫项目资产资本管理方案》文件精神，由农业农村局下属的全民所有制企业围场满族蒙古族自治县新技术产业开发公司代表县政府与天津津垦牧业有限公司合资，共同承担"围场县肉羊养殖入股扶贫项目"，县政府投资7 350万元，占股49%，项目达产后，年可实现净利润1 287.99万元，可获得631.12万元。经营的利润分红资金直接拨付到县农业农村局用于扶贫攻坚分配，即保障了产业扶贫项目顺利实施，也推动羊产业项目实现长效扶贫机制的建立。

（2）合作社和贫困户对羊产业扶贫高度认可。"龙头企业＋合作社＋贫困户"模式受到合作社和贫困户的欢迎。合作社带贫联贫积极性高涨，愿意通过肉羊产业扶贫扩大养殖数量。在调查的3个肉羊产业合作社中，其中2个非常自豪地表示已参与产业扶贫，并雇佣贫困户在合作社养羊，或采用支付土地租金方式租用贫困户的土地，同时贫困户享受入股分红收入。另一个表示下一轮也要通过参与肉羊产业扶贫项目，扩大生产。在调查的14个贫困户中，有10户是因病致贫，家中只有一个劳动力，年龄较大或是妇女群体，既要照顾病人，又要维持家庭生计，他们希望通过养殖肉羊实现家庭收入稳步增加，实现稳定脱贫。

（三）围场县羊产业扶贫存在问题及制约因素

1. 项目建设速度慢

围场县具有悠久的养羊历史，但该县的肉羊产业自2016年6月启动百万头优质肉羊产业化建设项目，只有津垦奥牧业有限公司在2018年投产，存栏种母羊群6 000余只，没有达到设计规模10 000只要求。肉羊扩繁、肉羊育肥、肉羊屠宰、加工等却仍然处于即将建设阶段，产业化发展速度慢，大部分活羊卖到天津、北京、廊坊、唐山、山东、河南。津垦奥与合作社的"公司＋合作社＋农户"三方利益联结机制没有充分实施，扶贫效果不能显现。这次调查的仅有两个合作社通过租用贫困户土地或雇佣贫困户打工增加收入。大多数合作社成立的目的只是为了卖羊能形成凝聚力，增加话语权，增强出售活羊的议价能力，对带动贫困户增收作用不强。

2. 肉羊产业化水平低

围场县发展羊产业具有独特的地理优势和区位优势，借助于天津对口扶贫的优势，羊产业发展具有广阔的前景。但这次通过调查发现，一是 2017 年围场县肉羊存栏和出栏分别位居承德市第一和第三，而出栏量在 29 只以下的占 50%、在 30～99 只的占 28%、在 500 只以上的不足 10%，肉羊养殖规模化、组织化程度低。二是虽然以百万头优质肉羊产业化项目建设在尽力打造"围场肉羊"品牌，开展肉羊规模化杂交改良，但是至今没有形成品牌优势，更没有与地方资源特色相结合的地理标志产品，品牌建设严重不足。三是 2017 年出栏在 100 只以上的养羊户经常参加县乡提供的技术服务或技术培训，而大多数零星养羊贫困户不知道养羊需要专业技术人员，或有些贫困户在养羊饲喂方面有一定经验，但管理存在问题。四是调查中多数贫困户表示很希望能学习舍饲圈养、品种改良、营养调控和疫病防控技术，但还有些贫困户认为自己养羊数量少、文化水平低，不值得参加技术服务培训，表现出得过且过的心理状态。以上问题的存在，影响了该县羊产业优势的发挥，也制约了羊产业的发展。

3. 制约肉羊产业发展的因素多

围场县发展羊产业既有优势，也有制约因素。一是围场县是京津冀重要水源涵养地，国家重点生态功能区。随着围场县养羊由人工放牧向舍饲圈养转化，养羊饲料成本上升，肉羊的疾病风险增加，影响产业发展。二是围场县的肉羊产业是贫困户增收的重要途径，但实现肉羊的规模化生产必然造成粪污生产量大，对保护环境影响大，而实施粪污治理又面临粪污处理建设用地审批难问题。三是肉羊产业养殖周期长、见效慢、资金回收时间长。而金融机构贷款具有门槛高、额度小、期限短、手续烦琐、隐性成本大的特点，针对扶贫项目出台的"政银企互保"扶持政策，借款、还款时间均为一年，而养羊要一年半才能见到效益，因此该扶贫政策不适用于羊产业扶贫。四是津垦奥牧业有限公司推出的"肉羊保险＋扶贫"基础母羊按 1 200 元/只、育肥羊按 1 000 元/只、保险费率按 4% 计算模式。普通养殖户保费由财政负担 80%，养殖户负担 20%，自愿参保；贫困户保费由财政全部负担，按实际饲养量全部参保。县级财政在 2018—2020 年按实际参保数量给予补贴。但是在实际调查中，因县级财政资金紧张，不能完全给予贫困户肉羊保险补贴，而贫困户缴纳肉羊保险不积极，有疾病时会造成损失风险。这些制约因素的存在将对肉羊产业扶贫形成冲击隐患。

（四）围场县肉羊产业发展对策

1. 项目建设落地保障肉羊产业健康发展

天津对口帮扶围场县百万头优质肉羊产业化项目，建立"1＋3＋1"（津垦奥牧业公司、肉羊养殖示范场 3 个、屠宰厂 1 个) 肉羊产业发展体系，是促进羊产业发展，带动精准扶贫的好项目。但截至目前，该项目只建成了津垦奥牧业公司，还未能达到其产能。肉羊养殖示范场、屠宰场只完成了项目招标工作。必须加快项目建设速度，才能达到肉羊产业扶贫的效果。为此，建议一是津垦奥牧业公司引进种羊至达到其产能，加大扩繁速度，满足专业合作社的需要。二是加快肉羊示范场、屠宰场施工速度，争取早日投产。三是各专业合作社积极与贫困户对接，根据贫困户的特点，从"七个一批"增收模式中筛选最佳模式，增强贫困户增收效果，使肉羊产业扶贫项目尽快达到其初衷。总之，将项目建设内容全部落地，是真正实现肉羊产业扶贫的必需条件。

2. 养殖方式转变推动羊产业的发展

在实现肉羊由人工放牧向舍饲养殖的生产方式转变基础上，一是建设适应羊养殖的圈舍和设施。二是选择利用适合当地条件的品种并杂交利用。三是注重舍饲条件下的营养调控。四是高度关注舍饲后羊的疫病防控。总之，通过采取综合措施，提高其生产能力，促进肉羊产业扶贫工作的全面开展。

3. 建立肉羊产业发展保障措施

围场县将肉羊产业作为精准扶贫的主要产业之一，只有保障肉羊产业的发展，才能达到利用肉羊产业扶贫的目的。为此，建议县政府出台一系列促进肉羊产业发展的保障机制。一是打造一批具有坚实养殖技术的畜牧兽医队伍，培养肉羊产业科技服务队，实行科技人员承包养羊户技术指导责任制，帮扶贫困户实现精准扶贫。二是充分利用现有的草场资源，实行季节性禁牧和轮牧制度，做到生态环境保护和合理利用饲料资源工作协调发展，减少夏秋季抓禁牧、冬春季抓防火的工作压力。三是制定适宜围场县肉羊产业发展的金融扶贫支持政策，加大国家开发银行、农业发展银行的政策性资金投入力度，鼓励农业银行、农村信用社等金融部门对肉羊产业的信贷支持。四是落实创设肉羊产业保险扶贫政策，全面防范化解围场县肉羊产业扶贫项目风险。根据肉羊的产业发展特点，设置肉羊死亡保险、肉羊成本保险，当肉羊因疫病死亡或市场价格低于成本价时，保险公司给予养羊贫困户适当补偿，并落实县财政承诺的保险支付政策。五是通过与上级主管部门积极沟通，落实肉羊生产用地扶持政策和粪污处理用地指标，消除发展羊产业的环保隐患，做到合理合法用地。六是整合扶贫资金，保障百万头优质肉羊产业化建设项目资金。

专题八 河北省城市居民品牌羊肉购买行为研究

本专题对河北省城市居民品牌羊肉认知和购买行为进行描述性统计分析，采用二元 logistic 模型对河北省城市居民品牌羊肉购买行为的影响因素进行实证分析，并从政府和企业两个层面提出对策建议，对于提高消费者品牌羊肉认知，促进生产经营者加强品牌建设和推动政府相关政策制定具有一定的现实意义。

一、河北省羊肉品牌建设现状

(一) 河北省羊肉品牌数量

在全国绿色食品认证产品中，羊肉品牌共 164 个，占畜禽绿色认证产品总产量的 3%。近年来，河北省也相继培育了"唐尧""冠扬""傻羊倌""瑞得丽""抬头羊""爱尚羊""唐宝斋"等一批羊肉品牌（表 8-1 和表 8-2）。河北省一些规模养殖场（户）和屠宰加工企业在羊养殖和加工过程中越来越重视产品标准化、安全化、优质化建设，有些也采取了无公害、绿色有机标准的饲喂技术和管理技术，但尚未培育出具有河北特色的地理标志羊肉品牌。

表 8-1 中国主要的羊肉企业品牌一览表

所在地	企业品牌
内蒙古	小肥羊、草原兴发、小尾羊、蒙都、草原牧歌、锦绣大地、草原宏宝、蒙羊澳利蒙多
河北	瑞得丽、冠扬、抬头羊、唐尧、傻羊倌、爱尚羊、唐宝斋等
宁夏	涝河桥、贺兰山、伊味、伊盛斋、伊聚德
新疆	巴口干、阿尔泰草原、华凌、天山安达、小巴依
山东	波尔旺、凯银、舜颐羊肉、百寿坊、如厨、乐塞肥羊
河南	邦杰、穆和春、牧仑、多丽、汇濮
甘肃	中汇牛羊肉、陇原中天、中盛环有、山童牧歌、草原惠成、中盛中有、中天羊业、祁连天宝
四川	润丰、犁羊、香尬尬、美宁、澳士达、恒都

资料来源：中国羊肉网（http://www.chinasheep.cn/）。

表 8 - 2　中国主要省份羊肉地理标志品牌数量一览表

单位：个

省份	注册数量
内蒙古	11
新疆	2
甘肃	6
宁夏	5
山西	5
陕西	3
江苏	1
云南	2
四川	2
山东	1
河北	0

数据来源：根据农业农村部、国家市场监督管理总局官方网站统计数据汇总整理。

目前河北省羊肉品牌建设主要依靠龙头企业带动，通过多种利益联结机制将生产、加工、销售有机结合形成一体化经营。具有一定地方知名度的羊肉生产企业包括衡水志豪畜牧科技有限公司、河北国富唐尧肉食品有限公司、保定瑞丽肉食品有限公司、河北连生农业有限公司等，这些企业对河北省羊肉品牌建设起到了示范作用。2019 年由衡水志豪畜牧科技有限公司牵头成立了河北省肉羊产业联盟，联盟中各企业优势互补，结成了相互合作、资源整合的联合组织，推动了河北省羊肉品牌化的发展。

（二）政府相关支持政策

农产品品牌化是我国农业转型升级、产业提升的重要途径。政府政策向来是品牌农产品建设的重要支撑。近年来，中央 1 号文件及相关政策文件相继出台了一系列关于农产品品牌建设的政策，河北省也制定了一系列加强农产品品牌建设的政策。河北省农业农村厅印发了《河北省农业品牌建设工作推进方案》《关于加快农业品牌发展的意见》《关于发展农业产业化联合体的意见》等一系列文件，进一步明确了本省农产品品牌建设的目标为完善农业品牌发展体系，构建以区域公用品牌为引领、企业品牌为支撑、产品品牌为重点的农业品牌发展体系。政府这一系列政策，对河北省羊肉品牌建设起到了一定的指导和支撑作用，推动了河北省羊肉品牌的发展。

（三）河北省羊肉品牌建设存在的问题

1. 肉羊养殖规模小，制约羊肉品牌化发展

品牌战略要求农产品生产实现规模化，规模化可以降低企业成本，实现规模经济。河北省年出栏量为 1～29 只的羊养殖场（户）最多，30～99 只的居于第二位，500 只以上规模的养殖场（户）相对较少，表明河北省各地区的肉羊养殖仍然是以小规模分散养殖户为主，规模化养殖的程度比较低（表 8-3 和表 8-4）。

表 8-3　按年出栏量分类的河北省羊养殖场（户）数

单位：个

分类指标	2013 年	2014 年	2015 年	2016 年	2017 年
年出栏量 1～29 只	503 093	525 774	513 639	525 255	454 560
年出栏量 30～99 只	131 884	127 976	118 652	117 942	109 079
年出栏量 100～499 只	14 133	15 365	20 809	20 266	15 095
年出栏量 500～1 000 只	1 935	2 182	2 368	2 149	1 638
年出栏量在 1 000 只以上	1 015	1 148	1 122	1 128	1 495

数据来源：《中国畜牧兽医年鉴》。

表 8-4　河北省不同规模羊养殖场年出栏量

单位：万只

不同年出栏规模的羊养殖场（户）	2013 年	2014 年	2015 年	2016 年	2017 年
出栏量 1～29 只	785.03	854.83	899.55	932.88	800.04
年出栏量 30～99 只	876.22	848.14	862.66	873.59	796.05
年出栏量 100～499 只	432.01	444.41	498.66	481.19	349.03
年出栏量 500～1 000 只	147.39	161.45	176.35	167.46	128.67
年出栏量在 1 000 只以上	277.20	320.30	257.52	278.28	422.91
合计	2 517.84	2 629.13	2 694.75	2 733.40	2 496.71

数据来源：《中国畜牧兽医年鉴》。

2. 良种深度挖掘不足，影响区域品牌建设

河北省羊品种较多，太行山羊、武安山羊、承德无角山羊都是比较不错的品种，但是这三种羊多数存在个头小、生长速度缓慢、产肉量低等问题。小尾寒羊以高繁殖力著称，且耐粗饲、抗逆性强，但在小尾寒羊的利用方面缺乏合理长远规划，缺少成熟的肉羊生产模式，部分地区存在混乱杂交问题。

太行山羊、承德无角山羊等地方品种由放牧转为舍饲后，由于管理粗放、饲料营养不合理、效益急剧下降，加之缺少必要的选育，生产性能出现了退化。目前河北省肉羊品种培育大都处于杂交改良阶段，具有高生产性能和地域特色的肉羊品种较少。缺少优质的种羊，很大程度上制约了河北省羊肉区域品牌的发展。

3. 标准化水平低，产品创新不足

屠宰加工企业是羊肉品牌化建设的重要主体。规模大的屠宰加工企业标准化、专业化、品质化程度高，有条件使用先进的加工设备，完成初级加工产品的同时可以通过深加工生产出更多种类的、附加值更高的羊肉产品，更好地满足市场需求，从而促进羊肉品牌的发展。目前，河北省规模较大的肉类屠宰加工企业不多，大都是以传统屠宰方式为主的小规模企业。多数屠宰加工企业技术装备水准不高，加工技术比较落后，缺乏统一的行业规范和分级标准，直接导致产品种类有限。目前，市场上流通的羊肉产品主要以鲜羊肉、羊肉卷、冻肉等初级产品为主。羊肉制品品类较少，可以直接食用或者用于烹调的半成品很少，羊肉产品种类缺乏创新性，所以很难满足消费者的需求。

4. 加工工艺落后，肉品品类不丰富

多数河北省羊肉生产企业产品研发投入少，相关技术人才短缺，导致羊肉深加工、精加工产品少。河北羊肉加工主要包括生鲜羊肉加工、肉制品加工和副产物加工。其中，生鲜羊肉所占市场份额最大，属于初级加工，由于羊肉分割工艺水平不高，存在肉品品相差、损耗大等问题。而在肉制品及副产品加工方面，由于技术不完善、缺乏标准，存在口感不好、品质不均匀、货架期不长等问题。

5. 羊肉冷链物流尚未形成体系，品牌羊肉市场销路受制约

河北省冷链发展仍然处于初级阶段。河北省规模以上屠宰企业拥有冷藏车的比例还较低，多数运输车辆达不到冷链运输的标准，温度把控不到位，造成的二次污染给肉制品造成一定安全隐患。同时相关冷链运输企业规模大小不一、冷链物流相对较少、设备不健全、服务缺乏统一标准，使得品牌羊肉的销售渠道受限。

6. 营销模式落后，无法打响知名度

部分已经注册商标的生产经营者，品牌建设和宣传意识不强，认为只要为羊肉产品注册了商标就是品牌化了，没有进行品牌管理与培育，品牌营销力度不足，缺乏基于消费者认知和市场竞争的针对性营销策略。当前，河北省羊肉品牌营销大多采用传统营销策略，如通过各类人员营销和展销会推销等，媒体以及互联网营销投入不足，无法进一步拓宽河北省羊肉品牌的营销受众，尚未打响河北省羊肉品牌的知名度。

二、河北省城市居民品牌羊肉购买行为的描述性统计分析

（一）数据来源及样本特征分析

1. 数据来源

河北省是肉羊生产大省，邯郸市、保定市、张家口市和沧州市的存栏量都在百万只以上，涌现出唐县这样的全国育肥基地，羊肉的产量也呈现上涨的趋势。河北省居民人均羊肉消费量远高于全国平均水平。为了能够深入了解河北省城市居民品牌羊肉的购买行为，研究其对品牌羊肉的购买行为和影响因素，本研究基于访谈法和问卷调查法，面向河北省11个城市的居民展开调查。通过实地问卷调研和网上问卷调查，共计发放问卷420份，回收375份，有效调查问卷305份，有效回收率为81.3%。由于调查对象是随机抽样的方式，数据中多以汉族为主，回族等少数民族数量较少，所以并未分析民族问题对品牌羊肉购买行为的影响。

2. 样本特征分析

本次调查采取随机调查取样的方式，共计回收305份有效问卷，分别来自衡水、保定、石家庄、秦皇岛等河北省11个地级市，每个城市收回的调查问卷数量比较均衡（表8-5）。

从性别来看，样本数据中女性的比例相对于男性较高。从年龄来看，各个年龄层的受访者均有涉及，其中45～60岁的人数最多，占比为46.89%；低年龄者和高龄者样本人数最少。从民族来看，汉族人数占总人数的88.52%。从受教育程度来看，本科及以上学历占比较高，为50.49%。从婚姻程度来看，已婚占比为89.84%。从事职业状况来看，企事业单位职员占比最高，为33.11%。从月收入情况来看，家庭月收入在10 000元以上的人数占比最大，为59.34%。从家里是否有16岁以上的孩子与60岁及以上的老人的调查情况来看，是的人数有241人，占样本总数的79.02%；否的人数有64人，占样本总数的20.98%。从家里是否家庭日常食品的主要购买者情况看，是的人数为188人，占样本总数的61.64%；否的人数为117人，占样本总数的38.36%（表8-6）。

表8-5 被调查者所在城市分布图

单位：人，%

城市	人数	比重
保定	35	11.48
沧州	28	9.18
承德	28	9.18
邯郸	24	7.87

（续）

城市	人数	比重
衡水	20	6.56
廊坊	29	9.51
秦皇岛	39	12.79
石家庄	25	8.20
唐山	30	9.84
邢台	23	7.54
张家口	24	7.87
合计	305	100.00

数据来源：根据实证调查整理得出。

表 8-6 消费者个体特征统计表

单位：人，%

消费者特征类型	基本特征	人数	比重
性别	男	106	34.75
	女	199	65.25
年龄	15～24 岁	28	9.18
	25～34 岁	36	11.80
	35～44 岁	70	22.95
	45～60 岁	143	46.89
	60 岁以上	28	9.18
民族	汉族	270	88.52
	满族	27	8.85
	回族	7	2.30
	蒙古	0	0
	朝鲜	1	0.33
	其他	0	0
教育程度	小学及以下	0	0
	初中	0	0
	高中及中专、技校	108	35.41
	本科及以上	154	50.49
	大专	43	14.10

（续）

消费者特征类型	基本特征	人数	比重
婚姻	已婚	274	89.84
	未婚	31	10.16
	农民	0	0
	工人	23	7.54
	打工者	41	13.44
	企事业单位职员	101	33.11
	企事业单位领导	24	7.87
从事职业	一般公务员	35	11.48
	政府领导	1	0.33
	个体商户、私营企业主	23	7.54
	离退休人员/无业者	28	9.18
	餐饮服务业者	0	0
	学生	29	9.51
	2 人及以下	32	10.49
家庭人数	3 人	98	32.13
	4 人	112	36.72
	5 人及以上	63	20.66
	1 000 元以下	0	0
	1 000～3 000 元	0	0
	3 000～5 000 元	0	0
家庭月收入	5 000～8 000 元	16	5.25
	8 000～10 000 元	108	35.41
	10 000 元以上	181	59.34
是否有 16 岁及以下的孩子及 60 岁及以上的老人	是	241	79.02
	否	64	20.98
是否家庭日常食品的主要购买者	是	188	61.64
	否	117	38.36

数据来源：根据实证调查整理得出。

（二）河北省城市居民羊肉购买行为分析

1. 羊肉购买数量及比重

为了考察消费者对羊肉的偏好程度，本研究对河北省城市居民购买羊肉数量及其比重进行了调查，调查结果显示在猪肉、牛肉、羊肉、鸡肉或鸭肉、鱼肉及其他水产品的消费比重中，羊肉消费数量排第一的仅有 2 人，排第二位的有 21 人，排第三位的有 68 人，排第四位的有 147 人，排第五位的有 67 人，表明河北省省市居民肉类消费中，偏好羊肉的相对较少；从每次购买羊肉的数量调查结果来看，大多数购买羊肉的消费者每次购买羊肉的数量为 2～3.9 斤；从每月购买羊肉数量占购买肉类总量的比重来看，多数人购买羊肉的比重在 11%～30%，表明羊肉仍然在河北省城市居民肉类消费中占据重要位置（表 8-7）。

表 8-7 羊肉购买数量及比重统计表

单位：人，%

消费习惯类型	基本消费习惯	人数	比重
家庭购买肉类从多到少排列	羊肉排第一	2	0.66
	羊肉排第二	21	6.89
	羊肉排第三	68	22.30
	羊肉排第四	147	48.20
	羊肉排第五	67	21.97
每次购买羊肉的数量	1 斤以下	1	0.33
	1～1.9 斤	55	18.03
	2～3.9 斤	210	68.85
	4～5.9 斤	39	12.79
	6 斤以上	0	0
每月所买的羊肉占购买肉类总量的比重	5%以下	0	0
	5%～10%	28	9.18
	11%～20%	122	40.00
	21%～30%	121	39.67
	31%以上	34	11.15

数据来源：根据实证调查整理得出。

2. 羊肉购买类型

调查显示，74.10%的人会选择购买本地产的羊肉，25.9%的人则会选择购买非本地的羊肉；从购买羊肉的类型来看，所有的消费者都会选择购买新鲜的生羊肉，一半左右的人也会选择购买加工的熟羊肉，少数人会购买冷藏类生羊肉；从购买生羊肉部位来看，人们偏好于购买羊里脊、羊排、羊蝎子等部位（表 8-8）。

表 8-8　羊肉购买类型统计表

单位：人，%

消费习惯类型	羊肉购买类型	人数	比重
平时购买羊肉类型	新鲜生羊肉	305	100.00
	冷藏类生羊肉	75	24.59
	加工熟羊肉	150	49.18
	羊加工产品及其他	3	0.98
购买生羊肉的部位	羊蝎子	130	42.62
	羊排	212	69.51
	羊后腿	50	16.39
	羊里脊	217	71.15
	羊腰、羊鞭	1	0.33
	头蹄尾	0	0
	羊杂	0	0
	其他	0	0

数据来源：根据实证调查整理得出。

3. 羊肉购买频率

从羊肉购买频率来看，每周买一次羊肉的人数为 3 人，比重较小，每两周买一次羊肉的人数为 31 人，占所有样本人数的 10.16%，每月购买一次羊肉的人数较多，占样本人数的 42.30%，两个月或者更长时间购买一次羊肉的人数最多，为 142 人，占样本总数的 46.56%（表 8-9）。

表 8-9　羊肉购买频率统计表

单位：人，%

消费习惯类型	基本消费习惯	人数	比重
羊肉购买频率	每周购买两次或以上	0	0
	每周一次	3	0.98
	两周一次	31	10.16
	每月一次	129	42.30
	两个月或者更长时间内一次	142	46.56

数据来源：根据实证调查整理得出。

4. 羊肉购买季节

购买羊肉最多的季节为冬天，购买羊肉最少的季节为夏天，购买羊肉无差异的人数为 81 人，占总体人数的 26.56%（表 8-10）。

表 8 - 10　羊肉购买季节统计表

单位：人，%

消费习惯类型	基本消费习惯	人数	比重
购买羊肉最多的季节	春	0	0
	夏	0	0
	秋	0	0
	冬	224	73.44
	无差异	81	26.56
购买羊肉最少的季节	春	0	0.00
	夏	224	73.44
	秋	0	0
	冬	0	0
	无差异	81	26.56

数据来源：根据实证调查整理得出。

5. 羊肉购买地点

从购买羊肉地点调查情况来看，消费者主要购买羊肉的场所是超市，占样本人数的 68.40%；其次是农贸市场，占样本人数的 19.26%；此外还有一些会选择网上购买和羊肉专卖店（表 8 - 11）。

表 8 - 11　羊肉购买地点统计表

单位：人，%

消费习惯类型	基本消费习惯	人数	比重
平时购买羊肉的主要地点	超市	277	68.40
	农贸市场	78	19.26
	羊肉专卖店	9	2.22
	网上购买	41	10.12
	其他	0	0

数据来源：根据实证调查整理得出。

6. 肉类安全事件对羊肉消费的影响

从肉类安全事件对羊肉消费的影响调查结果来看，多数消费者是比较关注或者说是非常关注我国肉类的质量安全，且绝大多数消费者对河北市场上羊肉的质量安全比较认可，认为河北市场上羊肉质量比较安全的占比 93.44%。对于假羊肉、注水羊肉等肉类安全事件，大部分调查者都认为这些事件对其购买羊肉行为是有影响的，且 36.72% 的消费者认为影响程度较高，59.67% 的消费者认为影响程度非常高（表 8－12）。

表 8－12　安全事件对羊肉消费影响统计表

单位：人，%

消费习惯类型	基本消费习惯	人数	比重
平时关注我国肉类的质量安全吗	完全不关注	0	0
	比较不关注	2	0.66
	不确定	17	5.57
	比较关注	107	35.08
	非常关注	179	58.69
您认为现在河北市场上羊肉质量安全吗	非常不安全	0	0
	比较不安全	1	0.33
	不知道	19	6.23
	比较安全	285	93.44
	非常安全	0	0
肉品安全危机事件对您羊肉购买行为有无影响	无变化	1	0.33
	有变化	304	99.67
此类负面信息对您购买羊肉行为的影响程度如何	完全没有影响	1	0.33
	比较没有影响	0	0
	不确定	10	3.28
	比较影响	112	36.72
	非常影响	182	59.67

数据来源：根据实证调查整理得出。

7. 羊肉购买行为的影响因素

结合国内外研究文献以及实际情况选择了 15 个可能对消费者购买羊肉产生影响的因素进行了问卷调查，这些因素主要分为四个方面的因素：成本因素、产品因素、营销因素以及习惯因素。

成本因素主要指的是羊肉价格。羊肉价格的高低是最直观的影响消费者购买的因素。

产品因素包括羊肉新鲜程度和外观、羊肉肉质与口感、羊肉营养价值、肉羊产地和饲养方式、新分割技术和冷柜保鲜技术，这些都是关乎羊肉本身品质的因素，本研究统一将这些因素归类为产品因素。产品因素是消费者最该关注的核心问题，随着绿色、健康消费观念深入人心，消费者对产品的关注发展到不仅在乎产品的内在品质而且也看重产品的外在品相。品质好的产品更容易满足消费者的消费心理，增加消费者的信任程度。

营销因素包括产品包装和文字说明、购物环境及便利度、销售人员推销、新的羊肉产品的推出以及羊肉品牌的知名度等。产品包装对消费者的消费心理有很大的影响。厂家用精致的产品包装吸引消费者，以期达到让消费者有意识地选择此类包装，并在选择购买后，拥有极大的心里满足感。购物环境也是影响消费者进行消费的一种重要因素，使消费者能够在比较卫生、舒适的环境中选择商品也是商家的一种营销手段。而打造一个知名的品牌，形成一个良好的品牌形象与口碑也能够吸引更多的消费者。此外，优秀的营销人员往往也会提升品牌销售量，而新产品的推出，消费者出于好奇的心理也会增加产品的购买。

习惯因素包括偏好羊肉以及消费习惯与传统，一些少数民族地区如回族地区，由于传统的习惯会对羊肉更为青睐，将羊肉作为主要的肉食，是否偏好羊肉会对羊肉消费产生重大影响。

表 8-13 羊肉购买行为影响因素统计表

羊肉消费影响因素	不重要	不太重要	一般	比较重要	非常重要
价格		4	47	120	134
羊肉新鲜程度和外观				1	304
羊肉肉质与口感			2	1	302
羊肉营养价值				1	304
肉羊产地、饲养方式				4	301
偏好羊肉			1	1	303
产品包装和文字说明	9	27	37	24	208
购买的便利程度、购买环境			1	0	304
消费习惯与传统			5	5	295
羊肉的知名度、品牌	18	75	43	2	167
自己经验与亲朋好友的推荐		2	16	101	186
销售人员推销	66	58	99	73	9
新羊肉产品推出	58	57	88	81	21
新分割技术、冷柜保鲜技术	27	29	44	122	83
春节等重要节假日、朋友生日等	9	15	91	134	56

数据来源：根据实证调查整理得出。

根据表 8-13 的统计结果，消费者认为比较重要或者非常重要占到消费者样本总数一半以上的影响因素有 13 个，包括价格、购买的便利程度、购买环境、羊肉新鲜程度和外观、羊肉肉质与口感、羊肉营养价值、肉羊产地、饲养方式、偏好羊肉、产品包装和文字说明、消费习惯与传统、羊肉的知名度、品牌、自己经验与亲朋好友的推荐、新分割技术、冷柜保鲜技术、春节等重要节假日、朋友生日等，而相对来说销售人员推销、新羊肉产品的推出对人们的羊肉购买行为来说并不那么重要。

（三）河北省城市居民品牌羊肉认知及购买行为分析

1. 河北省城市居民品牌羊肉认知情况

对品牌羊肉的基本了解是做出购买决策的重要前提，而市场上的品牌羊肉一般都会具有食品认证标志，也有"地理标志""农产品地理标志"等认证商标。本研究试图通过消费者对此类标志和商标的了解程度分析消费者对品牌羊肉的基本认知。此次调查发现，消费者对食品认证标志以及食品认证的了解普遍都很少（图8-1），因此消费者在购买品牌羊肉时，很难通过辨认这类商标来进一步了解羊肉的品质，说明消费者在品牌羊肉认知方面存在较多的不足，在品牌羊肉的购买上存在一定的盲目性。

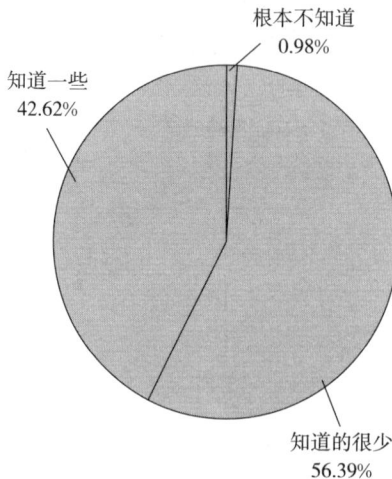

图8-1　食品认证标志了解程度

本研究调查了消费者对部分较为著名的区域羊肉品牌和企业羊肉品牌的认知（图8-2、表8-14和表8-15），调查结果显示多数人知道赤峰羔羊肉、苏尼特羊肉这两个区域品牌羊肉，多数人也知道小肥羊和小尾羊这两个企业羊肉品牌。这些品牌在河北省市场上拥有较高的市场认知度，已经在消费者心中占据着一定的地位。然而河北的企业品牌如冠扬、傻羊倌并不为广大消费者熟知。可见河北本地的羊肉品牌打得不是很响，宣传力度不够，还没有得到广大消费者的认可。

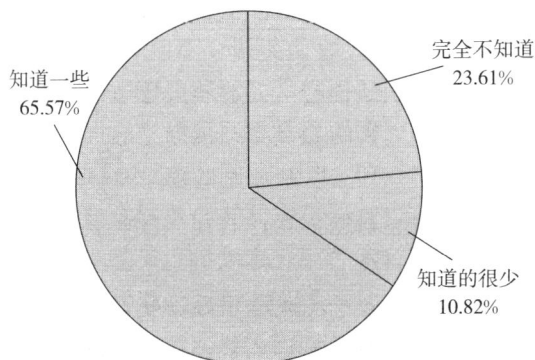

图 8-2　认证商标了解程度

表 8-14　区域品牌羊肉认知情况统计表

单位：人，%

您听说过下列哪个区域品牌羊肉吗？（可多选）	人数	比重
苏尼特羊肉	266	87.21
乌珠穆沁羊肉	71	23.28
神池羊肉	0	0
盐池滩羊肉	14	4.59
呼伦贝尔羊肉	82	26.89
怀仁羔羊肉	5	1.64
锡林郭勒羊肉	87	28.52
槐山羊肉	27	8.85
赤峰羔羊肉	289	94.75
横山羊肉	19	6.23
达茂草原羊肉	114	37.38
都不认识	2	0.66

数据来源：根据数据调查整理得出。

表 8-15　企业品牌羊肉认知情况统计表

单位：人，%

您听说过下列哪个企业品牌羊肉吗？（可多选）	人数	比重
冠扬	63	20.66
傻羊倌	20	6.56
利达羊肉	9	2.95

（续）

您听说过下列哪个企业品牌羊肉吗？（可多选）	人数	比重
小肥羊	304	99.67
大庄园	54	17.70
小尾羊	279	91.48
不认识任何品牌	0	0
其他	0	0

数据来源：根据实证调查整理得出。

此外，肉品质量安全问题时有发生。消费者对品牌羊肉的信任与其购买行为有很大的关系。调研显示，消费者对品牌羊肉的信任度有待提高，选择"不信任""一般"的个数占比分别为 20.66％和 23.93％，这部分人群在选择购买或选择不购买品牌羊肉上存在犹豫，将成为羊肉供给企业的主要营销的目标群体；持比较信任的态度的比重为 32.13％，很相信品牌羊肉的为 23.28％，调研显示，消费者对品牌羊肉具有一定的信任度，但是仍然有很大的提高空间（表 8 - 16）。

表 8 - 16　品牌羊肉信任情况统计表

单位：人，％

相比普通羊肉您对品牌羊肉更具信任感吗？	人数	比重
很信任	71	23.28
比较信任	98	32.13
一般	73	23.93
不信任	63	20.66
很不信任	0	0
合计	305	100.00

数据来源：根据实证调查整理得出。

2. 河北省城市居民品牌羊肉购买行为

从样本个体特征看，女性购买品牌羊肉的人数高于男性，可能与传统中女性担任购买食材者的角色有关。就民族而言，回族和朝鲜族购买过品牌羊肉的占比为 100％，远远高于其他民族。就不同年龄段居民购买品牌羊肉而言，被调查的居民大部分为中青年，其中 35～60 岁消费者购买频率最高。在受教育程度不同的群体中，本科及以上学历的消费者购买品牌羊肉的频率也比较高，本科以下则相对较少。家庭月收入在 10 000 元以上的消费者购买品牌羊肉的频率最高，月收入较高购买羊肉频率也较高。其中家庭中有 16 岁以下的孩子和 60 岁以上的老人，居民对品牌羊肉的购买频率会高于其他类型的消费者（表 8 - 17）。

表 8-17 不同特征消费者购买品牌羊肉情况统计表

单位:%

消费者特征类型	基本特征	购买过	比重	未购买过	比重
性别	男	42	39.62	64	60.38
	女	124	62.31	75	37.69
年龄	15~24 岁	6	21.43	22	78.57
	25~34 岁	18	50.00	18	50.00
	35~44 岁	45	64.29	25	35.71
	45~60 岁	91	63.64	52	36.36
	60 岁以上	6	21.43	22	78.57
民族	汉族	146	54.07	124	45.93
	满族	12	44.44	15	55.56
	回族	7	100.00	0	0
	朝鲜族	1	100.00	0	0
学历	高中及中专、技校	31	28.70	77	71.30
	本科及以上	112	72.73	42	27.27
	大专	23	53.49	20	46.51
婚姻	已婚	158	57.66	116	42.34
	未婚	8	25.81	23	74.19
家庭月收入	5 000~8 000 元	0	0.00	16	100.00
	8 000~10 000 元	24	22.22	84	77.78
	10 000 元以上	142	78.45	39	21.55
是否有 16 岁及以下的孩子及 60 岁及以上的老人	是	133	55.19	108	44.81
	否	33	51.56	31	48.44

数据来源:根据实证调查整理得出。

被调查者中有 166 名消费者购买过品牌羊肉,占总体样本的 54.43%,有139 人没有购买过品牌羊肉,占总体样本数的 45.57%(表 8-18)。

表 8-18 品牌羊肉购买情况统计表

单位:人,%

您是否购买过品牌羊肉?	人数	比重
是	166	54.43
否	139	45.57
合计	305	100.00

数据来源:根据实证调查整理得出。

通过调查已经购买过品牌羊肉的消费者，发现多数消费者认为质量安全有保障、口感好、品牌信誉是消费者购买品牌羊肉的重要因素，也有少量消费者认为品牌羊肉具有营养价值（表 8 - 19）。

表 8 - 19　购买品牌羊肉主要原因统计表

单位：人，%

若您购买过品牌羊肉，您选择购买品牌羊肉的最主要原因是？	人数	比重
质量安全有保证	77	46.39
包装精美	0	0
口感好	25	15.06
更具营养价值	4	2.41
品牌信誉	60	36.14
其他	0	0
合计	166	100.00

数据来源：根据实证调查整理得出。

通过调查已经购买过品牌羊肉的消费者其购买品牌羊肉占总体羊肉购买量的比重，发现比重在 10%～30%的人数较多，购买比重占 50%以上的只有 12.05%，说明消费者在羊肉消费中品牌羊肉购买数量仍然不多，品牌羊肉消费仍然有很大的提升空间（表 8 - 20）。

表 8 - 20　购买品牌羊肉比重表

单位：人，%

若您购买过品牌羊肉，您所消费的全部羊肉产品中，品牌羊肉所占的比重为	人数	比重
10%以下	1	0.60
10%～20%	34	20.48
20%～30%	55	33.13
30%～40%	26	15.66
40%～50%	30	18.07
50%以上	20	12.05
合计	166	100.00

数据来源：根据实证调查整理得出。

通过调查消费者对品牌羊肉的了解渠道，发现人们从网络上了解的最多，消费者也会从产品的包装上来了解品牌羊肉，此外很多消费者也会通过亲友的推荐、电视广播的宣传来购买，说明认知渠道对消费者购买品牌羊肉具有较大的影响力。品牌羊肉了解渠道统计情况见表 8 - 21。

表 8 - 21　品牌羊肉了解渠道统计表

单位：人，%

若购买过品牌羊肉，您通过什么渠道了解企业品牌羊肉的相关信息？（多选）	人数	比重
电视、广播	52	31.33
网络	131	78.92
小区宣传栏	1	0.60
亲友推荐	84	50.60
产品包装	128	77.11

数据来源：根据实证调查整理得出。

对于从未购买过品牌羊肉的消费者来说，最主要的不购买原因有三个方面，即价格太高、没听说过这些品牌、对于羊肉品牌的不信任（表 8 - 22）。

表 8 - 22　不购买品牌羊肉原因统计表

单位：人，%

不购买品牌羊肉原因	人数	比重
价格太高	50	35.97
没听说过这些品牌	40	28.78
想购买，但不知道去哪里买	0	0
不信任品牌羊肉，对其安全同样表示怀疑	49	35.25
其他	0	0

数据来源：根据实证调查整理得出。

三、河北省城市居民品牌羊肉购买行为影响因素的实证分析

（一）变量设置与模型构建

根据已有研究成果中影响消费者购买行为的相关变量，并结合上述描述性分析情况，主要选取个体特征、市场风险的关注程度、购买成本因素、产品因素、营销因素、习惯因素以及品牌认知的具体变量来探究影响品牌羊肉购买行为的因素，即假设这些因素会影响购买行为，其中购买行为（Y）表示因变量，其余变量均为自变量（X）。

从理论上来说，个体自身的特征（性别、年龄、学历、婚姻、月收入，家中是否有老人或小孩等）会使得个体产生不同的消费需求，致使其形成不同的购买行为。从传统上说，家庭食材的购置工作一般由女性承担，而女性会更加注重市场的安全和品质，可能女性更加愿意购买品牌羊肉。年龄也会对品牌羊

肉的购买产生影响，一般认为年轻人更注重产品整体的外观和购买的便利程度，可能会更加容易倾向于购买品牌羊肉；文化程度越高的居民，其具有更高的品质追求，因此更能接受品牌羊肉，对品牌羊肉的信任度也会更高，能够准确地搜寻并掌握品牌产品的信息，所以就越倾向于选择购买品牌产品；家庭月收入水平越高的群体，会更加重视产品的质量安全和产品的品质，所以会更愿意购买品牌产品；家中有老人或小孩，需要更多的营养，都是经受不起产品安全风险的薄弱人群，这类消费群体在购买羊肉时必然会将质量安全放在首位，更加愿意购买通过质量认证的品牌羊肉；消费者平时越关注市场风险，越重视产品安全问题，品牌羊肉的购买意愿也越高。同时，成本因素、产品因素、营销因素以及习惯因素对消费者购买意愿起到很大的诱导作用。从购买成本因素角度来说，羊肉价格是影响消费者购买行为最直接的成本因素。从产品因素来说，随着健康消费观念的升级，产品质量越高，消费者会更乐意购买品牌产品。从营销因素角度来说，生活中有更多的品牌羊肉的宣传信息和促销活动，消费者在无意中提升了对品牌羊肉的认知，潜移默化地影响了消费者的购买意愿，在很大程度上增加了品牌羊肉购买的可能性，购买场所也会影响消费者的购买行为，常在超市专卖店购物的消费者对品牌羊肉产品购买的倾向会更大。此外，有些消费者本身就偏好羊肉，也可能意味着购买品牌羊肉的可能性也大大增加。除此之外，消费者对品牌羊肉的认知度和信任度越高，对品牌产品的接受程度就越高，购买意愿也就越强。品牌羊肉购买行为相关变量释义和预期方向如表8-23所示。

表8-23　品牌羊肉购买行为相关变量释义和预期方向

变量	赋值	赋值定义	预期方向
因变量：消费者对品牌羊肉购买行为（Y）	0-1	购买=0；不购买=1	
自变量：			
1. 个体特征			
性别（X_1）	0-1	女=0；男=1	?
年龄（X_2）	1-5	15～24岁=1；25～34岁=2；35～44岁=3；50～60岁=4；60岁以上=5	?
学历（X_3）	1-5	小学及以下=1；初中=2；高中及中专、技校=3；大专=4；本科及以上=5	+
婚姻（X_4）	0-1	未婚=0；已婚=1	+

（续）

变量	赋值	赋值定义	预期方向
月收入（X_5）	1-6	1 000 元以下＝1；1 000～3 000 元＝2；3 000～5 000 元＝3；5 000～8 000 元＝4；8 000～10 000 元＝5；10 000 元以上＝6	＋
是否有 16 岁及以下的孩子及 60 岁及以上的老人（X_6）	0-1	无＝0；有＝1	＋
2. 市场风险感知			
市场风险的关注程度（X_7）	1-5	完全不关注＝1；比较不关注＝2；不确定＝3；比较关注＝4；非常关注＝5	＋
3. 成本因素			
价格（X_8）	1-5	完全不重要＝1；比较不重要＝2；不确定＝3；比较重要＝4；非常重要＝5	—
4. 产品因素			
羊肉新鲜程度和外观（X_9）	1-5	完全不重要＝1；比较不重要＝2；不确定＝3；比较重要＝4；非常重要＝5	＋
羊肉肉质与口感（X_{10}）	1-5	完全不重要＝1；比较不重要＝2；不确定＝3；比较重要＝4；非常重要＝5	＋
羊肉营养价值（X_{11}）	1-5	完全不重要＝1；比较不重要＝2；不确定＝3；比较重要＝4；非常重要＝5	＋
肉羊产地和饲养方式（X_{12}）	1-5	完全不重要＝1；比较不重要＝2；不确定＝3；比较重要＝4；非常重要＝5	＋
5. 营销因素			
包装和文字说明（X_{13}）	1-5	完全不重要＝1；比较不重要＝2；不确定＝3；比较重要＝4；非常重要＝5	＋
羊肉的知名度和品牌（X_{14}）	1-5	完全不重要＝1；比较不重要＝2；不确定＝3；比较重要＝4；非常重要＝5	＋
促销宣传（X_{15}）	1-5	完全不重要＝1；比较不重要＝2；不确定＝3；比较重要＝4；非常重要＝5	＋
购买的环境与便利度（X_{16}）	1-5	完全不重要＝1；比较不重要＝2；不确定＝3；比较重要＝4；非常重要＝5	＋
6. 习惯因素			
偏好羊肉（X_{17}）	1-5	完全不重要＝1；比较不重要＝2；不确定＝3；比较重要＝4；非常重要＝5	＋

（续）

变量	赋值	赋值定义	预期方向
7. 品牌认知			
认证食品（农产品）标志认知程度（X_{18}）	1-5	完全不了解=1；比较不了解=2；一般=3；比较了解=4；非常了解=5	+
品牌羊肉信任程度（X_{19}）	1-5	完全不信任=1；比较不信任=2；一般=3；比较信任=4；非常信任=5	+

数据来源：根据实证调查整理得出。

研究消费者对品牌羊肉的购买行为，因变量包括"购买"和"不购买"两种选择，属于二元选择问题。因此，本研究采用二元 Logistic 模型，估计方程表达式为：

$$P(y) = a + \sum_{j=1}^{n} X_{ij}\beta_j + \mu_i \qquad （式 8-1）$$

$P(y)$ 为消费者选择购买品牌羊肉的概率，X_{ij} 是解释变量，表示第 i 个样本的 j 个影响购买行为的因素，而 β_j 则表示 j 中影响购买行为的因素的回归系数，n 表示这一概率影响因素个数，a 是常数项，μ_i 是其他的随机项。

（二）模型结果分析

应用 SPSS 软件，本研究对品牌羊肉消费者购买行为影响因素进行了分析，结果显示，模型的 Cox & Snell R 平方为 0.613 说明拟合优度较好。卡方 353.426，表明模型整体显著性较好。

表 8-24　回归模型估计结果表

解释变量	B	S.E.	Wald	df	显著性	Exp（B）
1. 个体特征						
性别（X_1）	-0.413	0.385	1.163	1	0.271	1.537
年龄（X_2）	0.312	1.03	0.092	1	0.762	0.732
学历（X_3）	0.452	0.311	2.321	1	0.089*	1.624
婚姻（X_4）	0.601	0.866	0.482	1	0.488	1.824
月收入（X_5）	1.15	1.245	0.853	1	0.356	3.157
是否有 16 岁及以下的孩子及 60 岁及以上的老人（X_6）	1.032	1.866	0.306	1	0.581	0.356
2. 市场风险感知						

（续）

解释变量	B	S. E.	Wald	df	显著性	Exp（B）
市场风险的关注程度（X_7）	0.437	0.213	3.876	1	0.061*	1.61
3. 成本因素						
价格（X_8）	−0.212	0.315	1 429	1	0.217	0.711
4. 产品因素						
羊肉新鲜程度和外观（X_9）	0.524	0.131	1.921	1	0.045**	1.001
羊肉肉质与口感（X_{10}）	0.665	0.231	1.431	1	0.025**	1.612
羊肉营养价值（X_{11}）	0.312	0.911	0.492	1	0.923	1.028
肉羊产地和饲养方式（X_{12}）	0.871	0.426	0.453	1	0.345	0.912
5. 营销因素						
包装和文字说明（X_{13}）	0.15	1.125	1.432	1	0.323	1.157
羊肉的知名度和品牌（X_{14}）	1.312	0.834	2.334	1	0.021**	1.106
促销宣传（X_{15}）	1.217	0.485	6.121	1	0.009***	1.913
购买的便利程度与购物环境（X_{16}）	0.352	0.301	2.321	1	0.059*	1.412
6. 习惯因素						
偏好羊肉（X_{17}）	0.413	0.215	2.232	1	0.921	0.537
7. 品牌认知						
认证食品（农产品）标志认知程度（X_{18}）	0.176	0.208	4.976	1	0.017**	1.076
品牌羊肉信任程度（X_{19}）	0.617	0.265	7.121	1	0.008***	2.913
常量	−9.066	5.987	4.544	1	0.034	0

注：***、**、*分别表示在1%、5%、10%的显著性水平下显著。

如表8-24所示，促销宣传、品牌羊肉信任程度的Wald统计值比较大，分别为6.121、7.121，显著性为0.009、0.008，表示都在1%的显著性水平下显著，促销宣传和品牌羊肉信任程度对品牌羊肉的购买行为具有最为显著的影响；羊肉新鲜程度和外观、羊肉肉质与口感、羊肉的知名度和品牌、认证食品（农产品）标志认知程度显著性分别为0.045、0.025、0.021、0.017，均在5%的显著性水平下显著，且Wald统计值都较大，说明羊肉新鲜程度和外观、羊肉肉质与口感、羊肉的知名度和品牌、认证食品（农产品）标志认知程度对品牌羊肉购买行为有较强的影响作用；学历、市场风险的关注程度、购买的便利程度与购物环境这三个变量的显著性分别为0.089、0.061、0.059，显著性水平在10%以下，说明其对购买行为也有一定的影响作用。而其他变量的显著性概率都较大，说明对购买行为的影响作用不太明显，没有显著影响。

Exp（B）指标指的是在其他条件不变的情况下，单位自变量的变化，所能够引起的事件发生比的变化率，即模型中各显著性因素对品牌羊肉购买意愿的贡献比。从回归结果可以得到，显著性影响因素一共是 9 个，其贡献程度从小到大排列依次是：羊肉新鲜程度和外观（1.001）、认证食品（农产品）标志认知程度（1.076）、羊肉的知名度和品牌（1.106）、购买的便利程度与购物环境（1.412）、市场风险的关注程度（1.61）、羊肉肉质与口感（1.612）、学历（1.624）、促销宣传（1.913）、品牌羊肉信任程度（2.913），因此应根据各因素的贡献比来制定激发品牌羊肉消费的措施。

针对回归结果，进一步探究不同因素对品牌羊肉购买行为的影响程度：从个体特征因素的回归结果来看，仅有"学历"因素对购买品牌羊肉行为的影响作用具有显著性，且两者呈现正相关的关系，与预期的方向相同。究其原因，可能是随着一个人学历的提升，其认知水平、消费观念也会不断改善，会追求更高的生活品质，因而也会更加容易购买品牌羊肉。同时，模型结果并未显示个人月收入对品牌羊肉购买具有显著影响，可能的原因是随着经济的飞速发展，河北省城市居民的经济能力普遍提升，收入水平的高低差距不再是品牌羊肉购买的显著影响因素；从市场风险感知因素的回归结果来看，市场风险的关注程度对品牌羊肉的购买行为的影响作用具有显著性，且两者呈现正相关的关系，与预期的方向相同，说明在食品安全事件频发的情况下，消费者越关注此类事件，人们对肉食品市场风险的担忧也会增加，会越重视产品的品质质量，也就会更加倾向于购买相对具有安全保障的品牌羊肉；从产品因素的回归结果来看，羊肉新鲜程度和外观、羊肉肉质与口感两个因素对品牌羊肉的购买行为的影响作用具有显著性，且两者呈现正相关的关系，与预期的方向相同，说明消费者越是认可品牌羊肉的新鲜程度和外观、肉质与口感，将来购买品牌羊肉的愿望越强烈，反映出消费者对羊肉品质的重视；从营销因素的回归结果来看，羊肉的知名度和品牌、促销宣传、购买的便利程度与购物环境对购买品牌羊肉行为的影响作用具有显著性，且两者呈现正相关的关系，与预期的方向相同。说明品牌促销推广和广告宣传的投放、品牌知名度的提高，在很大程度上对消费群体购买品牌羊肉具有导向性。购买地点的便利程度及环境体现消费者生活品位，经常在超市购物的消费者往往对生活质量要求较高，希望购买有品质保证的物品，因此其购买品牌羊肉的行为会更强烈；从品牌认知因素的回归结果来看，认证食品（农产品）标志认知程度、品牌羊肉信任程度对购买品牌羊肉行为的影响作用具有显著性，且两者呈现正相关的关系，与预期的方向相同。对认证食品标志越了解，说明越关注食品的品质，因而会更加倾向于购买具有此类认证标志的品牌羊肉。此外，消费者越是信任品牌羊肉，在信任感的驱使下，就越会购买品牌羊肉；从其他因素的回归结果来看，成本因素和习惯因素对品牌羊肉的购买均不再是重要因素，说明消费成本或者说品牌羊肉的价格的高低不是影响消费者购买行为的显著因素。而偏好对购买行为的影响也不显著，说明偏好对消费者的影响不太敏感。

综合模型运行结果，消费者购买品牌羊肉的行为主要受到羊肉新鲜程度和外观、认证食品（农产品）标志认知程度、羊肉的知名度和品牌、购买的便利程度与购物环境、市场风险的关注程度、羊肉肉质与口感、学历、促销宣传、品牌羊肉信任程度的影响，不同因素的影响程度和方向各不相同。其中，促销宣传、品牌羊肉信任程度对消费者购买行为的显著性最大。

四、河北省羊肉品牌建设的对策建议

（一）政府培育羊肉品牌的对策

1. 制定长远的品牌发展规划

政府要有品牌建设的意识，要牢固树立品牌建设的理念，并通过政策和资金支持羊肉品牌的建设，积极引导企业和农户树立品牌意识。基于河北省羊肉品牌建设现状，制定与本省实际情况相符的羊肉品牌建设策略。积极支持羊肉品牌先进企业的发展，打造出一批品牌龙头企业，推动相关企业的示范带动作用，不断提高河北省羊肉生产的规模化和品牌化程度。加强羊屠宰、加工、包装和冷链运输企业建设和改造升级，延长肉羊产业链，通过发展加工业提高羊产品附加值。为品牌羊肉市场构建相应的监管系统，进一步提高对品牌羊肉品质的保障程度。鼓励优势区域集中发展肉羊养殖业，形成主产区连片化、集约化、规模化的育肥养殖基地。

2. 加强扶持发展羊肉区域品牌

政府需要在金融、知识产品保护等政策上予以扶持。在企业品牌化发展进程中，政府应当积极鼓励金融机构和企业建立专利、商标权抵押贷款，为企业减轻负担，激发企业创新活力。推动地理标志产品的申请工作。积极引导区域公用品牌的建立，规范区域内各企业对于公用品牌的使用。政府应加强基层畜牧技术队伍的建设和培训，为标准化生产技术推广、质量追溯基础数据采集、疫病防控等提供技术支撑。加大对养殖、屠宰等过程中的补贴，增加对规模大、知名度高的一些龙头企业的扶持力度。政府虽然出台相关政策支持羊产业的发展，但由于责任不清晰、分工不明确导致政策落实不到位。因此，需要明确政府各部门、各人员的职责分工，设立奖惩机制，监督政策执行情况，加大政策落实效率。

3. 提供品牌宣传平台

品牌的建立不仅需要优质产品也需要更加权威的宣传平台。尽管在互联网时代，有大量的网络平台，但本质上缺乏政府组织平台的权威性。政府的行为与企业相比更容易得到媒体和社会的关注。政府应当发挥引领作用在线上建立全省统一肉羊产品质量平台，为优质品牌产品提供权威、公正的宣传平台。平台在起到宣传品牌作用的同时，还应该发挥惩戒机制，曝光产品质量不合格的失信企业及品牌，加强对市场监管力度，严厉打击侵犯知识产权和制售假冒伪劣产品企业。线下政府应当多组织农业展览会，产品推介会等多种形式宣传活动，扶植省内优秀羊肉品牌，同时也利于培养居民羊肉消费习惯，进一步为扩大羊肉消费打下基础。

4. 提供完善的公共服务

河北优越的地域自然条件和人文资源要素在羊肉品牌建设中没有显现，具有明显地域性特征和区位公共物品属性的文化沉淀没有深挖。通过与高校合作或者聘请相关专家构建相应的科研和技术指导机构，通过高科技人才的技术指导，进一步引导和规范河北省羊肉品牌的建设和发展，为河北省品牌建设提供更加全面的公共服务。同时可以通过非物质遗产申请的方式进一步深挖地域性特征和区位公共物品属性的文化沉淀。此外，还应当构建品牌诚信体系，规范羊肉品牌市场的竞争行为，为品牌建设提供保障。

（二）企业打造品牌羊肉的对策

1. 加强产品质量管理水平

企业要通过引进肉羊养殖、疾病防疫、组织管理等专业人才，不断完善自身运行机制，提高运行效率。在此基础上积极配合政府工作，落实政府相关政策。制定严格的、具体的养殖、屠宰、加工和销售标准，严格遵守此标准，规范企业自身的生产经营行为，为消费者提供高品质的羊肉产品。企业要与政府合作，引进质量追溯体系，实现品质从源头抓起，并且对可追溯体系进行宣传，让消费者充分了解可追溯体系，增加消费者对品牌羊肉质量的信任度。

2. 不断完善企业的工艺水平

目前羊肉消费的季节性明显主要是由于人们对于羊肉的制作方法仍主要为涮羊肉、煲汤等传统做法。打破羊肉消费的季节性，企业需要在产品研发上创新，发展适应各个季节不同的羊肉产品，如发展羊肉类零食、开发新类型羊肉菜品等。同时应当加强对于高端羊肉产品的研发，提升羊肉产品的附加值，满足消费者对于高端羊肉产品的需求，也增强企业品牌的影响力。产品的品质是品牌构建的基础，而良好的加工工艺是产品品质的保障。作为品牌羊肉生产者，相关企业应该严格控制羊肉质量，制定严格的生产流程和标准，切实保障品牌羊肉的安全和品质，不断提高消费者对品牌的信任。目前，在严格执行现有规范我国肉羊屠宰加工行为的国家标准下，企业本身应制定严格的产品检测标准和检测方法，吸收和借鉴国外先进的技术，根据自身特点进行开发和创新，在工作中不断完善羊肉肉质检测方法，在提高检测效率的同时保证羊肉产品的质量。面对消费者需求的转型升级，屠宰加工企业也应加强内外联动，通过与肉羊产业发达国家合作，参考其屠宰前肉羊福利设施，引进先进的羊肉食品深加工技术和经验，实现产品标准化与肉羊产业的可持续发展。同时大力抓好企业监测认证工作，严格把控食品安全线，把资源优势转化为产业优势，带动更多中小型肉食品产业的发展，促进产业联合或者重组，优化资源配置。

3. 提高品牌市场竞争力

取得消费者的信任是品牌发展的关键。让消费者能够从更多的渠道获得品牌产品的消息，在消费者消费了相关产品以后，进一步去了解消费者的反馈意见。以便对产品进行进一步的完善，从而让消费者形成对品牌的信任感，从而巩固自己的目标消费群体，进而达到扩大市场占有份额的目标。另外，企业应当进一步完善自己的营销体系。品牌羊肉生产的龙头企业应当充分发挥示范和带动作用，率先构建高效的营销网络，不断提升河北省羊肉品牌的品牌形象。不仅局限于各大超市及相关的羊肉产品专卖店还应该将营销的场所范围不断扩展。可以在各小区或者是相关便利店设置营销网点，从而不断提高品牌的知名度，增加品牌羊肉产品的销量。在销售策略的制定上应当采用差异化营销策略，分析不同特征消费者对品牌羊肉的需求，从而进行差异化的营销。还可以和电子商务平台合作，发展连锁经营。通过电子商务扩大品牌的影响力，让消费者能够通过网购或者是同城购物的方式更快地获得相关的品牌羊肉产品，满足更多消费者网络化、便捷化的购物需求。总之，作为羊肉生产企业，应当更加了解消费者的需求，开发出具有更高科学技术的高质量羊肉产品，不断发展交流，提升羊肉的附加值和品质。针对不同的市场需求，开发不同的产品系列，差异化竞争，切实推动羊肉品牌的建设与发展。

4. 完善冷链物流体系

羊肉具有新鲜、容易腐烂、不易储存和不便运输的特点。为了保障消费者对品牌羊肉的消费需求，企业需要提供高效便捷的物流服务。为了保障羊肉从产地对附近及其他较远地区的供应，应当加强对冷链物流的建设投入，保障羊肉配送的快捷与高效，杜绝因为配送原因而造成的对羊肉品质的破坏。同时在物流运输的过程中要严格管理，不断降低羊肉流通的成本，满足更多消费者对羊肉产品的需求。推动龙头企业区域性冷链物流集散配送中心建设，逐步完善冷链仓储、运输、配送等综合服务体系。

5. 加强品牌宣传

品牌宣传是提升品牌竞争力的重要措施，要制定符合河北省羊肉特点的品牌发展战略以及具体的营销策略。在宣传内容方面，要围绕羊肉特点制作高质量的、吸引消费者的广告内容。不断增强品牌羊肉知识的宣传力度，扩大品牌羊肉知识的普及范围。通过宣传使得消费者增强品牌羊肉的认知，建立起消费信任从而促进消费者对相关品牌羊肉的购买，增加品牌的知名度。同时在节假日或者羊肉产品销售淡季时做一些打折促销宣传活动。根据调查，78.98%的消费者愿意溢价6%～20%购买具有品质保障的品牌羊肉。因此，企业在努力提高品牌羊肉品质的基础上，还应当努力减少品牌羊肉实际价格和符合消费者支付意愿的溢价之间的差异，立足市场现状结合消费者意愿对羊肉产品进行合理定价。

专题九　河北省羊粪污处理情况调研报告

　　河北省是羊育肥养殖大省，养殖地域分布较广，总体数量较大，养殖类型也比较齐全，近年来规模化程度提升较快，养殖效益一直较好，也是农民脱贫致富的有力抓手，同时也为北京、天津等地的菜篮子工程作出了巨大的贡献。但随着河北省规模化养殖量的逐年增加，肉羊养殖业对环境的影响也越来越大。为了探寻能够形成有效绿色生态循环养殖的产业链的路径，课题组开展了调研，主要目的是摸清河北省养羊场粪污的产生量、处理模式、对环境造成的危害程度、粪污处理存在哪些问题，以便提出今后养羊粪污处理的合理化建议，推动养羊业健康可持续发展。

一、调研方法

　　本次调研对象分为年出栏 500 只以上的规模养羊场和 500 只以下的散养户两部分。规模场的数据来源主要是行业统计数据，散养户主要通过问卷调查和实地走访进行调研。河北省养羊团队环境控制岗根据河北省各市养羊散养户数量比例，确定出了散养户调查对象数量共 270 户，其中承德 32 户，张家口 20 户，秦皇岛 20 户，唐山 20 户，廊坊 10 户，保定 43 户，沧州 20 户，石家庄 30 户，衡水 20 户，邢台 15 户，邯郸 40 户。调查内容主要包括养殖场养殖概况、规模场养殖用水量、液体粪污产生量、固体粪污产生量、清粪方式、养殖占地面积、地域位置类型、主要饲养类别、养殖存栏规模、圈舍类型等指标。实地调研则在走访之前依据全省各地不同的气候条件与养殖习惯规划好调研路线，根据提前设计好的调查问卷并结合实际情况采访养殖户，并通过照片、录音与填写调查问卷记录调研过程。

二、调研结果

（一）年出栏 500 只以上规模养殖场情况

　　通过行业统计数据显示，2019 年河北省年出栏 500 只以上养羊场共计 992

家、出栏量 136.9 万只，总计养殖用水量 54.94 万吨，液体粪污产生量 23.82 万吨，固体废物产生量 20.47 万吨，干清粪有 955 家，垫料养殖 25 家，固液分离的有 432 家，粪污综合利用率 90％。

其中年出栏 500～1 000 只养殖场的有 496 家，年出栏量 15.5 万只；养殖用水量 21.47 万吨、平均每只用水量 1.39 吨；液体粪污产生量 9.15 万吨，每只羊 0.59 吨；固体废物产生量 4.6 万吨，每只羊 0.3 吨；干清粪 470 家，垫料养殖 11 家，固液分离的有 250 家，粪污综合利用率 85％。

年出栏 1 000～2 000 只的有 232 家，整体年出栏量 32.5 万只，养殖用水量 13.34 万吨、平均每只 0.41 吨；液体粪污产生量 5.86 万吨，每只 0.18 吨；固体废物产生量 5.03 万吨，每只 0.16 吨；干清粪 221 家，垫料养殖 9 家，固液分离的有 129 家，粪污综合利用率 100％。

年出栏 2 000～5 000 只羊的有 228 家，整体年出栏量 64.3 万只，养殖用水量 15.44 万吨、平均每只羊 0.24 吨；液体粪污产生量 6.7 万吨，每只 0.1 吨；固体废物产生量 7.9 万吨，每只羊 0.12 吨；干清粪 224 家，垫料养殖 4 家，固液分离有 41 家，粪污综合利用率 100％。

年出栏 5 000 只羊以上的有 36 家，整体年出栏量 24.6 万只，养殖用水量 3.3 万吨、平均每只羊 0.13 吨；液体粪污产生量 1.99 万吨，每只羊 0.08 吨；固体废物产生量 2.6 万吨，每只羊 0.11 吨；清粪方式全部是干清粪，固液分离的有 10 家，粪污综合利用率 100％。

（二）年出栏 500 只以下散养户情况

此次调研羊场的指标包括养殖占地面积、地域位置类型、主要饲养类别、养殖存栏规模、圈舍类型、每只羊设计占地面积、场区排水设施、每年放牧情况、辅助通风方式、场内地面模式、清粪方式、清粪频率、储粪设施情况、粪污处理模式、污水设施和污水处理模式共计 16 项指标。调查结果如下：

1. 占地面积

规模 50 只以下的养殖场占地面积主要集中在 0.000 6～0.07 公顷（0.01～1 亩）；50～100 只的养殖场主要集中在 0.02～0.42 公顷（0.3～6 亩）；101～300 只的养殖场主要集中在 0.02～1.05 公顷（0.3～15 亩），个别养殖场最大占地 2.8 公顷（40 亩）；301～500 只的养殖场主要集中在 0.03～1.34 公顷（0.5～20 亩），最大的占地 3.35 公顷（50 亩）；基本遵行养殖规模越大占地面积越大的原则。

2. 地域位置类型

养殖场主要分布在平原地区和山区丘陵地区，其中平原地区 164 户，山区丘陵地区 106 户；规模 101～500 只的养殖户在平原地区有 86 个、山区丘陵地区有 89 个；地域位置类型对养羊没有什么影响，山区丘陵地区规模大的羊场有增加的趋势。

3. 主要饲养类别

主要分为种羊场、育肥羊场、自繁自养育肥和羔羊繁育羊场 4 种模式。其中种羊场 2 户、育肥羊场 66 户、自繁自养育肥 199 户、羔羊繁育羊场 3 户。

4. 养殖存栏规模

50 只以下的 48 户，51～100 只的养殖场 55 户，101～300 只的养殖场 115 户，301～500 只的养殖场 52 户。调研可知，101～300 只的养殖场所占比例最高。

5. 圈舍类型和每只羊设计占地面积

圈舍类型分为全开放、半开放和全封闭三种。全开放养羊场 30 户，半开放养羊场 203 户，全封闭养羊场 37 户。

每只羊设计占地面积主要集中在 1～10 平方米，其中最小值 0.3 平方米，最大值 55 平方米。

6. 场区排水设施

分为有完善的雨水污水排放设施、有雨水排放设施和无排水设施 3 种。有完善的雨水污水排放设施的养羊场 9 户，有雨水排放设施养羊场 103 户，无排水设施养羊场 158 户。

7. 每年放牧情况

分为不放牧、放牧 1 个月、2 个月和 3 个月以上 4 种。调研结果显示，不放牧的羊场有 181 户，放牧 1 个月的有 10 户，2 个月的有 27 户，3 个月以上的有 52 户。

8. 辅助通风方式

辅助通风方式分为无通风方式、舍顶换气转筒、降温排风扇和其他 4 种。无通风的共 209 户，占比 77.4%；舍顶换气转筒通风的有 26 户，降温排风扇的有 29 户，其他方式的有 6 户。其中 77.4% 的养殖场没有辅助通风方式，说明羊舍基础设施建设没有得到充分重视。

9. 场内地面模式

场内地面模式分为土地面、砖地面、水泥地面、混合土地面和高床养殖 5 种模式。其中土地面 165 户、砖地面 24 户、水泥地面 51 户、混合土地面 8 户、高床养殖 22 户。

10. 清粪情况

清粪方式分为人工清粪和机械清粪 2 种。其中人工清粪 259 户，机械清粪 11 户，后者一般为大型养殖场采用的方式。

清粪频率分为一批一清、一年清 1 次、一年清 2 次和一年清 3 次以上 4

种。一批一清的 107 户、一年清 1 次的 23 户、一年清 2 次的 48 户、一年清 3 次以上 82 户。

储粪设施情况分为有防雨防渗防溢储粪场和无专门的储粪场两种。有防雨防渗防溢储粪场的 48 户，无专门储粪场的 222 户，占比 82%。

粪污处理模式分为场内堆积发酵、对外出售、运到田里发酵和生产沼气。场内堆积发酵的 103 户、对外出售的 48 户、运到田里发酵的 117 户、生产沼气的 2 户。

污水设施分为无污水贮存设施和有污水贮存设施 2 种。其中无污水贮存设施的 243 户，占比 90%；有污水贮存设施的 27 户。

污水处理模式分为氧化塘发酵和入雨水系统排走 2 种。其中氧化塘发酵的 19 户、入雨水系统排走的 101 户，无污水处理设施的 150 户，占比 55.6%。

三、调研结果分析

课题组实地走访了有代表性的重点养羊区域（如保定唐县、张家口和承德坝上地区、秦皇岛沿海地区和石家庄中部平原等），详细了解了河北省各区域养羊场的选址、构造和粪污处理情况。调研发现，虽然肉羊养殖比其他家畜养殖产生的污染少，但是由于羊的总体数量较大，整体污染情况不容小觑。通过行业统计分析显示，2019 年河北省肉羊全年出栏量 2 400 万只，石家庄、保定、邢台、秦皇岛、邯郸、保定、张家口、沧州和承德出栏均在 100 万只以上。养殖最为集中的是保定市唐县，每年出栏肉羊 800 万只以上，虽然效益可观，每年辐射带动 1 万多名贫困人口脱贫致富，但是如果当地粪污处理不好，就容易造成环境和空气污染。

调研发现，养羊场的管理模式逐渐成熟，养羊场各种粪污处理设施逐渐趋于机械化，养羊户的环保意识逐渐增强。随着环境治理政策的逐步推进，养羊场粪污处理越来越受到政府和老百姓的广泛关注，堆粪场、污水处理设施成为建造养羊场的必备条件。河北省主要养羊场的环境污染防治工作逐渐步入正轨，环境污染风险控制初见成效，但是仍存在一些问题。

（一）年出栏 500 只以上规模场粪污资源化利用率分析

行业统计数据显示全省规模养殖场基本都建有粪污处理设施，随着养殖规模增大，粪污处理设施越健全、处理效果越好，每只羊单位养殖用水量、液体粪污和固体粪污产生量越少。养羊场清粪方式主要以干清粪为主，占比 96%，粪污资源化利用率也随着规模的增大而提高，年出栏 1 000 只以上的养殖场，粪污资源化利用率全部达到 100%。

（二）年出栏 500 只以下散养户粪污资源化利用率分析

养殖规模较小的养殖场在长期养羊过程中，由于一直沿用传统的养殖模式，养羊户形成了固定的养殖习惯，忽视了对环境保护和资源化利用。养殖场选址存在选址不合理的情况，将养羊场建设在公路两旁、城镇周边和河道两侧，给养殖污染治理留下安全隐患。例如唐县由于前期缺乏合理规划，现在由于养羊存栏量多、养殖密度大，产生的粪污已影响当地环境质量。

年出栏 500 只以下散养户占地面积都比较小，91％养殖户单位养羊面积集中在 1～10 平方米，地域位置类型对养羊没有什么影响，山区丘陵地区规模大的羊场有增加的趋势，74％是自繁自养育肥模式，75％采用半开放模式；排水设施方面，96％散养户采用简单的雨水排放设施或者没有设施，78％没有辅助通风设备；场区以土地面为主，占比 65％；96％采用人工清粪；82％没有储粪设施，81％直接场内堆积或运到田间发酵；90％没有污水设施，95％散养户不产生污水，产生污水的则随雨水排走。

（三）调研结果原因分析

1. 养殖户环保意识还不够强

个别养羊场（户）污染物排放存在很大的随意性，环保意识不强。由于污染物无害化处理设施落后，处理不到位，甚至不处理而堆放到田间，使得养羊场产生大量畜禽粪便和污水随意排放，污染周边环境、水源和农田土壤；同时少部分养殖户饲喂饲养过程中添加的促生长抗疾病的投入品处理不当，很有可能会造成对环境的污染。

2. 粪污处理设施投资大运行费用高

养羊场粪污在治理过程中的无害化处理设施具有成本高、见效慢的特点。很多养羊场尤其是散养户负担不起粪污处理设施建设投资和建设后的运行费用。大多数养殖户只是简单的堆积发酵，或者直接运到田间发酵，但由于散养户整体规模小，养殖分散，在没有政策大力扶持和强制禁止的情况下，难以强制推行粪污处理设施。

3. 国家支持力度偏弱，政策偏少

粪污治理近几年国家采取了很多措施，划定禁养区和限养区，也出台了相关的防治条例，对新建和改扩建的规模养殖场明确做出了规定，同时对养殖场的选址也有了明确的标准。但是管理部门对养羊产业的治理政策相对其他牲畜重视不够。现阶段政府对生猪、肉、蛋鸡、奶牛粪污处理补贴力度偏大，而对养羊产业补贴力度较小，也是造成养羊场粪污处理设施简陋的原因之一。

四、河北省羊场提高粪污处理能力的对策建议

（一）加强政策顶层设计和制度保障

让制度和法治为生态文明建设保驾护航，"绿水青山就是金山银山""保护生态环境就是保护生产力"和"良好生态环境是最公平的公共产品，是最普惠的民生福祉"的观念深入养殖户心里。政府出台相关防治条例进行系统部署，促进好的政策落地生根。只有形成系统的制度保障，统一坚持的组织领导，才能协调各种有效治理资源形成治理合力，落实好相关技术措施。

（二）增强整治和自治相结合意识，明确法律义务主体

粪污治理必须统筹考虑产前饲喂环节、产中养殖环节、产后粪便治理各个环节，要形成有效地利益联结机制。一是政府要出台治理发展规划，专家规范各环节的饲养标准；二是要充分利用肉羊产生的粪便的资源优势，建立粪污处理设施，生产有机肥，使粪污变废为宝；三是要区域同步进行。环境质量是净投入，没有个体效益，因此必须在区域内同步进行，增强整治和自治相结合意识，明确法律义务主体，实行治理成本均担，形成合力，改善养羊场环境。

（三）构建合理的治理路线

总体思路是"控制增量、降低存量"，控制增量分为控制养殖规模和减少个体粪污产生，降低存量主要是对产生的粪便进行资源化利用。具体为：一是控制养殖规模增量，引导适度分散养殖，根据养殖用地指定养殖量指标，减少环境过载量；二是改进饲养模式，增加发酵床在养羊中的饲养比例，比如唐县正在做发酵床整县逐步推进工作，现阶段推广效果良好；三是粪污集中处理，可采用集中有机肥加工厂，对产生的粪便进行资源化利用。

（四）制定必要的长短结合系统措施

短期应急治理可以利用喷洒制剂的方法来应急，但在落实产业规划的前提下，应建立粪污集中处理、发酵床养殖和利用喷洒制剂等长短结合方法降低空气中的氨气浓度降低存量的治理措施，例如：第一，在城镇周边、高速公路两侧及其他敏感区域，建议尝试推行发酵床方式；第二，对羊粪集中产地，如养殖小区，采取针对性的措施，做到日产日清，集中快速连续发酵处理，同时利用美丽乡村等项目资金对有机肥企业改造升级；第三，对一般性区域，通过试验对比筛选确定方案，进行无差别的全域喷洒除臭粉（水）型菌剂。

专题十 羊产业发展及扶贫案例

一、河北津垦奥牧业有限公司扶贫案例

(一)基本情况

1. 企业简介

河北津垦奥牧业有限公司成立于 2017 年 11 月,是天津食品集团下属的股份公司,东西部扶贫协作天津市对口帮扶承德市产业化扶贫项目,项目总投资 8 500 万元,坐落于围场满族蒙古族自治县腰站镇腰站村二组。注册资本 6 500 万元,其中由承德牧原生态食品开发有限责任公司出资 1 950 万元;天津津垦牧业集团有限公司出资 3 250 万元;天津奥群牧业有限公司出资 1 300 万元。主要经营肉羊良种繁育、销售,商品肉羊养殖,肉类销售,清真羊肉产品销售,有机肥料生产、加工、销售,饲料牧草种植、加工、销售,货物进出口,物流服务,仓储服务等业务。

在"推动百万只优质肉羊项目,构建全产业链精准扶贫"的经营发展战略指导下,津垦奥人长期坚持"专心、专业、专注、理念",科学管理,扎实扶贫。2018 年被授予承德市农业产业化重点龙头企业。

2. 创新模式

河北津垦奥牧业有限公司创新实施百万只肉羊"七个一批"养殖扶贫模式,形成带动合力,辐射周边贫困户传播优质羊种及养羊技术,努力带动一批贫困户脱贫,从根本上巩固扶贫成果,助力脱贫攻坚。

(1)"投母收羔"带动一批。津垦奥牧业有限公司将生产的湖羊、奥湖、杜湖等优质母羔按照低于市场价 5% 优惠价格销售给合作社和贫困户,并进行全程技术指导。津垦奥牧业有限公司按照高于市场价 5% 回收合作社和贫困户生产的改良羔羊(35~40 斤),降低贫困户经营风险,带动一批有资金投入能力贫困户稳定致富。

(2)"份养自繁"扶持一批。津垦奥牧业有限公司将优质母羊采取份养的方式发放给合作社和贫困户饲养,每只份养的母羊两年内偿还给津垦奥牧业有限公司 2 只优质羔羊(40 斤以上、公母皆可),其他羔羊归合作社和贫困户所有,两年后所份养母羊也归贫困户所有,用于扩大再生产。合作社和贫困户所份养的母羊生产的羔羊按照高于市场价格5％由津垦奥牧业有限公司回收。双方采取分期分批偿还羔羊的方式，签订合同确定合作期限。

（3）"三方受益"打造一批。采取"贫困户入股合作社（规模养殖场）——合作社统一经营饲养管理繁殖母羊或育肥羊——公司提供技术服务并以高出市场价格5％回收改良羔羊"模式，建立"公司＋合作社＋农户"三方利益联结机制，打造一批饲养管理水平高、生产经营能力强、带动贫困户增收明显的专业养殖合作社。

（4）"入企就业"转化一批。公司40％以上岗位优先向有劳动能力的贫困人员开放，安排其到扩繁场、育肥场、屠宰场就业，同步开展业务培训和技能指导，按不同岗位发放劳务薪金，县财政为每位贫困务工人员提供不少于50万元的意外伤害保险，实现一批有劳动能力又无法外出务工的贫困户，由"体力劳动型"农民向"知识技能型"产业工人转变。

（5）"入股分红"助力一批。将贫困户到户产业6 000元扶持资金入股企业，签订5年合作协议，企业每年支付给入股贫困户红利600元，5年后企业一次性将扶贫资金返还，助力一批无资金投入能力和劳动能力的贫困户持久受益。

（6）"寄养托管"增收一批。对有一定资金但无劳动能力的贫困户，将优质羔羊卖给贫困户，采取寄养托管的方式在公司统一寄养，两年后母羊繁殖的羊羔成年出栏，公司扣除饲料、防疫等费用，分给贫困户应得收益。

（7）"资产收益"兜底一批。利用财政整合资金与津垦牧业联合成立津垦奥牧业有限公司，财政资金投资形成的资产按照加权平均法分配给贫困村，按照49％的投资比例进行分红，资产收益全部用于脱贫攻坚，进行二次分配。

（二）运行特色

1. 对贫困户自养的基础母羊给予财政补贴

先界定全县建档立卡贫困户自养的是体质健康、具有正常繁殖能力、10月龄以上（或体重35千克以上）的基础母羊，权属清晰，且参加了基础母羊保险。由当地乡镇政府和村委会联合区域站人员现场佩戴耳标、照相，填写基础母羊登记表并由现场人员和贫困户签字确认后，每只基础母羊给予200元的财政补贴（含保险）。同一贫困户只能享受一次基础母羊补贴，每户补贴上限为30只。非建档立卡贫困户不享受基础母羊补贴政策。

2. 提供配种改良技术，并给予羔羊饲料补贴

对全县建档立卡贫困户饲养的基础母羊，由津垦奥牧业有限公司利用优质肉羊精液进行人工输精配种改良，建立改良档案，详细登记产羔记录。生产的杂交羔羊，达到回收标准后，由津垦奥牧业有限公司回收进行统一育肥，县财政给予贫困户每只 200 元的饲料补贴。

津垦奥牧业有限公司利用其优质种公羊和澳洲白的资源优势，淘汰落后母羊品种，提高养殖户养殖效益。县农业农村局根据改良技术人员上报的肉羊改良汇总数据，对照产羔台账，经核实后，按照实施改良母羊数量补贴材料费等每只 40 元的分担成本。贫困户由财政补贴，非贫困户先财政补贴 50%。

此外，为撬动金融支持肉羊产业发展，创新财政支农模式，对全县肉羊养殖产业实施贷款贴息。符合条件的贷款人可以采用"政银企户保"、资产抵押、联合担保、贷款保险等形式进行贷款。县财政按照贷款利息、保险费总成本的 50% 进行补贴，对建档立卡贫困户进行全额贴息。

3. 集团与政府合资建设，资产收益用于扶贫攻坚

天津食品集团与县政府合资建设肉羊养殖示范基地项目，资产收益用于扶贫攻坚，实施产业精准扶贫。

（1）合资项目概况。天津津垦牧业有限公司与自治县新技术产业开发公司共同设立合资公司"河北津垦猎苑农业发展有限责任公司"，注册资金为 15 000 万元。其中津垦牧业有限公司出资 7 650 万元，占股 51%；新技术公司出资 7 350 万元，占股 49%。经营范围为肉羊良种繁育、销售，商品肉羊养殖，肉类销售，清真羊肉产品销售，有机肥料生产、加工、销售，饲料牧草种植、加工、销售，物流服务，仓储服务。

2019 年 7 月底，在围场县建成存栏 1 万只基础母羊扩繁场 1 个、存栏 1 万只肉羊育肥场 2 个，全年分三批，年出栏育肥羊 6 万只。计划到 2021 年实现三年累计出栏优质肉羊 300 万只（自育肥及带动农户养殖），三年累计实现产值 30 个亿。到 2023 年底，建成成熟的优质肉羊养殖、屠宰加工、销售、冷链物流产业体系。

（2）扶贫模式。县财政投资形成的资产，按照上级关于扶贫资产资本监督管理办法执行，或者按照全县贫困村实际人口数量、贫困户数量、贫困人口数量结合财政全额投资产业覆盖情况，以加权平均方式进行分配，落实资产股份量化到贫困村。贫困村签订委托管理授权书，委托围场县农业农村局全资子公司围场满族蒙古族自治县新技术产业开发公司代管财政资金形成的全部资产，经营利润按照投资比例分红，2019—2020 年，资产收益全部用于脱贫攻坚，进行二次分配，脱贫攻坚结束后，资产收益用于扶贫后续工作。

（3）圈舍补贴。以脱贫攻坚为目标，以标准化养殖场"五化"（畜禽良种化、养殖设施化、生产规范化、防疫制度化和粪污无害化）建设为抓手，转变生产方式，推进肉羊产业提质增效，农民群众增收致富。

对选址符合防疫条件的新建圈舍进行补贴。新建圈舍补贴 145 元/平方米、青贮窖 120 元/立方米、储草库 120 元/平方米。贫困户联合组建的养殖合作社进行养殖场标准化建设或改造的，达到规模养殖场五化标准、防疫条件合格的，给予 20 万元标准化养殖场建设补贴，用于粪污处理和防疫、消毒设施建设。

4. 多部门联动，加强资金支持和监管

（1）加强组织领导，落实相关责任。成立由政府县长任组长，分管副书记任常务副组长，分管副县长任副组长，农牧、发改、财政、国土、环保等部门及有关乡镇主要负责同志为成员的领导小组，加强对"百万只优质肉羊产业化扶贫项目"的组织领导。

农牧部门履行规划指导、监督管理、协调服务的职责，做好生产组织、技术推广等工作；发改、扶贫、审计、财政等部门统筹落实项目补贴资金，加强资金监管；国土部门在土地利用总体规划中安排生产用地，实行备案制，简化审批手续，减免有关费用；环保部门做好规模养殖场环保审批；金融机构加大对产业发展的信贷支持，在授信额度上给予上限放贷。各部门通力合作，形成促进产业发展合力，加快肉羊产业健康持续发展。

（2）营造宣传氛围，打造知名品牌。通过典型带动，总结推广好的经验做法，宣传发展成效。加大对区域公共品牌的推介力度，面向京津市场举办大型活动，打造"塞罕坝羊肉"品牌，提高畜产品在京津市场的知名度。

（3）拓宽融资渠道，强化资金监管。争取上级部门对肉羊产业发展的支持，落实扶贫贷款、创业贷款等贴息政策。降低门槛，简化程序，加大对肉羊产业发展的信贷支持。优化投资环境，加大招商引资力度，吸引大型企业集团、民间资本和工商资本投入肉羊产业生产发展，形成多元化融资机制。

禁止养殖户弄虚作假骗取补贴，一经查证，骗取的补贴款立即追缴，取消其享受的一切扶贫政策。涉嫌犯罪的，由相关部门依法追究其法律责任。

（三）经验启示

1. 以产业扶贫为依托，创新经营模式

津垦奥牧业以产业扶贫为依托，通过与围场县农牧局深度合作，创新扶贫模式，推广"母羊扩群带贫""品种改良带贫""羔羊补贴带贫"等，加大对贫困户发展肉羊产业的扶持力度，健全利益联结机制。围绕优质肉羊产业，巩固推进"百万只肉羊"产业扶贫工作，2018 年，除带动养殖、品种改良外，积极推行股份合作脱贫模式，帮助农户脱贫致富，先后与腰站镇、杨家湾镇、南山咀乡、棋盘山镇 4 个乡镇，835 户建档立卡贫困户签订 5 年期入股分红协议，每年平均分红 50 多万元，五年可累计分红 250 多万元，五年后公司将本金全部退还。助力一批无资金投入能力和劳动能力的贫困户持久受益。

2. 为贫困养殖户提供技术支持，改良肉羊品种

目前制约肉羊产业发展的问题是羊肉品质、集约化水平和繁殖率。只有不断提高羊肉品质，才能应对省外羊肉的竞争；只有不断提高肉羊养殖的集约化水平，才能实现肉羊的标准化、规模化生产；只有不断提高肉羊的繁殖率，才能带动企业步入良性循环发展。目前，由于羊肉价格较高，养殖户为了获取育肥的短期利益，很多肉羊养殖停留在育肥阶段，对肉羊的繁育、品种改良重视较少，造成羊羔价格越来越高。津垦奥牧业按照精心设计的肉羊改良扶贫方案，为贫困养殖户提供技术支持，同时举办培训班将厂区先进的养殖技术传授给养羊贫困户，帮助他们降低养殖成本，逐步从根本上解决长期困扰贫困户的技术难题，帮助贫困户扩大养殖规模，早日脱贫增收。经测算，改良后每只羊新增活重 7～12 千克。

3. 以时间节点整体推进，确保各项工作有序完成

以产业助推帮扶，以帮扶促进产业可持续发展。津垦奥牧业瞄准目标将"一张蓝图绘到底"，做好统筹规划，挂图作战，按时间节点整体推进各项工作。百万只羊项目从 2017 年 12 月启动，以养好羊、多养羊、促脱贫为中心，以设施建设、品种改良、扩繁饲养、牧草基地为重点，三年间总投资 8.5 亿元，计划出栏商品肉羊达到 100 万只规模，带动当地 1 万个以上建档立卡贫困户脱贫增收。项目配套的屠宰场已完成公司注册，全产业链扶贫模式未来将陆续组建完成，未来该产业链将作为围场县的又一支撑产业，持久造福当地百姓及贫困养殖户。

4. 政府保障，带动多方联动支持

围场县肉羊产业扶贫由政府县长、分管副书记、分管副县长、农牧、发改、财政、国土、环保及有关乡镇主要负责同志为成员成立领导小组，通过营造宣传氛围、拓展融资渠道等，落实扶贫贷款、创业贷款等贴息政策，加大对肉羊产业发展的信贷支持，吸引大型企业集团、民间资本和工商资本投入肉羊产业生产发展，统筹落实"百万只优质肉羊产业化扶贫项目"补贴资金，加强资金监管。各部门通力合作，形成促进产业发展的合力，加快围场县肉羊产业健康持续发展。

二、阜平县银洞山农牧业开发有限责任公司扶贫案例

（一）基本情况

1. 企业简介

阜平县银洞山农牧业开发有限责任公司成立于 2014 年 11 月，位于阜平县砂窝乡河彩村银洞山，公司是在阜平银洞山肉羊养殖专业合作社发展的基础上

成立的。阜平银洞山肉羊养殖专业合作社是在阜平县瑞隆矿冶有限责任公司援建场地的基础上，由瑞隆矿冶公司出资 200 万元和砂窝乡上堡、下堡、盘龙台、林当沟、大柳树、河彩六个行政村 577 户农民每户出资 500 元自愿组建的一个大型养羊专业合作社。其中瑞隆公司占 15% 的股份，577 户农民占 85% 的股份，带动 369 户贫困户脱贫致富。公司养殖品种以太行山黑山羊为主，2018 年上半年存栏量 800～900 只，购置了铡草机、饲料制备机等设备，羊舍内安装了高位漏粪床、自动清粪机和自动加温饮水器。主要经营业务为肉羊养殖、饲料作物种植和林果业生产等。公司是一家具有一定规模、先进技术、有较好辐射带动能力的龙头企业，被评定为省级肉羊养殖标准化示范场，并通过了部级肉羊养殖标准化示范场现场和无公害生产基地验收和认定。

2. 创新模式

公司尝试在肉羊养殖模式和社会化服务建设方面进行实践探索。

公司在阜平县大柳树、大石坊、小石坊三个村流转土地 750 亩，种植优质牧草。为推广优良种羊品种，采用借母还羔的形式，与农民签订推广合同，即农民每借一只优种母羊（公司负责人工接精），两年后偿还公司 4 只羔羊，之后母羊归农民所有。公司以社会扶贫资金为启动平台，以整合职能部门资源、集中利用国家扶贫资金、金融担保贷款为主要融资方式，通过现代农业企业运作模式，搭建社会扶贫平台，带动贫困户受益。几年来公司累计带动农户 3 000 多户，为贫困农民提供就业岗位 700 余人，帮助农民增加收入 600 多万元。

为把全县养羊农民组织起来，公司组织全县 70 多家养羊合作社（养羊场）成立了阜平县养羊产业联合会，为会员提供优良种羊，以优惠价格供应养羊物资，免费提供技术支持，协助办理各种相关手续，为养殖户争取政府金融保险服务，销售商品羊等多项服务。

公司计划建立阜平县肉羊产业服务中心。主要功能包括：养殖技术培训以及向阜平县养羊农民提供优质种羊、青贮饲料、干草、精饲料和饲料添加剂、各种养羊物资、肉羊销售信息、疾病防治和人工授精技术等业务。公司积极筹建全县统一的社会化专业技术服务团队，搭建公共服务共享平台，同时从优质牧草的实验种植推广到标准化繁育育肥场的建设、对接高端营销企业、有机肥加工以及有机蔬菜水果杂粮的种植等方面延伸产业链条。

（二）运行特色

1. 品种选择地方优质种质资源

公司选择的肉羊品种是当地传统的太行山黑山羊，太行山羊是我国重要的种质资源，既能提供羊肉，又能提供羊绒，还能提供裘皮，这种山羊抗逆性强，适应性强，耐粗饲，在养殖过程中很少发生疾病，使用药物少，具有肌纤维细，硬度小，肉质细嫩，味道鲜美，膻味极小，营养价值高等特点。已被农业农村部列入优良种质资源重点保护名录，河北省农业厅也将保护太行山羊的种质资源列为今后一个时期的工作重点，目前已做大量的基础性工作。为加速阜平太行山羊的改良工作，公司从重庆引进优良品种大足黑山羊，进行纯种繁育和级进杂交改良，重视种羊繁育，不断提高产羔率和生长速度。

2. 探索适宜本地山羊的养殖技术

公司在太行山黑山羊养殖繁育过程中缺乏技术支撑，建立初期主要依靠传统养殖经验，后依托保定市畜牧总站的人工授精技术，科技与土办法结合，大大提升了肉羊养殖技术水平。阜平传统的肉羊出栏规格要达到百斤以上，饲养这种羊需要 2~3 年时间。由于时间长，羊肉肌纤维粗，不易煮烂，肉质发干且膻味大，不受市场欢迎。此外，当羊体重达到七八十斤以上时，食草量大为增加，但生长速度却减慢，导致饲料系数和比较效益降低。特别是当放牧养殖转为舍饲养殖后，成本上升，再饲养大龄羊必然是不划算的。因此，只有缩短饲养时间，降低出栏规格，才能充分利用羔羊阶段生长发育快的优势，提高饲料报酬率，改善肉羊品质，增强市场竞争力，保障养殖效益。公司提倡出栏规格为 50~70 市斤，养殖时间一般不超过 8 个月的养殖技术和方式。改变了阜平县传统的山羊养殖方式，提高了肉羊的品质并降低了生产成本。技术支持是拓展市场的基础，公司先后与河北农业大学动物科技学院和河北省羊产业创新团队进行技术对接，一直尝试探索适合本地山羊在品种选育、繁殖、疫病防疫、产羔率、养殖管理等方面的技术和经验，且效益逐渐显现。

3. 推广标准化养殖

标准化养殖是畜牧业生产发展的必然方向。阜平县传统的养羊是采用以放牧为代表的粗放饲养方法，除了山上的野草外，常饲喂秸秆、蔓藤类、树叶、糟糠等饲料。这种饲养方式的优点是成本低；缺点是由于没有优质饲草，羊生长发育缓慢，生产周期长。随着禁牧政策的实施，这种饲养模式逐渐被淘汰。羊是草食动物，有足够的优质饲草，可以保证其健康的生长发育。公司改变传统的粗放饲养方法，全面实行标准化舍饲养羊，在羊舍建设方面，建设标准化羊舍，以改善肉羊福利条件为目标，保证了羊舍洁净卫生，便于肉羊休息，使羊一年四季能够喝到清洁的温水。在饲喂方面，按照太行黑山羊品种对饲草的需求特性，生产足够的、优质的青贮玉米秸秆饲料，以保证羊只生理需要，并降低养殖成本；推行人工种植牧草和 TMR 全混日粮饲喂技术，从而保证了养殖效益的稳定增长。目前，公司依托河北农业大学动科院，计划从品种、养殖标准、技术服务、屠宰加工上带动全县养羊产业在三至五年内实现统一规划建设羊舍、统一饲养品种、统一养殖技术标准、统一加工销售、分场经营核算。

4. 逐渐拓宽销售渠道

与绵羊肉相比，山羊肉的突出优点是脂肪、胆固醇含量明显偏低。因而山羊肉具有高蛋白、低脂肪、保健、绿色、安全等优点，比绵羊肉具有更好的滋补保健效果，是基本适合现代消费的肉品之一，在我国南方和北方地区具有广阔的市场，且2019年山羊肉的市场价格比绵羊肉高30%左右。羔羊肉则具有肉质细腻、滑嫩多汁、膻味小的优点，更受消费者追捧，在京、津市场上每千克山羊肉达到90元，在浙江、福建等地每千克山羊肉价格高达120元。阜平县的黑山羊非常受消费者的青睐，但由于当地屠宰加工业发展缓慢，因此，主要以贩卖活羊为主，销往江、浙、沪等南方地区，由中间商每年进行收购，虽然不愁销，但价格多被羊贩子操纵，公司也有零散的餐饮订购，但总体上销售渠道比较单一。为扭转这一状况，公司负责人对山羊肉专卖店、专营饭店和超市专柜等销售渠道进行考察，考虑开辟北方市场，不断拓宽销售渠道，逐渐打破南方羊贩子控制销售的局面，提高肉羊销售价格和肉羊产业的附加值，增加养殖效益。

5. 加强品牌建设

公司意识到品牌建设的重要性，已经注册了"银洞山"商标，设计了商标logo，能够较好地体现太行山黑山羊这个品种特色和所在养殖区域的良好的生态环境，有利于提升公司品牌形象和知名度。此外，河北省目前尚未有一个认证的地理标志羊品种或羊肉产品，阜平县正在加快太行山黑山羊地理性标识产品和保种场的审批工作进度，如果太行山黑山羊地理标志能够申报成功，公司在销售肉羊时可以借助地理标志区域品牌的知名度，打造天然黑山羊肉品牌。

（三）经验启示

1. 深入挖掘地方优良品种，做好种质资源保护

我国肉羊品种种类丰富，品质优良。但很多地方没有很好的挖掘地方优良品种，多引进国外种羊与地方品种杂交，不重视本地优良肉羊品种的种质资源保护。很多地方的优良品种体现了当地较好的资源禀赋、传统肉羊养殖经验和技术，深入挖掘地方优良品种的文化，有利于促进肉羊产业一、二、三产业融合发展。太行山黑山羊是阜平县的特产，具有观赏性、肉质鲜美，在本县现有旅游资源开发的基础上，对羊文化进行深度开发，推动肉羊产业发展与旅游产业的结合。

2. 实行标准化肉羊养殖，发挥龙头组织对养殖户的示范带动作用

龙头企业应加强标准化肉羊养殖模式和技术的探索，通过加强技术培训和服务等多种方式，引导和帮助广大养羊场户提高科学养羊意识，提升养殖技术水平；发挥龙头企业对农户养殖的示范带动作用，为养羊农民做好服务，进一步提高农户的组织化程度，促进区域范围肉羊产业标准化和规模化建设。

3. 培育企业品牌，推进地理标志区域品牌建设

企业逐渐形成规模后，稳定的市场销售渠道、创建品牌、进行市场细分等将成为影响合作社和企业发展的重要因素。尤其是品牌建设，可以提升产品的附加值和竞争力。应从品牌定位、品牌文化、品牌延伸、品牌传播、品牌维护等方面加强品牌建设，及时关注地理标志申请情况以及绿色食品认证的情况。从企业品牌、区域品牌、质量安全品牌三方面提高品牌的认知度，尤其是提高在京津市场的认知度，实现优质优价。

4. 加强肉羊屠宰加工业的建设，延长产业链条以提升产品附加值

公司由于本地肉羊屠宰加工业发展缓慢，所以主要贩卖活羊，无法获得价格话语权。因此加强屠宰加工业发展，支持建设屠宰、分割、包装和冷链运输企业，拉长产业链条，增加产业附加值。

5. 建立完善销售网络，改变单一市场销售方式

企业发展到一定规模后，考虑到应对市场风险，应结合自身发展优势和利用外部市场环境，不断拓宽销售渠道。如阜平县银洞山农牧业开发有限责任公司就可以利用阜平农家乐等形式，开办山羊肉美味体验店；在一些大中城市建立旗舰店；实行网络销售；利用阜平县距京、津、石等大中型城市较近的区位优势，与京东等大型企业及京、津、石商业机构沟通，建立起销售合作伙伴关系，拓宽销售渠道。

三、丰宁满族自治县乐拓牧业有限公司扶贫案例

（一）基本情况

1. 企业简介

丰宁满族自治县乐拓牧业有限公司成立于 2013 年 6 月，位于丰宁满族自治县小坝子乡槽碾沟村，注册资金 2 000 万元，由北京正大饲料有限公司与丰宁驸马山庄生态农业综合开发有限责任公司共同出资成立。公司是丰宁县内首家拥有种羊生产和销售能力的养殖企业，是承德市农业产业化重点龙头企业，承德市扶贫龙头企业。公司占地 113 亩，总投资 8 000 多万元，建有标准化羊舍 23 栋，青储池 4 座，草料库及加工车间 2 000 平方米。公司成立了宁聚养殖联合社，带动县域农户进行标准化肉羊养殖。公司还建有集肉羊屠宰、加工、研发、生产、销售及冷链物流于一体的爱尚羊食品加工有限公司，通过品牌建设提升产品附加值和竞争力。

2. 创新模式

"乐于创新，勇于开拓"是公司名字的含义，因此公司致力于不断创新。

乐拓牧业采用"公司＋基地＋联合社＋农户"的运作模式，组织全县规模较小、竞争力不强的几十家养羊合作社成立了合作社联社。合作社按照"统分结合"和"集中管理"两种经营模式，将肉羊养殖生产过程统一起来，做到统一供种、统一防病灭病、统一销售、统一技术指导、统一供料、统一培训、统一收费标准、统一结算。分户经营、分户管理、分户收购、独立核算，为农户提供优良种羊，全程负责技术指导，做到对生产、流通、销售各个环节的监测，执行畜产品无公害生产制度。

公司探索了多元化扶贫养羊模式：①股份制合作养羊模式。2014年，公司把小坝子乡5个贫困村65户农户的3 000只基础母羊入股到公司，采取两种方式给农户分红。一是采取四年本利平的方式，让农户每年得到25%的利益分红，四年后让农户达到本利平；二是对于特别贫困的农户，采取五年本利平的模式，即公司每年给予农户20%的回报，每年年底分红。在利益联结上，公司采取公羊按市场价收购、母羊按重量四年本利平的方式向农户兑现收益。农牧局农业发展投资公司为入股农户进行担保。②农户以扶贫资金入股模式。2017年，建档立卡户将扶贫资金5 000元入股到公司，公司按照每年每户20%给予农户分红，带动贫困户脱贫。③项目扶贫模式。2018年，公司利用"草原生态保护示范区"建设项目，对接小坝子乡的贫困户，投资1 500万元建设6个育肥扶贫羊场，并按照投资额度的60%量化折股到企业所在地的贫困户上，保证连续三年年底给贫困户分红。2019年，公司利用农牧交错带示范区建设项目资金1 000万元，在万胜永乡建设1个规模化养殖场，量化折股到贫困户，保证连续三年给贫困户分户，实现贫困户稳定脱贫。④订单农业模式。2014年，公司通过与农户签订订单合同，带动农户和贫困户种植青贮玉米，并按照保护价收购，实现农户亩产收益增加，带动贫困户脱贫。⑤整合扶贫资金模式。2019年政府整合扶贫资金600万元，保证连续三年每年给每个贫困户年底分红700元，带动选将营乡、北头营乡600个贫困户脱贫。⑥产业扶贫养羊模式。公司计划对接11个乡镇，建设11个育肥扶贫羊场，每个育肥羊场每年固定用普通工人30人（在贫困户中选），并种植青贮玉米，带动贫困户脱贫。

（二）运行特色

1. 标准化养殖促进产业发展

公司所在的小坝子乡是河北省最贫困的乡镇之一，多年来粗放的散养模式严重破坏了当地的生态环境，为了保护生态环境，当地政府多措并举组织村民散养放牧，但效果甚微。乐拓牧业公司建有标准化肉羊养殖示范基地，有标准化羊舍、青贮池、草料库、TMR全日饲料混合机，以中国农业大学等高校和国内科研院所为依托，大力发展规模化、集约化和标准化养羊，引进国外种羊和基础母羊（澳大利亚白头萨福克、荷兰的德克塞尔、南非肉用美利奴、杜泊）及当地小尾寒羊进行杂交育种，建立核心群，扩大纯种繁育数量，然后设定杂交培育方案，规定羊的选育方向，种羊选择标准，并进行杂交育种，培育出优良三元杂交品种。新品种具备体格高大，前期生产速度快，出肉率高，胴体品质优良，繁殖率高，适应性强等特点。通过引进澳大利亚优良品种，改良当地的小尾寒羊，以便达到能完全舍饲的优质肉用的品种，该品种既保护了生态环境，也能提高养殖户的收益，因此公司采取了边选育、边生产、边推广，先区域推广，后集中连片发展的思路。在标准化生产过程中，公司合理利用廉价饲料资源，饲料加工调制提高营养价值，利用 TMR 机混合日粮饲喂技术，提高草料的利用率，并加大对常见疫病的预防治疗，做到"养重于防，防重于治"。公司通过成立肉羊养殖联合社，实行"公司＋基地＋合作社＋农户"的产业化模式，形成了一个完整的利益联合体，带动县域农户进行标准化肉羊养殖。通过标准化示范场的示范作用，引导农户由传统散养模式改为标准化舍饲圈养模式，通过公司的示范、引导作用，使农民转变了传统的养羊观念，改变了散撒放牧的习惯，缩短了肉羊出栏时间，降低了饲养成本，闯出了一条生活、生产与生态并行不悖的路子。

2. 技术培训服务提升养殖水平

公司先后以中国农业大学、河北农业大学等科研院所为依托，举办培训班，加强对养殖户的培训，加强基地技术服务水平，定期组织专家深入基地进行直接指导，技术服务站的技术人员常年在农村为农户提供服务，按照"五统一"的技术要求，对养殖户的饲养、防疫、管理、治病等进行全程服务，提升了公司和农户的肉羊养殖水平，保证了产业化养殖的顺利进行。

3. 产业链延伸创建羊肉制品品牌

随着公司育种能力的增强，公司年出栏育肥羊数量增加，公司通过爱尚羊食品加工有限公司屠宰加工基地，提高签约农户收购价格，当地收购，当地屠宰，打造羊肉制品品牌。爱尚羊食品加工有限公司是清真企业，依托现代化的生产车间，先进的自动化生产线，羊肉排酸工艺、巴氏消毒、全程冷链，为社会提供优质羊肉产品，延伸羊产品的加工产业链条，建立肉羊生产和羊肉产品的相关标准，加工提升产品附加值，为农户及公司创造了更大的效益。伴随2019 年 10 月 14 日爱尚羊食品加工有限公司冷鲜羊肉工厂直营店的开业，煎烤涮炖一站式购齐，产品品类丰富，有高端爱尚羊品牌礼盒套装，包括福瑞吉羊 8 千克礼盒、福禄双全爱礼存羊 16.5 千克礼盒、福禄双全爱礼存羊 20 千克以内礼盒、至品甄羊 10 千克礼盒、爱尚羊 3 千克礼盒、爱尚羊 4 千克礼盒、玉脂福羊 5 千克礼盒等；还体现了标准化分割工艺的羔羊 A 级板肉片、羔羊上脑肉片、羔羊后腿肉片等。此外，公司还开拓了线上销售渠道，建有乐拓爱尚羊微信公众号，通过微信乐拓商城可以网上购买公司品牌羊肉制品。

4. 种养结合优化产业结构

丰宁满族自治县属中温带大陆性季风型高原地气候，四季分明，气候宜人，全县总面积8 765平方千米，其中有耕地139万亩，草场面积736万亩，是典型的农牧交错带，饲草饲料资源非常丰富，正常年景，全县可年产干草10亿千克左右，作物饲料秸秆7亿千克左右，有良好的物质基础，适合牛羊等草食家畜的养殖。公司的成立有利于促进种植业与养殖业的有机结合，加快项目区和周边地区农业、畜牧业生产结构的调整，合理利用土地资源、保护环境、维护生态平衡，实现农业与畜牧业相互依存、相互促进的良性循环，形成当地及周边农业的可持续发展，直接带动肉羊养殖基地的建设，间接带动饲草基地建设。可以解决周边富余劳力就业和带动农户从事饲草种植工作，增加农民收入。

5. 扶贫模式带动农户增收

公司是承德市扶贫龙头企业，为落实县里全面禁牧的政策，本着带动农户脱贫致富、保护生态环境、生态富民的原则，乐拓牧业公司与扶贫开发整村推进同步，探索了股份制合作养羊模式、农户以扶贫资金入股模式、项目扶贫模式、订单农业模式、整合扶贫资金模式、产业扶贫养羊模式等多元化扶贫模式，直接或间接带动全县贫困户发展肉羊产业，一定程度上解决了当地贫困户的就业问题和收入问题，贫困户年均收入有所增加。2018年，河北省中冀扶贫基金会与公司签署了扶贫项目合作协议，有针对性地为扶贫项目提供贷款、担保等金融支持。乐拓的扶贫模式对中西部地区脱贫致富具有一定的借鉴意义。

（三）经验启示

1. 延长产业链条，促进肉羊产业化发展水平

对有一定规模、实行标准化生产的肉羊龙头企业，应不断加强肉羊屠宰、加工、包装和冷链运输等环节的改造升级，延长肉羊产业链条，实现产业链每个环节的增值，通过加工业发展提高产品附加值，拓宽增收渠道，实现肉羊产业化发展。

2. 实行标准化肉羊养殖，发挥龙头组织对养殖户的示范带动作用

龙头企业应加强标准化肉羊养殖模式和技术的探索，建立肉羊生产和肉产品相关标准，通过加强技术培训和服务等多种方式，引导和帮助广大养羊场户提高科学养羊意识，提升养殖技术水平；发挥龙头企业对农户养殖的示范带动作用，完善其与中小养殖户的利益联结机制，通过订立具有法律效力的购销合同，约定交售产品的品质、数量、时限、收购价格以及龙头企业承诺的服务内容等事项，明确权利责任，建立稳定的购销关系，降低经营主体的违约风险，确保各类主体的权利和义务的统一，同时进一步提高农户的组织化程度，促进区域范围肉羊产业标准化和规模化建设。

3. 创新营销模式，拓宽销售渠道

龙头企业在做好市场和消费者需求调研的基础上，应明确市场地位，做好线上线下销售平台。可以依托电商平台和微信平台开展网上销售；利用旅游资源对接农家乐；面向大中城市建立直营店、旗舰店、体验店；通过订单农业实现农超对接、农校对接；利用京津冀协同发展的契机面向京津市场销售中高端羊肉制品。

4. 加强品牌建设，实现肉羊产业提质增效

龙头企业应强化品牌意识，依托自然资源禀赋、种质资源优势或先进技术，不断培育优质品牌羊肉产品，加强品牌宣传，从而提升羊肉制品的附加值和竞争力，使产品得到优质、优价和更好的市场空间，实现肉羊产业提质增效，同时满足或者弥补京津和雄安新区的中高端羊肉的需求。

5. 创新发展模式，提升羊产业经营水平

加强对龙头企业和合作社的扶持力度，保证贫困户依托羊产业扶贫的可持续性。贫困地区的产业化龙头企业应不断探索符合贫困县实际的发展模式，实现产业发展与脱贫同步；根据不同羊品种生活习性，探索既考虑产业发展又考虑生态环境保护的羊产业发展模式。同时协调好相关利益主体的关系和利益分配机制。

四、灵寿县永兴农业开发有限公司扶贫案例

（一）基本情况

1. 企业简介

灵寿县永兴农业开发有限公司成立于 2017 年，是灵寿县农业产业化重点龙头企业。公司位于河北省石家庄市灵寿县北狗台乡景上村，注册资金 300 万元，自成立以来公司立足于肉羊养殖产业的发展，充分利用国家对养殖业的扶持政策，以及公司具有的区位优势、疫病防控优势和养殖技术优势，打造以肉羊自繁自养为主，包括饲料生产、种羊选育扩繁、商品羊养殖、肉羊屠宰、冷食物流等环节相对完整的肉羊产业链条，致力于构建农村集镇及二线城市肉羊产品从生产到消费终端的整体监控体系，向大众提供无公害的羊肉食品，促进肉羊养殖产业的发展。目前，公司拥有种羊育种、肉羊育肥两大主业，发展肉羊养殖的同时，积极探索创新种养结合模式，产业扶贫模式等。

2. 永兴农业开发公司创新发展模式

（1）"企业＋贫困户"的产业扶贫模式。企业目前带动周边肉羊养殖户和贫困户进行肉羊养殖，以资金入股、土地流转、代为羔羊养殖、贫困户进场工作等形式，帮助本地农户创业增收，并建立贫困户联结机制，帮助70多户贫困户脱贫致富。公司利用"企业＋养殖户"的模式，充分发挥企业养殖技术优势、资金优势、检验检疫优势等带动周边养殖户进行肉羊养殖，通过提供种羊、技术培训等传播技术，在增加企业经济效益的同时，取得了较好的社会效益。

（2）"养殖＋屠宰加工＋休闲娱乐＋餐饮服务＋特色农产品销售"一体化经营模式。公司在不断探索规模化肉羊养殖的基础上，逐渐发展养殖的规范化和标准化。公司流转300余亩土地，除了发展标准化养殖，建设标准化养殖场之外，建立了屠宰加工基地，延长产业链条，增加产品附加值，利用公司成功运作的"公司＋农户"发展肉羊生产的经营模式、管理模式、科技优势和防疫保障优势，带动周边200户贫困户，解决贫困户就业50余人，解决其他农村劳动力就业100余人。

（3）在发展养殖的同时，公司还规划种养结合、绿色发展模式，将肉羊养殖的粪便等经过堆肥发酵处理后全部还地于果树种植，这种做法一方面降低了羊场粪污排放的污染性，最大程度减少了肉羊养殖的污染，另一方面，还田施用有机肥料，明显提高了果树的产量和品质，同时还减少了果树化肥投入量，种养结合绿色循环，促进了果树增收节支。

（二）公司运行特色

1. 构建绿色环保养殖模式

永兴农业开发有限公司地处丘陵，受山地阻隔影响，具有独特的小气候，夏季凉爽宜人，光、热、水、草等资源丰富，适宜各种植物生长。公司租赁农户土地种植牧草，分析各种牧草种植时间和收获期，根据各种牧草的茬口设计了不同种植模式，经过实践检验，采用燕麦和玉米轮作的种植模式更佳，由此建立了燕麦和玉米轮作种植模式：燕麦3月种植，经过90～100天生长期，6月初收获，玉米6月种植，9月收获。燕麦易于田间管理，且羔羊和母羊适口性好，玉米作为常规饲料，既可为羊提供能量饲料，又可提供粗饲料。牧草为肉羊提供饲草料，经过腹还田，肥料再为牧草生产所利用，建立了草—羊—肥绿色环保模式，实现了绿色生产和优质安全肉羊有效供给的良性循环与农业的可持续发展。

2. 建立1＋X分阶段饲养模式

根据肉羊各期的生理特点确定科学合理的饲养管理标准，建立了1＋X分阶段饲养模式（1：基础日粮，X：不同生理阶段羊只的补饲配方），基础日粮采用60％全株玉米青贮＋30％青干草＋10％精料＋菌种的配比，然后将各生理阶段羊补充饲草料配方分别与基础日粮进行混合后饲喂，不仅保障了不同生理阶段羊只的营养需求，提高了饲料的利用效率，保证了动物健康、生长发育和各项生产，而且便于调整饲料配方与饲喂量，提高了养殖的科学性和养殖效益。

（三）公司创新发展模式的经验启示

1. 良种唯上，科学喂养

公司主要以小尾寒羊作为母系品种，与专用肉用品种公羊进行杂交育种，充分应用良种杂交优势，把两个或两个以上品种的杂交所具有的生命力强、生长速度快、饲料报酬高、生产性能好等优势，应用于生产上可获得更大的经济效益。饲喂使用 TMR 机，可以事半功倍，分群管理，分段做细。母羊怀孕前后和产前、产后各个阶段，营养需要差距很大，如果各阶段混养可能会造成动物能繁比不平衡，存在营养代谢病风险，不但增加养殖成本，还降低生产性能，因此应当分阶段饲养，在粗饲料和精饲料的配比方面，根据母羊、种羊、羔羊的不同生长阶段的生理性特征，进行科学配比，分阶段的提供必需的营养物质和管理措施，既避免了饲料的浪费，又提高了养殖效率。

2. 广泛开发当地饲料、饲草资源

公司从周边村镇进行了大规模的土地流转，利用养殖场周围流转的土地种植牧草，按各种牧草的生长期，合理种植燕麦、高丹、苜蓿等优质牧草；将玉米秸秆进行青贮处理后喂羊，青饲料、块根块茎类饲料等经过加工处理后饲喂。在 2020 年新冠疫情的冲击下和 2021 年以来原材料和饲料的市场价格不断上涨的背景下，这种自己种植牧草、自给自足的发展模式，一方面有效的保证了肉羊养殖饲料的质量，另一方面也降低肉羊养殖的饲料成本，提高了公司肉羊养殖的经济效益。

3. 充分利用国家政策，解决发展资金缺乏问题

依托党的惠民政策，积极争取信贷资金，不断扩大生产规模，建起了"龙头企业＋农户"的模式，争取到项目资金 149 万元发展养殖场建设，为公司后期的发展打下了坚实的基础。通过整合财政扶贫资金，以贫困户资金入股，贫困户入场务工等形式扶持带动周边农户脱贫，一方面扩大了企业养殖规模，解决了一定的资金来源，另一方面，也带动了农户，取得了较好的经济效益和社会效益。

4. 种养结合，走绿色生态可持续发展之路

公司密切配合河北省羊体系专家团队开展羊品种选育工作，注重肉羊品种

和质量，注重种羊生产性能和产品质量提升，推动创建区域公用品牌。同时，进一步延伸产业链，实施种植、养殖相结合，坚持绿色发展之路。随着企业产业链的延伸，发展规模不断壮大，将来在饲草饲料、疾病防疫、交通运输等各个方面，将带动农村剩余劳动力就业致富。

5. 科学管理理念，提升产业品质

作为灵寿县的龙头企业，在企业制度和文化建设方面，始终以产品质量安全和高产为前提，在企业人员管理、养殖技术开发、饲料成本投入，动物检验检疫、粪污无害化处理等各个方面，均有严格的规章制度，遵循现代化、生态化、效益化的设计理念，最大程度保证肉羊养殖的品质，充分改善产品生长环境和职工工作环境。将智能化的生产技术覆盖种植和养殖各个阶段、在肉羊新品种培育、屠宰加工和制造、质量管控、物流仓储、营销推广等全产业链全面进行质量把关，提升产品品质。

五、青龙县芳华畜牧养殖有限公司发展案例

（一）基本情况

芳华畜牧养殖有限公司位于秦皇岛市青龙满族自治县，青龙县是国家级贫困县，拥有悠久的养羊历史，得天独厚的气候和自然资源条件。芳华羊场所在的土门子镇丰果村，位于县城东北45千米处，与辽宁建昌接壤，全村共有670户2 340人，具有传统的绒山羊养殖、苹果种植的历史。青龙县畜牧主管部门30多年来依托本地资源优势和历年养羊基础，重点发展绒山羊良种繁育，围绕规模化养殖、标准化生产、产业化经营发展目标，着力打造特色优质绒山羊为核心的羊产业，全县绒山羊养殖得到了快速发展，目前已成为青龙县脱贫致富的主导产业之一。在芳华羊场示范带动和全力帮扶下，目前全村有绒山羊场户36个，存栏绒山羊2 700多只；当地有种植果树的传统和自然资源，果树种植家家有，其中种植苹果树5 800多亩，已成为青龙县优质绒山羊和优质富士苹果生产基地，基本形成了"绒山羊养殖＋苹果种植＋青贮玉米种植"种养结合型循环经济发展模式，实现了全村脱贫致富，同时示范带动了周边更多乡村发展养羊和种树。

1. 企业发展现状

芳华畜牧养殖有限公司，成立于1987年，主要从事绒山羊养殖，至今已有30多年的养殖历程，养羊规模不断扩大；自1999年开展绒山羊纯种繁育，成为秦皇岛市建立最早的一家绒山羊种羊场，一直是秦皇岛市最大规模的绒山羊种羊场；自2012年注册成立了养殖公司，注册资金300万元。到目前，公司已发展成为一个集绒山羊纯种繁育、规模养殖、科研试验、技术示范、技术

推广服务为一体的秦皇岛市级农业产业化龙头企业，2018 年申报成为河北省羊产业技术体系创新团队企业试验推广站。

2. 创新发展模式

目前，公司已由早期的单一靠养羊为主，逐步发展到以养促果促种、以果以种促养的"种养结合—循环利用—生态环保"的产业发展之路，初步形成了养羊与果树种植和青贮玉米种植相互结合、相互促进、协同发展的生态循环模式。

（1）羊场养殖。羊场占地 18 亩，建有标准化羊舍 1 800 平方米、饲料车间 200 平方米、储粪池 400 立方米。公司存栏优质绒山羊种羊 870 只，其中基础母羊 387 只；存栏小尾寒羊绵羊 183 只，其中基础母羊 110 只。绒山羊种羊、小尾寒羊均实行"全舍饲"，绒山羊育肥商品羊实行"舍饲＋放牧"饲养方式。2019 年至今已出售自繁自育优秀种公羊 38 只、优质种母羊 114 只、商品肉羊 240 只，卖羊收入达 55 万元；以本场自繁自育优质种羊，与本村 6 家养羊户合作份养 168 多只，帮扶带动养羊户。

（2）种植果树。借助青龙县当地悠久的果树种植优势，芳华公司承包荒山荒坡近 5 000 亩，一是保障绒山羊育肥商品羊的放牧，二是种植优质红富士苹果树、梨树近 40 亩，2019 年苹果总产量达 10 万斤左右、产梨 1.5 万斤。特别是富硒红富士苹果，因常年使用羊粪发酵有机肥料而产量高品质好，已注册品牌商标"幽冀圣果"，因其良好的品质和清脆香甜的口感打开了市场销路，目前远销京津冀、南到上海深圳、东到哈尔滨北安、北到呼和浩特等，遍布全国各地，备受客户青睐。

（3）制作青贮玉米饲料。自 2012 年开始，在河北农业大学刘月琴教授团队亲自指导下，利用玉米秸秆制作青贮饲料，利用青贮饲料、当地果树叶等丰富资源科学制定配方，配制营养全价饲料。特别是自 2017 年国家实施"粮改饲"项目，公司开始大量收购加工制作全株玉米青贮料，最大限度降低养羊饲料成本。2019 年已收购周边乡镇种植的全株玉米 796 亩，制作青贮饲料 3 000 吨左右，大约 70% 以上低于市场价提供给周边养羊场户，带动周边肉羊养殖产业的发展，在取得良好的经济效益的同时也获得了较高的社会效益。

（二）产业运行模式

随着羊场 30 多年的稳步发展，公司养殖规模越来越大。自 2012 年开始，在国家推进特色产业、循环经济、绿色发展等大政方针引导下，企业经过自身不断探索和市、县两级畜牧部门的大力支持下，积极寻求河北农业大学养羊专家团队技术指导，公司以"产业绿色发展、生态环保、产品安全和增产增收"

为目标，以"规模化标准化科学管理、示范推广先进实用技术、实现高效养殖服务于社会、打造畜果结合、创建农产品绿色品牌"为宗旨，尝试探索"绒山羊养殖—果树栽培—饲料玉米青贮加工"种养结合模式的生态循环发展机制，快速实现了提高养羊效益、提高资源化利用、降低环境污染、增加绿色优质产品、促进农户增产增收的持续发展目标。

芳华畜牧养殖有限公司多年来不断探索和发展种养结合、产业循环经营模式：一是大力发展绒山羊养殖，循环促进果树种植。羊场所产种羊、肉羊、绒毛等优势特色产品供不应求，产生的羊粪经过堆肥发酵处理后全部还地于果树，这种做法一方面实现了羊场粪污零排放，最大程度降低了畜牧养殖的污染，另一方面，施用有机肥料，明显提高了苹果产量和品质，同时还减少了果树化肥投入量，种养结合绿色循环，促进了果树增收节支。二是大量种植优种苹果树，循环促进发展养羊。富硒优势特色苹果畅销市场，苹果叶及小权枝营养丰富，是羊群最爱吃的粗饲料，其消化率高、维生素及矿物质等十分丰富，经过简单收集后即可饲喂羊群，不仅实现了自然资源全部利用，减少了焚烧污染，同时还减少了羊场粗饲料的投入成本，绿色天然，促进养羊节支增收。三是大量加工制作玉米青贮，促进肉羊养殖业发展。公司大量收购全株玉米，经过机械化加工和制作成为青贮饲料，青贮饲料是肉羊生长发育的重要粗饲料来源，饲喂羊群，促进养羊场户增收节支发展养羊。而绒山羊养殖量的稳步增长，青贮饲料的种植和加工，也促进了当地"粮改饲"种植全株青贮玉米项目的稳定实施。

（三）运营模式的创新特色

1. 积极申报羊体系企业试验站，大力发展科技养羊

公司法人刘文华多年来始终把先进、实用、高效技术放在首位，坚持向科技要效益的发展理念，是周边乡镇乃至青龙县公认的科技带头人、致富能手，同时一直担任丰果村村委会书记，具有极强的号召力和影响力。2018年，羊场积极申报成为羊体系企业综合试验站，依托羊体系创新团队和市县畜牧站承接新技术试验示范任务，两年来试验推广了绒山羊同期发情、人工授精技术，母羊繁殖率显著提高。为了增强示范带动规模及效果，在羊体系团队支持指导下，通过免费提供羊栓、促排药品和技术服务等方式，示范推广绒山羊高效繁殖技术，已辐射带动养羊场户30多家，累计应用绒山羊2 000多只，增产增收效果十分显著。

2. 采取多种帮扶措施，带动周边农户发展养羊

芳华羊场采取多种策略、多种形式，帮扶带动周边农户发展养殖绒山羊。一是2018年羊场挑选出30只体型大、产绒多且品质好的优秀种公羊，提供给

周边乡镇养羊场户配种使用，帮助场户解决种公羊难题，节省了养殖成本。二是羊场自 2019 年开始，挑选本场自繁自养的优质种羊，采取"合作份养"的方式发展新的养殖户，每户放养 1 只公羊和 26～28 只母羊，公司负责免费提供选羊、育羊、防疫等技术服务，养羊户负责饲养管理、饲料、人工投入和羊绒处理，双方签订合同每期三年，每年年底效益分成，进一步扩大了周边农户养羊规模。

3. 通过组建专业合作社，发展种养结合型循环产业模式

为了带动村民共同致富，大力发展绒山羊和种植果树，公司取得了县主管部门的大力支持，专门成立了专业合作社，吸纳全村 107 户入社。一是合作社统一收购使用本场、本村及周边所产生的羊粪，经过堆积发酵后施入果树地，促进果品质优高产。近几年来，全村及周边养羊场户产生的羊粪已 100% 被果树利用，既控制了羊场环境污染，又为果农节省了肥料成本。二是合作社统一收购苹果树叶，饲喂羊群效果好。近年来，随着绒山羊养殖规模的不断扩大，全村及周边村镇果农果园的果树叶子和小枝杈，果农舍不得焚烧和浪费，全部都被羊群消费，既节省了饲料成本，也免除了环境污染。

4. 开发青贮资源，建立智能仓储，为产业发展提供保障

一是抓住机遇大力开发制作优质青贮饲料。自 2017 年国家实施"粮改饲"项目，公司积极响应号召，及时开发制作全株青贮玉米饲料，收购范围覆盖周边 15 千米 4 个乡镇，所产优质青贮饲料 70% 以上均提供给周边养羊场户，其余部分全部以市价被内蒙古敖汉旗饲草储备库收购。二是专门建设标准冷库服务种养产业。为了从根本上解决大量青贮饲料和苹果的储存难题，公司积极申请国家产业扶贫项目，建设了标准容量 100 吨的高标准智能调控冷库 5 座，总储存能力达 500 吨，专供产品销售淡季储存需要，既保障公司、合作社使用，也对外租用。目前，有 3 座冷库储存周转了全株青贮玉米饲料，两座冷库储存了优质的红富士苹果，确保了公司、合作社及周边农户对养羊饲料和种树储果的需求，从根本上促进了种养结合型循环产业的顺利发展。

六、衡水志豪畜牧科技有限公司发展案例

(一) 基本情况

1. 企业简介

衡水志豪畜牧科技有限公司成立于 2012 年 5 月 29 日，是一家集良种繁育、规模养殖、产品销售为一体，科学研究、试验示范、服务推广为一身的现代农业产业化企业。公司占地面积 260 余亩，注册资本 2 000 万元。公司现有员工约 90 人，其中畜牧、肉品加工、农业信息等领域技术人员 17 人，并常年

聘请各类专业专家 13 名，研发费用年支出约 25 万元。该公司 2018 年被遴选为国家羊肉加工技术研发专业中心，属于高新技术企业，是河北省农业产业化重点龙头企业、衡水市农业产业化重点龙头企业，并获得河北省诚信经营示范单位等多项荣誉。公司建立了可追溯食品标签，荣获河北省知名商标企业称号。公司拥有"冠扬""道寒"等商标注册证 11 个，"道寒"品牌羊肉于 2018 和 2019 连续两年被中国畜牧业协会评选为十佳品牌羊肉，"冠扬"品牌于 2018 年荣获河北省首届农业品牌设计大赛三等奖。

2. 创新模式

（1）产学研相结合，扩宽发展路径。衡水志豪畜牧科技有限公司是农业农村部肉羊标准化示范场，承担了国家重点研发计划"绵羊高效安全养殖技术研发与示范"，参与了国家重点研发计划"畜禽重大疫病防护与高效安全养殖综合技术研发重点专项"。与河北农业大学合作成立了河北农业大学教学科研基地，共同完成成年母羊的高繁实验、育肥羊快速育肥实验等示范及应用、基础母羊短期优饲实验、抗羔羊腹泻活性菌应用实验、规模化高效养殖技术集成与示范实验，研制的新品种、新技术、新成果在公司得到优先示范和推广应用。该公司与河北农业大学动物科技学院共同设立了"研究生实践教育基地"。目前正在与河北农业大学机电工程学院合作研发"羊行业监测装置"课题 1 项。

通过产学研相结合，衡水志豪畜牧科技有限公司现已成为衡水市肉羊养殖业的龙头企业，积累了丰富的组织、管理、运营经验，具有一定的技术、人才优势。近三年，公司主要在育种与健康养殖等关键技术研究方面做了大量工作，并在技术方面取得一系列创新，已获得"预防及治疗羊群生病的自动环保房"实用新型专利 1 项，肉羊周期性繁育、山羊养殖朔源跟踪、羊繁育基地智能化喂养、羊舍安全防疫消毒、种羊繁殖种群控制管理系统和育肥羊养殖技术应用监测系统 6 项软件著作权授权。

（2）建设物联网项目，信息技术引领羊产业发展。公司依托物联网信息融合技术，建立饲料原料评估、日粮配制、各阶段羊饲养管理、繁殖管理、育种管理、环境控制、疫病防控及肉品加工等环节。依托物联网大数据平台构建羊养殖领域的区块链体系；利用数据分析、软件算法和应用架构，深度挖掘养殖管理和食品安全生产系统的对应关系，提高企业运营管理效率。

公司利用互联网及物联网等先进技术，开展养殖、加工及销售一体化的物联网关键技术推广应用，实现养殖管理过程的智能化、可监控化，实现产业链从品种选择、饲养管理、加工生产（定点屠宰、冷鲜冷冻肉精深加工等）、产品流通到消费终端全程的产品质量全程可追溯物联网智慧化。通过与科研院校和企业共同发起成立产业技术创新战略联盟，形成科技研发、肉羊育种、饲养管理、屠宰加工和肉品销售等为一体的协同创新机制。

公司还建立了食品安全追溯管理系统。该系统主要由饲养场信息、个体信息、屠宰加工信息、产品信息等主信息链组成。公司与国内从事食品安全检测技术、国内和国际优质养殖和加工企业等进行广泛的技术协作,做到食品流通的全过程可追溯,食品质量可控制。公司还积极参与食品安全追溯系统的标准化体系建设,为今后实现全球范围内的食品安全追溯平台的数据互联互通打下基础。

(二)运行特色

衡水志豪畜牧科技有限公司发展出了产供销一体化的现代循环农业模式,集良种繁育、规模养殖、加工销售、种养结合为一体,科学研究、试验示范、服务推广、互联网发展相结合推动企业发展。该模式在发展初期实行规模化养殖,发展过程中注重产业链延伸,逐渐实现产业融合。该模式的特点如下:

1. 繁育良种,规模化育肥

该公司以河北农业大学科研技术为基础,是农业农村部畜禽标准化示范场,省级种羊场,全国道寒肉羊繁育及良种基地。公司实行规模化舍饲圈养,分群养殖,羊舍包括种公羊舍、种母羊舍、哺乳羊舍、育成羊舍,有饲草库、精料库、配料车间、青贮池,通过羊耳标电子记录肉羊生长防疫情况,注重饲料配方的改进。公司采用"公司+合作社+农户"的产业化模式,以低于市场价格将育种的羔羊卖给合作社育肥,再以市场价格收购回育肥的活羊,公司给养殖户免费提供技术和市场行情,带动周边农户养羊。

2. 发展肉制品加工,延长产业链条

该公司成立了河北爱扬食品有限公司,进行羊肉产品的深加工、研发和销售,实现养殖向加工链条的延伸。公司生产酱卤肉制品、速冻生肉制品、速冻调理肉制品。通过全封闭无菌净化车间和标准化生产加工技术,保证产品质量安全。

3. 培育羊肉品牌,创新营销模式

该公司注重品牌建设,培育了自主品牌"好彼福"农产品系列、"爱尔杨"农产品系列;代加工品牌"冠扬"农产品系列、"美晨"农产品系列、"景农"农产品系列等。公司采取"直营店+加盟店+代理商+微商平台"模式进行销售,在衡水开设冠扬羊肉直营店、超市卖场、加盟店,在天津设立冠扬羊肉代理商,进行线下销售;在衡水窝窝团购网和糯米团购网设立微商平台,在天津设立"贪吃的蜗牛"微商平台,依托"互联网+"进行线上销售。

4. 种养结合,发展现代循环农业

该公司建有有机肥加工车间,对羊粪进行无污染和无害化处理。有机肥用于玉米和蜜桃种植,玉米为肉羊养殖提供青贮饲料,种植业和养殖业相结合,

形成创新型"种养结合—养养结合—养种结合"的循环农业经济体，发展现代循环农业。

（三）经验启示

1. 创新合作养殖模式，实现家庭企业合作共赢

衡水志豪畜牧科技有限公司利用"规模化养殖适合育肥羊和种羊，家庭农场养殖模式适合繁殖羊和育肥羊"的特点，以规模化企业为龙头，先对企业进行技术指导及培训，然后由龙头企业对农民进行养殖技术培训，培育一批新型职业农民，进而发展规模化养羊场，最终实现"以点带面"的养殖技术传播。这种模式可以更好地实现收益成本的均衡分配，如家庭农场取得的收入多，但是经营时间长，资金周转慢；规模化企业取得的收入少，但是经营时间短，资金周转快。这样规模化企业可以作为家庭农场的资金后盾，二者取长补短，实现合作双赢。

2. 发展规模化羊场，连接养殖产业链

规模化羊场是家庭农场和科研院校连接的纽带，是一个小型的循环经济，可以起到实验示范作用。衡水志豪畜牧科技有限公司通过整合规模化羊场资源，落实产业发展政策；为科学研究提供数据支撑，落地科研成果；为企业发展提出对策建议，提供品牌销售经验，是企业快速周转资金和引导资金流向的指明灯。通过公私合作，互惠共赢，为健全羊养殖产业链，打造特色农业品牌，形成核心凝聚力，保护河北特色育肥羊产业，增加企业和农民的利益，增加政府税收发挥了重要作用。

3. 借助产业联盟，实现抱团发展

衡水志豪畜牧科技有限公司通过联盟河北省羊产业具有影响力的龙头企业，制定河北省畜牧业协会羊业分会团体标准，规范龙头企业养羊行为，提升羊肉品质，提高羊产品质量。通过建立羊产业联盟，宣传河北省特色羊产业，培育团体品牌，升华企业品牌。打造河北省团体品牌节日——冀农伏羊节和冀农火锅节。同时整合资源打造鲜食羊肉，影响力涉及地方 150 千米范围。此外，该公司还联盟其他龙头企业在羊价下跌时形成最低保护价格，并联合拓展河北羊的销售渠道做到合作共赢，为稳定河北省羊产业发展做出了贡献。

七、河北省保森畜牧有限公司发展案例

（一）基本情况

1. 企业简介

河北省保森畜牧有限公司（以下简称"公司"）隶属于保森牧业集团，成

立于 2018 年 11 月，位于沧州市孟村回族自治县牛进庄乡东赵河村。公司规划总占地面积 800 亩，其中一期工程占地 263 亩，已于 2019 年 5 月开工建设，至 2020 年 9 月，已建成标准化圈舍 21 栋，存栏量达 20 000 余只，预计一期项目建成后年出栏量达 15 万只。公司主要以种养繁育（产业源头）和肉羊供应链输出（产业末梢）为发展的核心驱动力，目前繁育羊种主要有杜泊羊、杜湖羊、湖羊、萨福克羊，研发和使用饲料主要有干草、青贮、混合饲料。公司施行"一年打基础，两年求突破，三年出品牌，五年成规模"的发展方针，立足孟村，辐射冀东南，服务京津冀，以羊肉特色养殖引领农业产业转型。企业以增加农民收入，保障高质量羊肉产品供给为主要目标，以技术、管理创新为途径，优化生产经营体系，在产业振兴上走在行业前列。

2. 创新模式

该公司是"公司＋农户"的合作经营模式，该模式开创了肉羊养殖领域标准化经营模式的先河。公司为农户圈舍设计、养殖模式进行优化和设备升级，实现农户饲养过程流程化、规范化、标准化。农户领养羊只的育肥过程中，公司分派专业技术人员进行指导，包括饲料配比、疫病防治等。羊食用的饲料、草料、育肥料、精补料、药品等费用均由公司垫付供应，大大减轻了农户的饲喂成本。羊育肥出栏后由公司回收活羊统一销售。该模式率先在行业内实现了种群标准化、后台服务标准化、产成品标准化。该模式以优质种群为先导，以雄厚的资金及技术实力为支撑，通过公司繁育、农户寄养、公司回收销售相结合，保证了羊肉的高质量，极大地推动了当地肉羊产业发展，同时提高了农民收入、带动基层农业发展，实现了社会综合效益的提升。

（二）运行特色

1. 人力资本雄厚

公司隶属于保森牧业集团，该集团创立于 2012 年，坐落于山西省太谷区，集团旗下拥有 1 个国家级标准化养殖基地、2 个万头级养殖基地，集团的研究队伍与中国农促会、中国农科院、山西省农科院、山西农业大学、山西省畜牧兽医中心等合作，成为肉羊繁育行业中的领导者，拥有繁育、饲料、防疫、基因、信息技术等各方面技术人才，团队技术水平已达到国内同产业领域的顶尖水平。集团强大的技术背景，为企业发展提供了雄厚的科技支撑。

该公司重视科研创新及专业人才培养，目前拥有员工 60 余人，其中核心管理和技术团队近 20 人，均为专科及本科以上学历，人力资本优势明显高于当地同类企业。该公司自成立初期就注重培育自己的核心创新团队，目前已建成 1 000 平方米的自主创新实验室，繁育羊种主要有杜泊羊、杜湖羊、湖羊、萨福克羊，在人工配种、胚胎移植、饲料配方、疫病预防系统等核心环节，全部由自主团队掌握及实践。

2. 集约化经营，精细化管理

企业致力于经营集约化和管理精细化发展。一是经营集约化，在推动土地规模上求突破。结合实际，利用土地、金融等政策支持，依托产权制度改革红利，加快当地土地流转，扩大公司生产规模，持续增加助力脱贫攻坚产业发展的内生动力。二是企业精细化，在增强龙头企业辐射带动能力上求突破。秉承企业精细化科学化管理理念，打破地狱界限，有效整合现有人力、技术、市场等优势资源禀赋，优化原材料购销、土地流转、提供就业等帮扶模式，努力提高公司效益和带动贫困群众脱贫致富的能力。

3. 产业扶贫，民企共赢

公司努力探索利益分配市场化机制，推广"公司＋农户"模式，追求产业发展整体利益最大化，确保贫困群众脱贫，提升脱贫户的持续增收能力。公司自成立之日起，就以承担社会责任为己任，公司领导层立足实际，因势利导，以建立有市场前景、有带能效应、有区域特色的扶贫项目为导向，充分利用产业扶贫资金和优惠政策，通过发展和壮大优势养殖产业，引导扶贫资金入股经营，带动有劳动能力的贫困人员参与劳动就业，实现了村集体发展、贫困户脱贫和公司利益共赢。成为全县产业扶贫"领头羊"。2019—2020年，累计利用财政扶贫资金6 000多万元，覆盖全县126个行政村4 433名建档立卡贫困人口，带动2 040户贫困户稳定脱贫，通过项目实施确保贫困户人均增收1 000元以上。

牛进庄乡是孟村回族自治县二、三产业发展的"主战场"，在扶贫攻坚战中，公司积极参与到政府组织的精准扶贫行动中，成为当地脱贫攻坚就业扶贫的"主力军"。公司在不断发展壮大中秉持"村企联姻"理念，创造就业岗位、收购原材料、流转土地等为主要帮扶措施，充分发挥自身资金、技术、人才、市场优势，帮助贫困村、贫困户走上脱贫致富之路。项目全部建成后，将直接或间接创造就业岗位300个以上，带动周边养殖农户及贫困户超过2 000多户。农户按领养100只羊的标准，平均育肥三个月出栏计算，三个月时间农户可实现净收入14 000余元，如果农户一年领养三批，每批100只，9个月收入约为42 000元。

公司通过消费扶贫，为困难农户增收。消费扶贫就是通过消费来自贫困地区、贫困户的产品与服务，帮助贫困人口脱贫增收的一种扶贫方式，是社会力量参与脱贫攻坚的重要途径，也为践行先富帮后富提供了新的平台。公司是消费扶贫的引领者，内部食堂所用农产品、员工过节福利品全部在贫困户中采购，同时公司在业务中积极为贫困户特色农产品代言，呼吁社会各界积极参与消费扶贫，帮助困难农户增收。

4. 延伸产业链，做大做强消费端

公司目前主要有繁育、育肥、活羊销售等业务，在终端消费市场方面，在当地县城设立直营肉店，销量和口碑极好。目前企业正积极推进后续项目，逐步规划屠宰、运输、拓展品牌直营店全产业链发展环节。通过在提升竞争力完善产业体系上不断进取，拓展销售渠道，扩大知名度和市场占有率。此外，公司还致力于打造"羊肉流通精品城市"，打通肉羊全产业链，实现食品和养殖对冲，将坚持"产业内农食一体化"的发展策略，在农牧端和消费端两头发力，按照"做精种羊、做大肉羊、做优食品"的战略目标推进，助力纵向一体化，在养殖基地辐射范围内拟打造一个集（活）畜交易、屠宰、加工、冷链、销售于一体的综合性基地。

（三）经验启示及发展建议

河北保森畜牧有限公司作为一家新的龙头企业，迅速发展壮大的原因之一是有先进科技支撑。科技创新是企业持续发展，占领市场主导地位的最有力保障，公司隶属保森牧业集团，该集团拥有行业领先的技术和管理经验，强大的集团支持为其发展壮大保驾护航。其二，保森畜牧立足孟村回族自治县，市场环境优越，畜牧产业文化浓厚，对于发展全产业链和做大优势品牌，有很好的支撑作用。其三，企业承担扶贫，帮助老百姓增收等社会责任，充分发挥了龙头企业示范带头作用，受到当地政府、老百姓的大力支持，群众基础好，农民收益多，利于公司开展规模经营。

基于公司发展现状，本文建议公司尽快完善产业链其他环节，充分发挥自身的技术和管理优势，实现社会效益和企业效益双赢。同时建议公司尽快创建自己的羊肉品牌，扩大销售端，立足京津冀，面向全国创立知名品牌，推动企业效益和规模可持续发展。

八、河北金宏清真肉类有限公司发展案例

（一）基本情况

1. 企业简介

河北金宏清真肉类有限公司（以下简称"金宏"）位于定州市砖路镇台头村西南，成立于 2014 年 2 月，总投资 1.5 亿元，总占地面积 150 亩，设计年屠宰能力 300 万只，年产值 10 亿元。分两期建设，现已完成一期建设占地面积 70 亩，建有现代化的标准屠宰车间，采用德国屠宰分割设备，配备先进的羊屠宰流水线，年屠宰能力 100 万只，2017 年实现产值 4.9 亿元，带动了当地及周边地区上万农户增收致富，社会效益上亿元。金宏充分利用当地优质肉

羊的资源优势，不断探索肉羊产业的发展，依靠得天独厚的自然条件，以过硬的产品质量走品牌化发展之路，依靠科技创新、政策支持，采用"公司＋基地＋农户"的方式，从科学研发、饲草种植、良种羊科学繁育、商品羊科学饲养、企业标准化屠宰加工、冷链仓储物流到市场开拓销售，形成了一条完整的产业化经营模式。金宏公司凭借其崭新的生产模式获得了"国家科技型中小企业"等荣誉称号。

2. 创新模式

金宏公司名称寓意"金"品所在，"宏"图大展。金宏以"产品质量与优质服务"作为企业的生命线，以"让消费者吃上放心肉"为发展理念，从良种羊科学繁育，商品羊科学饲养，到企业标准化加工，形成了一条完整的产业化经营模式。金宏建立之初，对当地旧屠宰市场进行整合升级，进口先进的羊屠宰分割设备，建立现代化羊屠宰加工生产线，羊屠宰后制作羊副产品，打造了一条完整的"公司＋基地＋农户"的羊繁育、养殖、屠宰、加工、销售产业链，集有机肥料、饲料、熟食、生物科技研发为一体的全产业链经营模式，实现一、二、三产业融合发展，该模式降低了各环节间的交易费用，延长链条拓宽了经营范围，带动更多的养殖户、农户围绕羊产业经济谋业发展，成功完成脱贫攻坚，结束了以往散户粗放式的养殖、屠宰方式，壮大了当地及周边羊产业基地的规模，产生了很好的经济效益、社会效益和生态效益。

金宏紧跟国家京津冀协同发展的步伐，借家乡河北省定州市出台了与发展养殖业相关的利好政策，从生产基地开始打破源头，进行提升改造，以熟食加工项目，生物有机肥料项目，对混合物进行综合处理，进一步提升了羊肉品质。金宏近年来不断发展壮大，逐步建立起从饲料种植、繁育养殖、冷链物流、科技研发、副产品提取的全产业链条，延伸羊屠宰上下游的产业链，利用科学高新技术加快产业转型升级，提高了羊制品附加值，增加了农民收入。同时，该公司致力于打造定州农副产品品牌，成为华北地区最大规模、功能齐全、辐射力强的大型清真肉制品综合加工、科研、生产基地，打造中国绿色农业科技示范基地，走上一条科学化、规范化、集约化、规模化发展的新路，为推动地方经济科学、健康、持续发展做出了重要贡献。

（二）运行特色

1. 严控羊源品质

优质的羊源是确保羊肉品质的第一重保障，好羊源是好羊肉品质的基础，肉品的营养和安全，都要靠好羊源来保障。金宏羊源主要来自内蒙古、东北及周边地区。内蒙古羊源主要采取羔羊阶段在内蒙古当地育肥，最长达到七八个月后运往公司屠宰加工。在育肥阶段主要以草饲饲喂为主，利用花生秸秆配置主饲料，按照自然的生长周期育肥，肉质口感鲜嫩、营养价值高。此外，金宏以"公司＋基地＋农户"的经营方式为依托，采用合同制的利益联结机制，与当地养殖户进行合作，带动当地养殖户从事肉羊养殖。在合作肉羊育肥过程中，公司给予育肥技术、管理技术、防疫技术等方面的培训和指导，实施饲养过程标准化，并通过先进、严格的检测技术确保羊源品质。此模式既减少了农户的养殖风险，同时也保证了公司羊源的稳定与质量。

2. 严把质量安全

（1）严格检测，层层把关。金宏立志做"放心肉"，践行"工匠精神"，在肉品质量安全工作上做到精益求精，努力提升肉品品质。从思想上做到一致，要求全体员工把食品安全和产品质量作为工作目标，以国家食品安全法为行为标尺。公司以国家食品安全法为标准，重点做好屠宰检疫环节的安全，严格按照产品检疫流程，严格把控产品检测标准，把食品安全工作做细做实。金宏冷鲜肉从原料进厂到产品出厂，都采用现代高科技检测设备，实施全过程同步检验。执行 18 道检验关，宰前瘦肉精快速检测板 3％检测，合格后再进行屠宰，在屠宰过程中驻场检疫员在车间内 3％抽检，检测合格后才能出具外运检疫票。而且，检疫、检验出病毒害羊或肉品，采取高温无害化销毁处理，确保肉品安全。肉羊屠宰后，胴体快速进入 0～4℃车间进行冷却排酸处理，肉品始终保持在特定的温度条件下进行屠宰分割加工，金宏已成为肉食品安全的坚强捍卫者。

（2）先进管理，全程可追溯。金宏加工车间采用德国屠宰分割设备，在生产过程中，严格按照食品卫生安全标准进行，实现了现代化生产、标准化管理、信息化控制。冷鲜肉在加工过程中，严格执行 HACCP 食品管理体系和 ISO9001 质量管理体系生产和质量控制，建立了产品质量关键控制点。同时，金宏的每一只羊胴体都持有唯一的编号标有厂名可追溯标识。标签上标有生产日期、企业的名字、生产批号等信息，将追溯系统贯穿于羊源、生产加工、检疫检验、流通等各个环节。

（3）冷链储运，营养又安全。金宏公司生产加工的羊肉食品不腻不膻，外酥里嫩，为了确保肉品营养、安全、更健康，金宏的销售环节完全采用冷链配送、冷链经营。目前，公司配有八辆冷链运输车辆，车上配有定位监控系统，达到全程无缝隙的监控，防制夹带，并有专人负责监控系统，实行点对点运输，防止意外的发生。

3. 强品牌拓市场

金宏以肉品质量为根本，以消费者需求为中心，以品牌打造为目标，积极开拓市场，为消费者提供优质肉品。公司以高质量肉品为核心支撑，打造自己的品牌，以提升产品的竞争力和商业价值，公司主打"抬头羊""定洋火来顺"

等品牌，随着公司的发展和扩大，逐渐形成了品牌效应，成为农业产业化经营重点龙头企业。金宏公司 2016 年被中国诚信品牌万里行活动组委会授予"重质量·守信用诚信示范单位"、同年被定州市委、市政府评为"优秀科技创新企业"，2017 年、2018 年连续被河北省品牌节组委会授予"河北名片"殊荣，2018 年被中国质量信用认证中心授予"全国 3·15 同行业领军品牌企业"等荣誉称号。

金宏应新时期的变化和要求，坚持面向全国不断开拓新的市场。由于肉品好深受消费者青睐，成为北京市牛羊肉市场供应目录管理准入企业五家中唯一的清真供应企业。公司的肉品销售范围已经覆盖了北京的各大农贸市场及超市，占据了 30％的市场份额。同时辐射到天津、山东、陕西、河南、上海及河北石家庄、保定等地，并且在不断开发全国市场。

4. 树理念强技能

金宏不仅在硬件设备和检测技术上保障羊肉的高品质，还特别重视全体员工安全质量理念的培养，把绿色、健康、营养等理念贯穿生产各个环节，对员工和农户着力打造成具备自立、自强、自信等良好品质的新时代职业农民。为了落实高质量生产的理念，公司对职工及农民进行培训以增强技能，安排职工赴行业内优秀企业参观学习，体会现代化高质量生产过程，让职工、农民学到更多应用科学、先进生产技术，最终提高他们的工作效率，增加职工农民的收入。另外，公司积极联系相关养殖专家，邀请专家为农户开讲，进行针对性、专业性的指导，帮助农民们解决在养殖过程中遇到的难题。高质量生产意识的树立和先进专业技能的培训，实现了企业高质量生产及职工、农民高收入的良好效果。

（三）经验启示

1. 延长产业链条，走产业融合发展之路

金宏通过对当地屠宰资源整合，以建立现代化的屠宰厂为突破点，立足屠宰业务向上游拓展科研、饲草、繁育、养殖等业务，向下游拓展冷链运输、肉品加工、销售等业务，并通过技术、管理的不断创新提升各环节附加值。产业链条延长自身市场，对有一定规模、实行标准化生产的肉羊龙头企业，应不断加强肉羊屠宰、加工、包装和冷链运输等环节的改造升级，延长肉羊产业链条，实现产业链每个环节的增值，通过加工业发展提高产品附加值，拓宽增收渠道，实现肉羊产业化发展。

2. 以品质为根，走高质量发展之路

金宏作为一家食品公司，始终把食品质量安全及优质服务视为企业生命线，确保肉产品质量的前提是拥有优质的羊源，有了优质的羊源才能做出高品质的羊制产品，才能达到羊肉制品营养和安全双重保障。为了培养更健康的羊群，公司详细计划了在选育优质羊源，建立质量安全体系的进程，先是与多家科研院所、20余名专家教授建立了长期合作关系，并结合公司发展进程逐步标准化落地推广技术，在饲养技术上努力培育更健康的羊群。金宏通过良种繁育、优质饲草种植、标准化养殖、严格检测筛选等措施保障优质羊源，实现羊产业的高质量发展。

3. 以品牌为魂，走高附加值增收之路

金宏公司自成立以来，整合了当地的羊产业零散资源，并通过严格控制羊肉制品质量，在市场中建立了良好的口碑。金宏公司十分注重"抬头羊"品牌发展，坚持将清真肉类食品品牌的特点"绿色"最大化，融入"新鲜、营养、安全"等特色，为市场提供最优质的羊肉。目前该公司在北京羊肉市场的份额达到30％，为当地肉羊产业发展奠定了市场基础，同时"抬头羊"品牌积极进入雄安、石家庄、天津等经济发达地区中高端市场，实现了优质优价，企业效益显著提高，品牌价值效应良好。

4. 以龙头企业为引领，走共同富裕之路

金宏公司积极利用国家和当地政府的支持政策，把肉羊产业做大做强，带动更多的老百姓增收致富。金宏充分发挥龙头组织对养殖户的示范带动作用，采用合同制的利益联结机制，与农户进行合作，解决了农户育肥羊销售难题，同时为农户提供肉羊养殖技术指导和服务，引导农户提升优质养羊意识，提高科学养羊技术水平。金宏在产业园区内孵化高科技技术产业，彰显企业自主研发的魅力，鼓励农民创新创业，并通过创建多家分公司，带动家乡周边羊产业发展，目前该地区羊存栏数量达上千万只，成了华北地区乃至全国最大、最集中的羊集散基地之一。

参 考 文 献

常小艳，2018. 农产品品牌战略管理研究综述 [J]. 江苏商论 (7)：7-10，17.

陈红华，田志宏，等，2011. 基于 Shapley 值法的蔬菜可追溯系统利益分配研究——以北京市 T 公司为例 [J]. 农业技术经济 (2)：56-65.

丁存振，肖海峰，2016. 我国羊肉供需现状及趋势分析 [J]. 农业经济与管理.

丁丽娜，肖海峰，2014. 中国肉羊生产技术效率测算与分析——以河南、山东、黑龙江、陕西和新疆为例 [J]. 安徽农业科学，42 (31)：11141-11144.

董谦，2015. 中国羊肉品牌化及其效应研究 [D]. 北京：中国农业大学.

房风文，孔祥智，2011. 不同养殖方式下奶农的技术效率及其影响因素分析——基于呼和浩特市的调查和 SFA 方法应用 [J]. 江汉论坛 (6)：88-93.

菲利普·科特勒，2006. 市场营销管理 (第 12 版) [M]. 上海：上海人民出版社.

耿宁，李秉龙，2013. 中国肉羊生产技术效率的影响因素及其区域差异分析——基于随机前沿分析方法 [J]. 技术经济，32 (12)：25-32.

耿宁，李秉龙，2016. 标准化农户规模效应分析——来自山西省怀仁县肉羊养殖户的经验证据 [J]. 农业技术经济 (3)：36-44.

郭策，马长海，2016. 河北省生猪养殖成本效益分析——基于 2004—2013 年的数据 [J]. 黑龙江畜牧兽医 (4)：5-9.

何忠伟，韩啸，余洁，等，2014. 我国奶牛养殖户生产技术效率及影响因素分析——基于奶农微观层面 [J]. 农业技术经济 (9)：46-51.

李秉龙，叶云，2016. 基于市场导向的肉羊产业链优化分析 [M]. 北京：中国农业科学技术出社.

李翠霞，曹亚楠，2018. 中国奶牛养殖环境效率测算分析 [J]. 农业经济问题，38 (3)：80-88.

李杰，胡向东，王玉斌，2019. 生猪养殖户养殖效率分析——基于 4 省 277 户养殖户的调研 [J]. 农业技术经济 (8)：29-39.

李丽敏，邢鹤，赵春雷，2011. 消费者对品牌牛肉产品购买行为及影响因素的实证研究——以吉林省长春市为例 [J] 中国畜牧杂志.

刘海涛，2018. 基于 DEA-Tobit 模型的内蒙古牧区肉羊生产技术效率研究 [D]. 呼和浩特：内蒙古大学.

刘希，李彤，张曼玉，张艳新，2017. 我国不同奶牛养殖规模的技术效率及其影响因素分析 [J]. 江苏农业科学，45 (16)：308-312.

刘洋，2020. 农产品区域公用品牌建设中的政府作用研究 [D]. 济南：山东大学.

刘玉凤，王明利，石自忠，等，2014. 我国肉羊生产技术效率及科技进步贡献分析 [J]. 中国农业科技导报，16（3）：156-161.

聂赟彬，高翔，李秉龙，2019. 我国肉羊主产省散养方式全要素生产率——基于 DEA-Malmquist 指数法的实证分析 [J]. 中国农业大学学报，24（8）：194-202.

乔娟，刘增金，王道政，2013. 消费者对高端猪肉的购买行为及其影响因素分析——基于北京市的实地调研 [J]. 技术经济，32（6）：104-110.

尚旭东，郝亚玮，李秉龙，2014. 消费者对地理标志农产品支付意愿的实证分析——以盐池滩羊为例 [J]. 技术经济与管理研究（1）：123-128.

石自忠，王明利，胡向东，等，2017. 我国肉牛养殖效率及影响因素分析 [J]. 中国农业科技导报，19（2）：1-8.

时悦，李秉龙，2010. 基于自然禀赋的肉羊产业集聚分析 [J]. 技术经济（4）：68-72.

唐淑一，2016. 生猪不同养殖规模技术效率及其影响因素研究 [D]. 成都：四川农业大学.

王玲玲，郭进利，2015. 基于成分分析的生猪养殖成本效益研究——以南通如东为例 [J]. 中国畜牧杂志，51（22）：35-38.

王明利，李威夷，2011. 基于随机前沿函数的中国生猪生产效率的研究 [J]. 农业技术经济（12）：32-39.

王士权，2017. 中国肉羊产业市场绩效研究 [D]. 北京：中国农业大学.

王雪娇，2018. 中国肉羊生产的经济效率研究 [D]. 北京：中国农业大学.

王芸娟，马骥，2020. 价格促销对消费者品牌农产品购买决策的影响——基于 Double-Hurdle 模型的实证分析 [J]. 中国农业大学学报，25（8）：174-183.

翁贞林，罗千峰，郑瑞强，2015. 我国生猪不同规模养殖成本效益及全要素生产率分析——基于 2004—2013 年数据 [J]. 农林经济管理报，14（5）：490-499.

夏晓平，李秉龙，2011. 品牌信任对消费者食品消费行为的影响分析——以羊肉产品为例 [J]. 中国农村观察（4）：14-26，96.

夏晓平，李秉龙，隋艳颖，2011. 中国肉羊产地移动的经济分析——从自然性布局向经济性布局转变 [J]. 农业现代化研究，32（1）：32-35.

曾慧梅，2013. 品牌猪肉购买意愿及消费行为研究 [D]. 长沙：湖南农业大学.

张芙蓉，2018. 陕西省散养肉羊养殖成本分析 [J]. 中国农业会计（2）：52-55.

张金松，郭明宝，关龙，2014. 关于我国肉羊产业发展的几点思考 [J]. 中国畜牧志（4）：52-53，57.

张园园，孙世民，2013. 基于 DEA 模型的山东省生猪生产效率研究 [J]. 技术经济，32（2）：71-76.

赵红霞，2017. 消费者购买品牌牛肉意愿及其影响因素研究 [D]. 长春：吉林农业大学.

赵慧峰，权聪娜，焦伟伟，吴丹，2017. 不同规模奶牛养殖对策研究——基于河北省奶牛养殖场的调研 [J]. 中国畜牧杂志，53（4）：149-153.

祝宏辉，徐光艳，2019. 肉羊生产效率及影响因素研究——基于 DEA-SFA 方法对新疆肉羊生产率的分析 [J]. 价格理论与实践（9）：63-66.

图书在版编目（CIP）数据

河北省肉羊产业经济研究. 2019—2020 年 / 赵慧峰
等著. —北京：中国农业出版社，2022.1
ISBN 978-7-109-29004-4

Ⅰ.①河… Ⅱ.①赵… Ⅲ.①肉用羊－畜牧业经济－
产业发展－研究－河北－2019－2020 Ⅳ.①F326.33

中国版本图书馆 CIP 数据核字（2022）第 007115 号

中国农业出版社出版

地址：北京市朝阳区麦子店街 18 号楼
邮编：100125
责任编辑：王秀田 文字编辑：张楚翘
版式设计：王 晨 责任校对：周丽芳
印刷：北京通州皇家印刷厂
版次：2022 年 1 月第 1 版
印次：2022 年 1 月北京第 1 次印刷
发行：新华书店北京发行所
开本：700mm×1000mm 1/16
印张：12.25
字数：220 千字
定价：68.00 元
